国際会計・財務論

IFRSの展開と国際経営財務の実践

山本昌弘

[著]

文眞堂

目　次

第Ⅰ部
国際会計論

第Ⅱ部
国際経営財務論

第 I 部

国際会計論

第1章

国際会計の基礎理論

《第1章のテーマ》

　本書『国際会計・財務論』は，第Ⅰ部で国際会計，第Ⅱ部で国際経営財務の諸問題をそれぞれ取り扱う。第Ⅰ部は，国際会計の中でも国際統合が急速に進展する国際財務報告基準（IFRS）に焦点を当てる。まず第1章では，国際会計論の序章としてその基礎理論を取り上げる。すでに世界的にIFRSへの統合が進んでいることから，IFRSが何を重視し，どのような目的を達成するために設定されているかを理解することが，本章第1講のテーマとなる。第2講では，IFRSの核となる概念フレームワークについて考察する。第2章以降の個別の会計基準はすべてそこから演繹的に設定されるからである。そして第3講において，IFRSへの国際統合によって伝統的な日本の会計制度がどのように変化してきたかを考察し，今後の日本の会計制度について展望する。国際会計論を学ぶにあたっては，IFRSをよく理解するとともに，つねに日本の会計制度や会計実務がどのような対応をしているか，すべきかを考えることが不可欠である。

第1講　国際会計総論

IFRS への国際統合

　今日，国際会計論が取り扱う会計基準については，ロンドンに拠点を有する民間団体である国際会計基準審議会（International Accounting Standards Board, IASB）が設定する国際財務報告基準（International Financial Reporting Standards, IFRS）への国際統合がほぼ達成されている。それは，IFRS を世界の上場企業に採用させるとともに，各国の上場企業が採用する自国の会計基準についても IFRS と同等の内容に収斂させようとする二重の意味での国際統合である。

　現在，日本の上場企業には，企業会計基準委員会が設定する企業会計基準（企業会計審議会が設定した企業会計原則を含む）をはじめ，IFRS，IFRS を日本用に修正した修正国際基準（Japan's Modified International Standards, JMIS），さらには米国の会計基準設定機関である財務会計基準審議会（Financial Accounting Standards Board, FASB）が設定する財務会計基準（Financial Accounting Standards）の4つの会計基準が，金融商品取引法によって認められている。それゆえ，大企業の会計においてはこれら4基準についてよく理解することが不可欠である。ただし，ここで注意すべきは，日本企業にとってこれら4つの会計基準は，連結財務諸表の作成・開示に関するもので，個別財務諸表については，連結がどのような基準であれ，日本の企業会計基準に準拠して作成・開示しなければならない。

　IFRS はさらに，国際会計基準審議会の前身である国際会計基準委員会（International Accounting Standards Committee, IASC）によって設定されてきた国際会計基準（International Accounting Standards, IAS）のうち，IFRS によって置き換えられていないものを，その体系に含んでいる。IFRS は，世界で唯一の国際的な会計基準なのである。本書では，現在も使用されている IAS を含め IFRS という表記で統一することとする。

　国を超える連合体であるヨーロッパ連合（European Union, EU）は，すで

に 2005 年 1 月 1 日以降，域内に本社を有する全上場企業に対し IFRS による連結財務諸表の開示を義務付けている。またオーストラリアも 2005 年に，ニュージーランドは 2007 年に，IFRS による財務報告を国内で解禁している。さらに 2008 年の G20 金融サミットでは，「単一で高品質な国際基準」に会計基準を国際統合することが決定されている。カナダは，2011 年に自国の会計基準を IFRS に代替させている（第 5 章第 14 講参照）。韓国，インド，タイも 2011 年から上場企業への IFRS 強制適用を開始している。

　ただし EU で上場する外資系企業については，IFRS 以外の会計基準でも IFRS と同等以上と見なされた場合には引き続き適用可能であり，EU 域内の証券取引所を監督する欧州証券規制委員会（Committee of European Securities Regulators, CESR）は，日本や米国などの会計基準に対し，「理解可能性」「比較可能性」「信頼性」「目的適合性」の 4 点について，IFRS と同等以上であるかを検討した。そして 2008 年 12 月 12 日に欧州証券規制委員会は，両国の会計基準について IFRS と同等であると認めている。これらの評価は，ノーウォーク合意（本章第 2 講参照）及び東京合意（本章第 3 講参照）の成果でもある。ちなみに欧州証券規制委員会は，2011 年 1 月 1 日に欧州証券市場監督局（European Securities and Markets Authority, ESMA）へと発展させられている。

資本市場の国際統合

　会計基準の国際統合が急速に進展している大きな要因は，それが利用される資本市場の国際統合にある。会計学の隣接分野である経営財務論の現代ポートフォリオ理論（MPT）は，投資リスクを分散させるために，多様な証券への分散投資の理論を構築してきた。それに基づき今日の機関投資家は，自国内のみならず世界中の証券に分散投資している。機関投資家としては，年金基金や保険会社など巨額の資金を調達しそれを長期的に運用する機関があげられる。世界の機関投資家の投資対象には，日本企業も含まれており，国際優良銘柄とよばれる日本企業の外国人持株比率は 40% を超えている。

　機関投資家行動のグローバル化に加え，資本市場そのものの国際統合も進んでいる。EU では，フランスのパリ証券取引所とベルギーのブリュッセル証券

取引所, オランダのアムステルダム証券取引所が, ユーロネクスト (Euronext) として国境を超えて 2000 年 9 月 22 日に統合され, 莫大な情報化投資を必要とする売買システムの共同構築及び共同運営で提携が行われている。さらにユーロネクストは, 2003 年にポルトガル証券取引所 (リスボン) と合併, 2018 年にはアイルランド証券取引所 (ダブリン) を買収するなど, EU レベルの統合資本市場を構築すべく拡張を続けている。

　これに対抗する形で, ロンドン証券取引所 (the London Stock Exchange, LSE) は, 2007 年にイタリア証券取引所 (ミラノ) を買収し, さらに 2013 年にはロンドン手形交換所を買収するなど, 独自の国際展開を進めている。

　米国では, 世界最大の証券取引所であるニューヨーク証券取引所 (the New York Stock Exchange, NYSE) が, 2007 年に東京証券取引所と業務提携を行っている。その東京証券取引所は, 2013 年 1 月 1 日に大阪証券取引所と統合され, 日本取引所グループとなっている。日本取引所グループは, 取引時価総額で世界第 3 位の取引所となっている。

　一方, NASDAQ (National Association of Securities Dealers Automated Quotations) は, NASDAQ Japan を閉鎖したものの, 2007 年 5 月には, 北欧証券取引所グループ (OMX) と統合し, 世界第 2 位の取引時価総額となる NASDAQ-OMX グループを形成している。OMX は, スウェーデンのストックホルム証券取引所がフィンランドのヘルシンキ証券取引所を 2003 年に, デンマークのコペンハーゲン証券取引所を 2004 年に買収して成立した北欧の証券取引所グループである。現在, アイスランドのアイスランド証券取引所 (レイキャビク), エストニアのタリン証券取引所, ラトビアのリガ証券取引所, リトアニアのビリニュス証券取引所を傘下に加えている。

　このように世界の至るところで, 国境を超えたグローバルな資本市場が急速に出現しつつあるのである。これらの証券取引所連合が目指す世界は, どこかの国で株式上場すれば, 世界中どこででも自由に取引が出来るグローバルな資本市場の構築である。そして資本市場の国際統合が進展すればするほど, 市場におけるルールが標準化されていた方が便利かつ効率的であるという考えが浮上する。ここに, 世界標準としての IFRS に対する大きな需要が生じるのである。この間のプロセスについては, 第 3 章第 7 講において詳述する。

　IFRS が普及しているさらなる世界的要因が，情報通信技術（ICT）の進展である。証券取引所の国際統合が実現されていく背景にも，情報技術の進展がある。情報通信技術が加速度的に進化することによって，国境を超えてオンラインで自由に資本市場を結ぶことが技術的に可能になったからである。そもそも技術には国境がなく，出来る限り標準化が追求されるという性質がそれ自体に存在する。

潜在的投資家へのディスクロージャー

　企業の経営者は，資本提供者から資本を調達し，それをもとに事業を行い，その成果を資本提供者に分配する。一方資本提供者は，提供した資本の運用状況を知る権利を有する。そこで企業経営者は，財務諸表を資本提供者に提示する。これが財務報告である。会計学は英語で Accounting というが，そこには，計算する（count）という意味合いと同時に，説明する（account for）という意味が含まれている。そしてこの説明すべき責任が，近年頻繁に使われるようになったアカウンタビリティ（accountability）である。説明する主体（accountor）は企業の経営者であり，説明を受ける者（accountee）は資本提供者である。そしてこの財務報告を遂行するための専門職が，アカウンタント（accountant）である。正しく財務報告がなされるためには，専門家によるサポートが不可欠であり，会計を論じる際には，これら 3 者の関係が極めて重要になる。

　英国や米国など，いわゆるアングロ・サクソン諸国では，資本提供者である投資家のための資本市場が普及しており，証券取引所に上場している企業の株式であれば，誰でも自由に購入することが出来る。その意味では，すべての人が潜在的には投資家なのである。上場企業にとっては，すべての人が自社の株主であるのと同じである。しかもそれには，人種や言語，宗教，性別など一切問われない。上場企業は，自らの行動について説明責任を負う対象が限定出来なくなり，広く世界に情報の開示を行うことになる訳である。このように，個々の企業がディスクロージャー（情報開示）を積極的に行うことによって，どの企業も資本市場において円滑に資金を調達することが可能になる。そうすることで，資本市場全体の効率性が維持されるのである。資本市場において企

業と投資家を結び付けるもの，それがディスクロージャーである。

　さらにディスクロージャーの思考には，その根底にビジネスを支える重要な価値観が存在している。それは，自らの行動について潔白だからこそすべてを公表するというアングロ・サクソン的な「フェアネス (fairness)」の価値観である。この価値観に従えば，公表出来ない企業は，公表出来ない何らかの理由があるのではないかということになる。さらにいえば公表出来ないのは，何かやましいことがあるに違いないと考えられる。このような考え方は，従来の日本的な考え方の対極にあるものである。日本では，潔白だから公表する必要がない，すなわち何もやましいことをしていないのに痛くもない腹を探られてはたまらない，というように考えられていた。けれどもそれは，グローバル化した資本市場では決して通用しない。このフェアという用語は，近年の国際会計ではフェア・バリュー (fair value) すなわち公正価値として頻繁に使用されている。

　以上のような世界的な流れが，相互に密接に関係しながら，まさにルールの標準化を強く要求するものとなっている。各国の国内会計基準を標準化する際の模範として機能するのが，IFRS なのである。IFRS は，世界の投資家を対象にして上場企業が積極的に情報開示を行う際の標準化された会計基準となることをその目的としているのである。IFRS は，財務諸表の利用者として，資本提供者の中でも株主の利害を重視している。株主は，企業の所有者であり，企業が獲得した利益に対する最終的な請求権をもっているからである。ただし，IFRS においてイメージされている株主とは，財務諸表などの情報をもとにして株式売買を行う世界中の投資家である。したがって企業の経営者は，そのような投資家が必要とする情報をしっかりと提供するとともに，彼らが満足するような経営を行っていかなければならない。IFRS は，投資家のための会計基準であり，世界の投資家の要求が会計基準の国際統合を求めているのである。

投資家と資本コスト

　企業は投資家に対し，自らの業績を財務諸表によって説明・開示する。そのうち，企業が資本をどこからどのように調達し，それをどのように運用した

かを表している財務表（financial statement）が，貸借対照表（balance sheet, B/S）である。貸借対照表は借方に資産，貸方に負債（他人資本ともいう）と株主資本（自己資本またはたんに資本ともいう）を表示している。貸借対照表の貸方は，企業が調達した資本の内訳（資本構造）を示しており，借方はそうやって調達した資本の具体的な運用形態を示している。

　貸借対照表の貸方のうち，借入金や社債発行などによって債権者から調達した資本が負債（liabilities）の部に示され，株式発行により株主から調達した資本が株主持分（shareholders equity）の部に示される。複式簿記であるから，負債と株主資本の合計は，資産（assets）の部と必ず一致する。負債金融による資本提供者は，企業にとっての債権者であり，彼らは提供した資本に対するリターンを要求する。企業が負債によって資本調達する場合には，つねに確定した利子を保証しなければならない。しかも負債が増えると倒産可能性が高まるので，負債比率の高い企業は，より高い利回りを保証しなければならなくなる。

　調達した資本に対しリターンを支払わなければならないことは，株主資本についても同じである。企業経営者は，株主が期待する利得を保証し続けなければならない。株主へのリターンは，企業が獲得した利益から分配される。ただし利益が全額配当されるわけではなく，一部内部留保され，再投資に回される。その場合には，内部留保が株価の上昇をもたらすことによって，株主に還元される。投資家である株主が獲得するリターンのうち，配当による利得をインカム・ゲイン，株価の値上がりによる利得をキャピタル・ゲインとよぶ。

　ところで投資家にとっては，金融機関に預金することも，国債を購入することも，株式を購入することも，原理的には同じである。彼らにとって，どの企業の株式に投資するかは，他の投資対象と比較しながら，どれだけのリターン（収益率）を求めるかで決まる。ハイ・リスク・ハイ・リターン，ロー・リスク・ロー・リターンという言葉がある。効率的な市場で高いリターンが得られるのは，他人よりも高いリスクをとった見返りである。結果的に同じリターンになったとしても，金利が確定している預金と，配当や株価が変動する株式では，その意味合いは全く異なるのである。元利が保証されずリスクが大きい投資には，より高いリターンが事前に要求される。これをリスク・プレミアムと

よぶ。ハイ・リスクの投資がハイ・リターンとなるのは，このリスク・プレミアムのためである。一般に投資対象としての株式は，銀行の預金や国債などと比較してリスクが高い。企業の業績が悪ければ配当はなくなり，株価も下落する。さらに破綻した場合には，株主の請求権は最後（残余）になるという大きなリスクを負っている。最悪のケースでは，株式は無価値になってしまう。それゆえ企業は，投資家に対し，他の安全な資産への投資よりもリスクの分だけ高いリターンを保証しなければならないのである。

このように，企業が調達した資本に対しそのリスクに見合って支払うべきリターンを，資本コストという。企業が資本調達する方法は，株主資本か負債かであり，前者には株主資本の資本コスト，後者には負債の資本コストがかかる。企業にとっては，両者を構成に応じて加重平均したものが全体の資本コストとなる。この加重平均資本コストは，欧米企業の実務では広く普及しており，さまざまな財務意思決定において利用されている。資本コストの計算とその活用について詳しくは第Ⅱ部（とりわけ第6章）で詳述されるが，ここで重要なことは，調達した資本（貸借対照表の貸方側）には必ずコストがかかるということである。しかも同じ金額を調達する場合でも，その方法によって資本コストは変化する。それゆえ企業の経営者は，漫然と貸借対照表を作成するだけではなく，つねに資本構造を意識した経営を行うことが重要である。

IFRS は，上場企業の株主すなわち潜在的投資家に対する積極的な情報開示を経営者に要求する。市場経済における企業価値は，負債と株主資本を時価ベースで合計したものである。投資家は投資対象がつねにどれだけの時価を有するか知りたがっており，それゆえに IFRS は，時価評価指向の強い会計基準となっている。

IFRS の目的

国際会計基準審議会は，自らの目的について 2002 年 4 月に承認された趣意書において以下のように述べている。

(a)　公共に資するよう，明確に記述された原則に基づく，高品質で理解可能な，強制力のある国際的に認められた会計基準の単一のセットを開発する

こと。これらの基準は，財務諸表その他の財務報告において，高品質で透明性があり，かつ比較可能な情報を要求すべきである。それにより，投資者，世界のさまざまな資本市場の参加者及びその他の財務情報の利用者が経済的意思決定を行うのに役立つものとするためである。

(b)　それらの基準の利用と厳格な適用を促進すること。

(c)　上記(a)及び(b)に関連した目的を遂行するにあたり，必要に応じて，さまざまな経済環境における広範囲規模及び種類の事業体のニーズを考慮すること。

(d)　IFRS の採用を，各国会計基準と IFRS の統合を通じて，推進し促進すること。

IFRS を利用することによってメリットを享受出来るとされているのは，(1)本国とは異なる会計環境下で活動する外国子会社，(2)国外の資本市場で資金調達を行う企業，(3)国外の証券に投資する外国人投資家などである。(1)については，各国の子会社がそれぞれの国の会計基準に個別に対応していると，国ごとに全く異なる会計システムが出来上がってしまい，連結決算が極めて困難になる。そこですべての在外子会社の会計基準を IFRS に統一した上で，各子会社にはそれぞれの国の会計制度に必要に応じて対応させようという訳である。(2)と(3)については，資本市場の国際的統合における会計情報への需要を資金調達者と資金提供者の両面から見たものである。

　IFRS を採用することによるメリットが最も大きいのは，海外それも複数の国々で事業活動を行っているいわゆるグローバル企業である。IFRS の採用は，海外に子会社を持たず国内のみで事業展開を行っている日本企業にも，メリットがある。それは，第7章で論ずるように海外の市場で資金調達を行う場合である。さらに，現在のところ海外で事業展開や資金調達を行っていない日本企業でも，今後直接投資を行ったり，外国企業を買収したりして，グローバル展開する可能性は低くない。その際に，すでに IFRS に準拠していれば，グローバルなレベルでの事業管理が容易になる。また海外進出のための資金は，進出先国において現地通貨で調達した方が有利なことも多い。日本の会計基準は，依然としてローカル色が非常に強い。さらにいえば，複数の企業間での比

較可能性が会計情報の重要な要素であり，IFRS を採用することによって，国境を超えた企業間の比較可能性が格段に高くなる。

　そもそも会計は，取引時の価額を記帳したらその数値を以後ずっと使用するという取得原価主義を採用してきた。これに対し IFRS を含めた世界的なディスクロージャーの潮流において重視されている時価とは，決算時などにおいてそのときの価額で再評価したものである。それゆえ時価情報は，開示時点における企業の実態をよりよく反映している。けれども，取得原価と比較すると評価の恣意性が高いとして，長らく時価は敬遠されてきた（とりわけ日本）。過去よりも現在，さらには将来を重視する投資家の意思決定には，取得原価よりも時価の方が情報としてはるかに有用である（第 2 章第 5 講参照）。正確な時価情報を投資家に提供するためには，厳密な会計基準とともに，厳格な会計監査が不可欠になる。それゆえ監査の厳格化や監査基準の世界標準化が，会計基準の国際統合と並行して世界で進められている（第 3 章第 8 講及び第 4 章第 11 講参照）。

　時価の中には，将来のキャッシュ・フローを資本コストで割引くことによって算出される割引現在価値が含められる。時価を重視する IFRS は，損益計算書による利益情報に加えて，キャッシュ・フロー情報を重視し，第 3 の財務表であるキャッシュ・フロー計算書の作成開示を要求する（第 2 章第 6 講参照）。時価情報やキャッシュ・フロー情報を必要とするのは，投資家であるが，彼らはまた投資対象が全体としてどれだけの業績をあげているのかを知りたがる。これが連結会計である（第 2 章第 4 講）。資本市場における株価や配当は，子会社を含めた連結ベースでなされるからである。しかも連結対象は，国内のみに限定されるものではなく，世界中の支配子会社がその対象となるのである。このように，投資家指向の IFRS は，連結会計，時価会計，キャッシュ・フロー会計をその特徴とするのである。

IFRS の体系

　IFRS 及びその前身である IAS はテーマごとに連番が付され，2019 年 9 月現在で IFRS18 まで設定されている。現在有効な IFRS 及び IAS の体系は以下のとおりである。

IFRS1　「国際財務報告基準の初度適用（First-time Adoption of International Financial Reporting Standards）」

IFRS2　「株式報酬（Share-based Payment）」

IFRS3　「企業結合（Business Combinations）」

IFRS5　「売却目的で保有している非流動資産及び廃止事業（Non-current Assets Held for Sale and Discontinued Operations）」

IFRS6　「鉱物資源の探査及び評価（Exploration for and Evaluation of Mineral Resources）」

IFRS7　「金融商品：開示（Financial Instruments: Disclosures）」

IFRS8　「事業セグメント（Operating Segments）」

IFRS9　「金融商品（Financial Instruments）」

IFRS10　「連結財務諸表（Consolidated Financial Statements）」

IFRS11　「共同支配の取り決め（Joint Arrangements）」

IFRS12　「他の企業に対する関与の開示（Disclosure of Interests in Other Entities）」

IFRS13　「公正価値測定（Fair Value Measurement）」

IFRS14　「規制繰延勘定（Regulatory Deferral Accounts）」

IFRS15　「顧客との契約から生じる収益（Revenue from Contracts with Customers）」

IFRS16　「リース（Leases）」

IFRS17　「保険契約（Insurance Contracts）」

IAS1　「財務諸表の表示（Presentation of Financial Statements）」

IAS2　「棚卸資産（Inventories）」

IAS7　「キャッシュ・フロー計算書（Statement of Cash Flows）」

IAS8　「会計方針，会計上の見積りの変更及び誤謬（Accounting Policies, Changes in Accounting Estimates and Errors）」

IAS10　「後発事象（Events after the Reporting Period）」

IAS12　「法人所得税（Income Taxes）」

IAS16　「有形固定資産（Property, Plant and Equipment）」

IAS19　「従業員給付（Employee Benefits）」

IAS20　「政府補助金の会計処理及び政府援助の開示（Accounting for Government Grants and Disclosure of Government Assistance）」

IAS21　「外国為替レート変動の影響（The Effects of Changes in Foreign Exchange Rates）」

IAS23　「借入費用（Borrowing Costs）」

IAS24　「関連当事者の開示（Related Party Disclosures）」

IAS26　「退職給付制度の会計及び報告（Accounting and Reporting by Retirement Benefit Plans）」

IAS27　「個別財務諸表（Separate Financial Statements）」

IAS28　「関連会社及び共同支配企業に対する投資（Investments in Associates and Joint Ventures）」

IAS29　「超インフレ経済下における財務報告（Financial Reporting in Hyperinflationary Economies）」

IAS32　「金融商品：表示（Financial Instruments: Presentation）」

IAS33　「1株当たり利益（Earnings per Share）」

IAS34　「中間財務報告（Interim Financial Reporting）」

IAS36　「資産の減損（Impairment of Assets）」

IAS37　「引当金，偶発債務及び偶発資産（Provisions, Contingent Liabilities and Contingent Assets）」

IAS38　「無形資産（Intangible Assets）」

IAS40　「投資不動産（Investment Property）」

IAS41　「農業（Agriculture）」

　IFRSの各会計基準は，詳細な会計処理方法を記載するのではなく，原理原則を重視している。これを原則主義という。これに対し，米国や日本の会計基準は，それぞれの国情に応じて詳細まで規定しているので，細則主義として対比される。

本書第I部の構成

　投資家の行動がグローバル化し，資本市場の国際統合も進展すると，上場企業のディスクロージャーにおいても標準化された会計基準が不可欠となる。そのような，会計基準のあり方を検討するのが，財務会計である。国際会計では，それをさらに国際的な視点で行うことが必要となる。本書第I部では，こうした国際財務会計の諸問題を取り上げる。まず本章では，第1講において近年における会計基準の国際統合について考察した。次節の第2講においては，国際会計の根幹をなす IFRS とりわけその中核となる概念フレームワークについて考察する。個々の会計基準は，すべて概念フレームワークから演繹的に設定されていくからである。概念フレームワークを理解することが出来れば，国際会計についてよりよく理解することが可能になる。そして本章第3講において，IFRS との比較で，日本の会計制度がどのように変遷してきたかを考察する。

　第2章では，IFRS の内容について，具体的に検討する。そこでは IFRS の特徴である，連結会計（第4講），時価会計（第5講），キャッシュ・フロー会計（第6講）を中心に，理解しておくべき IFRS の各論について取り上げる。連結会計では，企業結合や連結財務諸表，持分法などの会計問題を取り上げる。時価会計は，IFRS の各論として最も重要なテーマであり，費用性資産に関連して棚卸資産，有形固定資産，減損，収益認識を取り上げ，貨幣性資産に関連して金融商品を取り上げる。そしてキャッシュ・フロー会計では，キャッシュ・フロー計算書とリースについて考察する。

　第3章では，国際会計にとって重要な世界の組織すなわちプレーヤーを取り上げる。まず第7講において IFRS を設定する国際会計基準審議会について，その前身となる国際会計基準委員会の設立から現在に至るまでを歴史的に考察していく。第8講では，もう1つの重要組織である国際会計士連盟について，同組織が設定するさまざまな基準とともに考察する。第3章では，それ以外にも重要性が増している会計関連の国際組織として国際統合報告評議会（IIRC）と経済開発協力機構（OECD）についても取り上げる。

　第4章では，米国の会計制度を取り上げる。米国の財務会計基準は，日本でも解禁され日本企業にも採用されている。さらに米国の会計制度は世界で最も

精緻で質の高いものであるといわれている。IFRS も米国財務会計基準から大きな影響を受けきた。そこで第9講において，米国会計制度発達史として，現行の財務会計基準審議会の設立に至るまでの会計基準設定機関の変遷とそれを理論的に支えた重要な研究について考察する。第10講では，会計革命として財務会計基準審議会の設立，時価会計の進展，実証会計学の成立を総体的に描き出す。これらが，現在の会計学（及び経営財務論）の主流となっているからである。本書では，必要に応じて米国の会計基準を取り上げる。すでに述べたように米国基準を採用する日本企業が存在するからである。米国の会計基準は，当初連番が付されていたが，現在は ASC としてテーマごとにコード化されている。そして第11講では，米国の公認会計士制度を中心に監査や会計不正に関わる諸問題について考察する。

　第Ⅰ部最後の第5章では比較会計制度分析として，英国及びドイツの会計制度について考察する。英国はすでに自国の会計基準について IFRS に一任している。そもそも国際会計基準審議会がロンドンに置かれていることからもわかるように，英国の会計制度は IFRS との関係が深い（第12講）。第13講では，明治維新以降長く日本が影響を受けてきたドイツの会計制度を取り上げる。英米諸国とは異なるさまざまな特徴を有するドイツであるが，そのドイツにおいても，EU 加盟国として2005年以降 IFRS が強制適用されている。ある時期まで日本が手本にしてきたドイツの歴史（とりわけ近年における IFRS への対応）を理解することは，日本の会計制度の展開を予測する上で有用なはずである。そして第14講において，カナダの制度についても取り上げる。米国と長い国境を接し英国王を自国の国王として戴くカナダであるが，米国の会計基準と（ロンドンの）IFRS に対しそのカナダがどのようなアプローチをとっているかを理解することは，将来の日本のあるべき会計政策を考える上で有効である。第14講では，英国や米国に代表される英米型の会計制度とドイツに代表される大陸型会計制度の比較分析を行い，第Ⅰ部のまとめとする。

第 2 講　概念フレームワーク

ノーウォーク合意

　ノーウォーク合意とは，2002 年 10 月 29 日に国際会計基準審議会と米国財務会計基準審議会との間で会計基準の国際統合についてなされた合意である。米国は当初，IFRS の前身である IAS には消極的であった。その理由は，IAS が遵守すべきルールとしては，「緩すぎる」ことであった。米国では財務会計基準審議会によって世界で最も厳密な会計基準が設定されており，米国基準こそが最良の基準であると考えられている。米国の証券取引所への上場にあたっては，米国基準によって作成された財務諸表しか証券取引委員会は事実上受け付けなかったのである。その結果，ニューヨーク証券取引所は，外資系の企業にとってハードルの高いものとなり，早くから IAS による上場を受け入れたロンドン証券取引所などと比較して，敬遠される傾向が見られるようになってしまった。

　米国の財務会計基準審議会は，1999 年 1 月に「国際的な会計基準の設定」を発表し，(1) 質の高い国際的会計基準を構築すべきこと，(2) 各国会計基準の一層の統合が必要であること，を主張する。そして上記 2 目的達成のために，財務会計基準審議会は国際会計基準委員会（その後同審議会）に積極的に協力することを宣言するのである。米国の会計基準が世界最高であるとの考えは変えないものの，国際会計基準委員会に積極的に関与し IAS を向上させることによって実質的に米国基準との格差を解消させるという戦略である。そのようにして米国基準と国際統合された IAS であれば（それが IFRS である），米国は受け入れてもよいという訳である。米国基準といい，IAS（及びその発展である IFRS）といい，そもそもどちらも広い意味で第 5 章第 14 講で述べる英米型の会計制度であり，それほど大きなかい離は存在しなかった。それゆえ，IFRS と米国基準を統合させることが出来れば，米国政府の目的は達成されることになる。

　米国財務会計基準審議会の本部でなされたこの合意は，その場所がコネティ

カット州ノーウォーク（Norwalk）であったことから，ノーウォーク合意とよばれている。その内容は，まず短期プロジェクトとして IFRS と米国財務会計基準との差異を削除するための短期的なプロジェクトに着手することである。IFRS が EU で発効する 2005 年 1 月段階で残った差異を将来の作業計画を通じて取り除くために，将来の作業計画の調整についても合意されている。すでに共同で推進しているプロジェクト（収益認識，企業結合）については，継続して進行することとされた。そして解釈指針の調整のため，両審議会の会計基準に関する解釈指針設定組織についても活動を調整すると合意されている。要するに出来る限り早急に両基準を統合し，それでも残る差異については，中長期的によりレベルの高い側に統一するというものである。国際統合された IFRS については，第 2 章で詳述する。

　その後 IFRS は，2005 年の EU 強制適用にあたり，さらなる改訂が行われる。EU は当初 2005 年に，域内で上場する外国企業に対しても同時に IFRS による決算開示を義務付ける方針であったが，2007 年に延期し，その後さらに延期する。ただし前述したように IFRS と同等以上と認められる会計基準については，それ以降も引き続き域内で使用が認められた。ノーウォーク合意は，そうした EU 資本市場の標準化を睨んだものである。そして米国の証券取引委員会は，2008 年 1 月 1 日から IFRS による外国企業の上場を解禁する。なお米国の会計基準は日本やカナダなどの資本市場ですでに受け入れられており，今後 IFRS と米国財務会計基準は統合されつつも，唯一の世界標準の座を巡って競争を続けていくことになるであろう。

　そして 2006 年 2 月 27 日に，第 2 次ノーウォーク合意が締結される。覚書 3 原則とよばれるもので，(1) 会計基準の統合は，長期にわたる高品質で共通の基準の開発を通じて，最も良く達成できる。(2) 重要な改善が必要な 2 つの基準間の差異の解消を試みることは，財務会計基準審議会と国際会計基準審議会の資源の最善の利用ではない。それよりも，投資家に対して報告される財務情報を改善する新しい共通の基準を開発すべきである。(3) 投資家の要求に応えることは，両審議会が，改善が必要な基準を共同で開発した新基準に置き換えることによる統合を図るべきであることを意味する。以上の合意に基づき，国際会計基準審議会と米国財務会計基準審議会との共同プロジェクトが進められ

ていくのである。

IFRS の概念フレームワーク

　国際会計基準審議会は，その前身となる国際会計基準委員会時代の 1989 年
7 月に，「財務諸表の作成及び表示に関するフレームワーク（Framework for
the Preparation and Presentation of Financial Statements）」という名称で
公表された概念フレームワークを，2001 年 4 月の設立当初はそのまま引き継
いでいた。第 4 章第 10 講で取り上げる米国の概念フレームワークと比較して
も，よりシンプルでかつ時価指向（すなわち投資家指向）の強いものであっ
た。

　その後，国際会計基準審議会と米国財務会計基準審議会は，前述のノー
ウォーク合意に基づき 2004 年に概念フレームワークの共通化に向けて共同で
概念フレームワーク・プロジェクトを開始する。2010 年 9 月にフェーズ A と
して「一般目的財務報告の目的」「有用な財務情報の質的特性」が公表され，
米国では財務会計概念書（SFAC）第 8 号として採用される。また国際会計基
準審議会では 1989 年版概念フレームワークの部分的修正として，前者が第 1
章，後者が第 3 章として採用される。この概念フレームワーク・プロジェクト
は，フェーズ B「財務諸表の構成要素とその認識」（SFAC6 の改訂），フェー
ズ C「財務諸表の構成要素の測定」（SFAC5 の改訂），フェーズ D「報告企
業」，フェーズ E「表示と開示」，フェーズ F「趣旨と地位」，フェーズ G「非
営利企業への適用」，フェーズ H「その他の論点」から構成されるものであっ
た。

　ところが，2010 年には，進行中のフェーズ C と同年 3 月に公開草案（ED）
が公表されたフェーズ D を中断するとともに，まだ未着手であったフェーズ
E からフェーズ H についても中止することが決定される。個別の会計基準共
通化プロジェクトを優先するためである。個別プロジェクトの成果について
は，第 2 章で取り上げる。

　そこで国際会計基準審議会は，独自に概念フレームワークの改訂作業を進
めることになる。共通化されなかった部分について，2013 年に新しい概念フ
レームワークのディスカッション・ペーパー（DP）を独自に公開する。その

後 2015 年には，新しい概念フレームワークの ED が公開され，2018 年 3 月 29 日に正式に公表される。それが「財務報告に関する概念フレームワーク (Conceptual Framework for Financial Reporting)」である。また 2010 年にフェーズ A として公表された FASB との共通部分は第 1 章及び第 2 章として若干の修正のうえ保持されている。国際会計基準審議会の最新の 2018 年版概念フレームワークは以下の構成になっている。

第 1 章「財務報告の目的」(2010 年版第 1 章を修正)
第 2 章「有用な財務情報の質的特性」(2010 年版第 3 章を修正)
第 3 章「財務諸表と報告企業」
第 4 章「財務諸表の構成要素」
第 5 章「認識と認識の中止」
第 6 章「測定」
第 7 章「表示と開示」
第 8 章「資本と資本維持の概念」

　原則主義の IFRS では，概念フレームワークが，各会計基準で示される原則のさらなる原則として重要な役割を果たすのである。

財務報告の目的と財務情報の質的特性

　IFRS と米国財務会計基準の両概念フレームワークにおいて共通化が達成されたのが，財務報告の目的と有用な財務情報の質的特性である。第 1 章「財務報告の目的」について，IFRS2018 年版概念フレームワークは，現在の及び潜在的な投資者，融資者及び他の債権者が意思決定を行う際に有用な，報告企業についての財務情報を提供することであるとしている。意思決定の例としては，(a) 資本性及び負債性金融商品の売買または保有，(b) 貸付金及び他の形態の信用の供与または決済，(c) 経営者の行動についての議決権またはその他の影響力，の 3 つがあげられている。そうした意思決定を行うにあたって，情報利用者は，企業にもたらされる将来の純キャッシュ・フロー予測目的と企業の経済的資源に関する経営者の受託責任目的という 2 つの具体的な目的を有して

いるとしている。要するに，IFRS は情報利用者の意思決定に有用な情報を提供すべきであると主張しているのである。

IFRS2018 年版概念フレームワークの第2章では，「有用な財務情報の質的特性」について触れている。財務情報の質的特性は，基本的な質的特性と補強的な質的特性に区分される。特に重要なのが，前者の基本的な質的特性であり，概念フレームワークでは，それが目的適合性（relevance）と忠実な表現（faithful presentation）に区分される。目的適合性は外部の投資家の意思決定目的に適合した情報を提供すべきだとするもので，予測価値や確認価値が重要になる。もちろん，目的適合的な財務情報は，時価である。忠実な表現は，完全性，中立性，正確性によって構成される。

さらに補強的な質的特性として，比較可能性（comparability），検証可能性（verifiability），適時性（timeliness），理解可能性（understandability）が列挙され，それらの基本的特性及び補強的な質的特性に対し，有用な情報に関わるコスト制約（cost constraint）が加えられるという。財務情報は，これらの質的特性のもとで提供されるのである。

資産・負債の定義

IFRS2018 年版概念フレームワークでは，第4章「財務諸表の構成要素」において，資産や負債などの主要な構成要素について定義を与えている。資産については，「資産とは，過去の事象の結果として，企業が支配する現在の経済的資源をいう。経済的資源は，経済的便益を生み出す潜在能力を有する権利である」と定義している。

ちなみに米国財務会計概念書を模範に作成された国際会計基準委員会の1989 年版概念フレームワークでは，「資産とは，過去の事象の結果として特定の企業に支配され，かつ，将来の経済便益が当該企業に流入すると期待される資源をいう」と述べられている。この資産の定義を検討すると，定義の前半では，当該資産を獲得するために過去においてなんらかの支出がなされたことが前提されている。取得原価主義の発想である。けれども後半部分では，将来におけるキャッシュ・フロー獲得能力が強調されている。これは後述するように，資産とは将来キャッシュ・インフローの現在価値であるとする財務理論と

極めて整合的な定義である。

　また負債についても，IFRS の概念フレームワークは，「負債とは，過去の事象の結果として，経済的資源を移転する企業の現在の義務をいう。義務は，企業が回避する実際上の能力を有していない責務や責任をいう」としている。

　ちなみに 1989 年版概念フレームワークでは，「負債とは，過去の事象から発生した特定の企業の現在の義務であり，これを履行するためには経済的便益を有する資源が当該企業から流出すると予想されるものをいう」と定義されている。ここでも，前半において取得原価主義的な定義が，後半において割引現在価値的な定義が，抽象的ではあるが行われている。後半部分における定義は，負債とは，将来キャッシュ・アウトフローの現在価値であるとする財務理論の定義に通ずるものである。負債が負の資産であることが理解出来る。

　このように見てくると，1989 年版概念フレームワークでは，会計学上の重要概念である資産と負債を定義するにあたって，それぞれの定義の前半部分では伝統的な発生主義思考を維持しながらも，後半部分においては明確に財務理論にコミットしているのである。換言すれば，会計基準は，財務理論に準拠して展開されているのである。それゆえに，財務理論の基礎となるキャッシュ・フロー情報を開示するキャッシュ・フロー計算書や将来キャッシュ・フローの割引現在価値として算出される時価評価を重視するのである。最新の 2018 年版概念フレームワークでは，資産や負債の定義が 1 つの文章から 2 つの文章に分解されているものの，大筋では大きな変化はないことがわかる。

　そして資本ないし持分の定義であるが，これについて IFRS の 2018 年版概念フレームワークは，「持分とは，特定の企業のすべての負債を控除した資産に対する残余持分をいう」としている。同様の定義は，1989 年版概念フレームワークにおける，「持分とは，特定の企業のすべての負債を控除した残余の資産に対する請求権である」にも見ることが出来る。要するに，持分とは資産と負債を定義したあとに残る残余概念だというのである。財務諸表の構成要素としては，資産と負債こそが重要だというものである。ちなみに，財務理論では，持分は，株式の時価総額すなわち市場価値として測定される。

会計測定と IFRS13「公正価値測定」

　2018 年版概念フレームワークは，第 6 章「測定」において，会計測定方法についても定めている。概念フレームワークは，歴史的原価（historical cost）と現在価額（current value）に 2 分し，後者についてさらに公正価値（fair value），使用価値（value in use）及び履行価値（fulfillment value），現在原価（current cost）に区分している。1989 年版や他国の概念フレームワークについても，概ねこれら 4 つの区分は名称は異なるものの採用されている。歴史的原価は，取得原価ともよばれ，日本において長らく採用されてきた測定方法である。歴史的原価では，取引時の価額がその後も維持される。20 世紀において広く支持された測定方法である。ただし歴史的原価についても，減損処理が前提とされている。

　これに対し，現在価額として IFRS の概念フレームワークが一括するのが，時価のカテゴリーである。そのうち公正価値は，例えば決算時において当該資産を売却したならばどれだけの価格で売れるかによって測定したものである。それゆえ，現在市場価値とも売却価額ともよばれるものである。

　使用価値は資産の割引現在価値であり，履行価値は負債の割引現在価値のことである。両者に異なる用語が当てられているものの，財務理論上の概念は同じである。さらに現在原価は，一般的に再調達価額ともよばれてきたもので，同じ資産を決算時において再度取得するとすればどれだけの支出が必要になるかで価額を測定したものである。インフレーション会計などで使用される測定方法である。本書では，IFRS における歴史的原価，公正価値，使用価値／履行価値，現在原価を使用するものの，取り扱う国や時代によっては取得原価，売却価額，割引現在価値，再調達価額の用語も使用する。

　公正価値については，2011 年 5 月公表の IFRS13「公正価値測定」においてより詳細に規定されている。そこでは，「公正価値とは，測定日時点で，市場参加者間の秩序ある取引において，資産を売却するために受け取るであろう価格または負債を移転するために支払うであろう価格」と定義している。基本的には，概念フレームワークにおける公正価値と同じである。公正価値を測定するためには，活発な市場とそこへの市場参加者が不可欠である。経済学や財務理論における完全競争市場の考え方である。

　IFRS13では，公正価値の評価技法は首尾一貫して適用する必要があるとして，3つの評価技法をあげている。まずマーケット・アプローチは，同一または比較可能な（すなわち，類似の）資産，負債または資産と負債のグループ（事業など）に関わる市場取引で生み出される価格その他の関連性のある情報を用いる評価技法である。これが概念フレームワークにおける（狭義の）公正価値である。次にコスト・アプローチは，資産の用役能力を再調達するために現在必要となる金額（現在再調達原価）を反映する方法である。概念フレームワークでは，現在原価とされているものである。

　そしてインカム・アプローチは，将来の金額（例えば，キャッシュ・フローまたは収益及び費用）を単一の現在の（すなわち，割引後の）金額に変換する評価技法である。概念フレームワークでは使用価値もしくは履行価値とよばれているものである。概念フレームワークは，公正価値について売却価額についてのみその用語を与えているが，IFRS13では他の現在価額についても公正価値の評価技法として認めているのである。ちなみにIFRS13の内容は，米国財務会計基準審議会との間で共通化されている。米国の財務会計基準では，当初2006年9月に財務会計基準書（SFAS）第157号「公正価値測定」として公表され，現在はASC820としてコード化されている。

割引現在価値の考え方

　そこで，割引キャッシュ・フローの基本的な考え方を見てみよう。いま，x円所持しているとすると，1年後の価値は，どのようになるだろうか。個人が合理的に行動するならば，当面必要な支出が存在しないと仮定すると，そのx円を，1年間で最も高いリターンが期待される資産（例えば金融商品）に投入するであろう。そのような資産がもたらす金利をiとすると，x円の1年後の価値は，金利分をプラスして，$x(1+i)$円となる。同様に，x円の2年後の価値は，$x(1+i)(1+i)$すなわち，$x(1+i)^2$となる。2年後以降は，年利iによる複利計算である。

　この考え方を応用して，企業の現在のキャッシュ・フローのn年後の価値を計算すると，

現在のキャッシュ・フローの1年後の価値 $x(1+i)$

現在のキャッシュ・フローの2年後の価値 $x(1+i)^2$

…

現在のキャッシュ・フローのn年後の価値 $x(1+i)^n$

となることがわかる。重要なことは，時間の経過とともに利子が発生するという事実を考慮すべきだということである。現在の1円と1年後の1円は，同じ価値ではないのである。それゆえ，時間の経過を考慮せず得られるべき利子を活用しないような意思決定は，非合理なものであることがここで理解される。

次に，1年後のx円の現在の価値を見てみよう。将来に得られる金額を現在の価値に換算するためには，上記の作業とは逆の計算を行えばよい。1年後のx円の現在の価値は，その間の金利分だけ割り引いて，$x/(1+i)$円となる。以下，同様に割引計算を行うのである。それゆえ，n年後のキャッシュ・フローの現在の価値は，下記のように計算される。

1年後の見積キャッシュ・フローの現在の価値 $x/(1+i)$

2年後の見積キャッシュ・フローの現在の価値 $x/(1+i)^2$

…

n年後の見積キャッシュ・フローの現在の価値 $x/(1+i)^n$

これは，それぞれの期の見積キャッシュ・フローを，その年数に応じて複利計算した額で割ったものである。したがって，n年間に得られる全キャッシュ・フローの現在の価値は，それらを合計したものとなるのである。

そこでいま，ある資産をもとに事業を行っていて，そこから毎期x円ずつキャッシュ・フローが入ってくるとすると，その事業資産が将来にわたってもたらす総キャッシュ・フローの現在の価値は，各期のキャッシュ・フローの現在の価値を合計したものとなる。それはすなわち，上記の1年後のキャッシュ・フローの現在の価値からn年後のキャッシュ・フローの現在の価値までを縦にすべて加算したものである。将来の異なる時点で得られるキャッシュ・フローを，それぞれ割引計算することによって，すべてを現在の価値と

して同一時点の尺度に揃えることが可能になるのである。

　このように，将来に獲得されるキャッシュ・フローをすべて割引計算して求められる価値のことを，割引現在価値または単純に現在価値（present value, PV）という。この割引現在価値という考え方は，そもそもは財務理論において経済学的な概念として展開されたものであるが，会計学において時価評価を行う際の理論的基礎付けとしても広く定着している

資産・負債アプローチによる包括利益

　各国の財務会計においては，利益に関し2種類のアプローチがとられてきた。1つは，利益とは企業及びその経営の業績の指標であるとする収益・費用アプローチで，取得原価評価をその特徴とする。基本的には資産の変動を考慮せず，収益から費用を差し引いた額が利益であるとするものである。

　もう1つは，利益とは富の増加又は経済的資源に対する支配力の増加であるとする資産・負債アプローチで，こちらは時価評価である。資本の額を所与とすると，資産と負債の評価額の変動と収益と費用の差額の合計が利益だというものである。20世紀から21世紀にかけての各国における会計の発展は，IFRSを典型として，収益・費用アプローチから資産・負債アプローチへの発展であるといえる。

　すでに見てきたように，資産・負債アプローチは，概念フレームワークによって資産と負債を厳密に定義することからスタートする。そこから算出される利益は，収益・費用アプローチによる期間損益すなわち純利益に加えて，資産及び負債の変動部分すなわち時価評価益を含むことになる。資産・負債アプローチによって算出される利益こそが包括利益（comprehensive income）であり，純利益とその他の包括利益（other comprehensive income, OCI）から構成される。包括利益こそがIFRSが最終的に算出したい利益であり，こうした問題は，2018年版概念フレームワークの第7章「表示と開示」において論じられている。

　包括利益に含まれるその他の包括利益は，時価評価による未実現の利益であるから，それが実現された期には純利益に計上されることになる。これをリサイクリングとよぶ。IFRSは，その他の包括利益のリサイクリングを原則とし

つつも，その他の包括利益の計上によってより有用な情報が提供される場合には，リサイクリングは不要としている。その他の包括利益から純利益へのリサイクリングよりも包括利益全体の額を重視するからである。それゆえその他の包括利益は，「純損益に振り替えられる可能性のある項目」と「純損益に振り替えられることのない項目」に区分して表示されることになる。前者には第7章の外貨換算調整額が，後者には第2章の固定資産再評価益が，例としてあげられる。その他の包括利益の具体例については，該当する各章において詳述する。

第3講　IFRSと日本の会計制度

戦前戦後の会計基準

　日本において会計基準が制度化されるようになったのは，1930年6月商工省臨時産業合理局の財務管理委員会においてであった。戦時中の統制経済に対応するため商工省（現経済産業省）は，財務諸表準則を1930から33年にかけて設定したのである。これらは，政府によって設定されたものの，法律ではなかった。その意味で，会計基準を法律によって規定するドイツのようなハード・ロー・アプローチとは異なり，日本は当初から本書全体で展開される法律に依らないいわゆるソフト・ロー・アプローチを採ってきたのである。

　第二次世界大戦後は，経済復興を目的に設立された経済安定本部内に，1948年7月16日に設置された企業会計制度対策調査会によって，会計基準が設定された。その後1953年に経済安定本部が解散されると，企業会計制度調査会は大蔵省（現在の財務省）に移管されるとともに，企業会計審議会に改称される。戦後日本の会計基準は，ドイツの制度を模範としながらも，政府機関である企業会計審議会によって発展させられてきた。その内容は，当時の世界的特徴を反映し，時価評価ではなく取得原価評価，連結決算ではなく単独決算，キャッシュ・フロー計算書を作成せず損益計算書を重視するというものであった。簡素でコストのかからないそのような会計制度は，造船業や鉄鋼業などの重化学工業によって牽引されてきた戦後日本の高度経済成長に実によく適合す

るものであった。典型的な収益・費用アプローチである。

　とりわけ，そのような資本装備率の高い産業を制度的に支えたのが，取得原価会計である。取得原価会計のもとでは，資産の価値はその取得に要した初期支出の大小によってのみ測定される。もちろん減価償却は実施されたがそれは規則的なものであるから，予想外の資産価値変動は起こらず，再評価の手間がかからない。しかも企業の社会的評価において資産総額のもつ意味は大きく，企業の経営者や会計担当者にとっては資産の大きさこそが重要であった。しかも資産は一度獲得してしまえば，その後会計上なんらリスクになることはなかった。

　戦後の伝統的な日本的経営では，長期的な視点の重要性が強調されてきた。資本についてはメイン・バンクとの長期の相対取引であり，労働については長期雇用であり，中間財については長期的な部品取引である。戦後の日本企業は，メイン・バンクによる監視が行われたものの，株主によるチェックはあまり機能してこなかった。その結果，経営者は株主を意識することなく，従業員と一体になった経営すなわち日本的経営を行うことが出来たのである。

　企業経営者にとっては，積極的な投資による総資産の成長が重要な目標となった。設備投資においては，将来のキャッシュ・フローを資本コストで割り引くといった厳密な採算計算はなされなかった。株主不在のもとで経営者と従業員の間に信頼関係が成立し，厳しいチェックが必要でなかったこともあるが，高度経済成長が厳密な計算なしの投資プロジェクトにも結果的に収益を保証したからである。日本産業は，高い国際競争力に裏打ちされて成長し繁栄したのである。戦後日本の高度経済成長は，厳密な会計制度でなかったがゆえに達成されたともいえる。

IFRS への対応

　日本は，IFRS の前身である IAS の頃から，会計基準の国際化に対し消極的な態度を取り続けた。日本政府が IAS に対し長らく消極的であった理由は，IAS が「厳しすぎる」からであった。例えば，日本の会計基準は，長い間親会社本体だけの単独決算が中心であった。連結会計制度は，導入されてはいたが，企業のディスクロージャーや専門家の分析に利用される情報は，単独財務

諸表が中心で，連結財務諸表はあくまでも補助的にしか位置付けられてこなかったのである。上場企業の従来の有価証券報告書を見ても，単体の報告書に比べると連結報告書は作成に手間がかかるため発行時期が遅く，しかもページ数も薄かった。それゆえ，財務分析にはほとんど使えなかったのである。さらにキャッシュ・フロー計算書も1999年まで制度化されてこなかった。そのような会計制度がIASにキャッチアップするためには，多大の労力を必要とする。しかも国内会計基準をIASに調和化させる作業は，バブル崩壊後のデフレ経済下という最悪の条件で進められることになった。その会計制度改革は，金融ビッグバンの一環として行われ，会計革命とも会計ビッグバンともよばれるものであった。

　日本の会計ビッグバンは，1999年4月から順次開始された。この年度から，「連結キャッシュ・フロー計算書等の作成基準」によって連結キャッシュ・フロー計算書の作成・開示が制度化されるとともに，「連結財務諸表原則」を見直しそれまで副次情報にすぎなかった連結財務諸表が中心になるよう改められた（単独財務諸表は，貸借対照表と損益計算書についてのみ副次情報として引き続き作成）。さらに2000年4月には，金融商品の処理において時価評価が導入された（「金融商品に係る会計基準」）。

　日本政府の対応の遅れに対し，国際会計基準委員会（及び同審議会）の制度改革は着々と進展し，彼我の距離はより拡大する。前述のように日本の会計基準は，旧大蔵省（現金融庁）の諮問機関である企業会計審議会によって作成されてきた。日本政府における審議会組織は，大学教授などの非常勤委員によって構成されており，専任の常勤スタッフを有しないこと，権限があいまいで審議内容などの情報開示が十分になされていないことなど，国内でも多くの問題点が指摘されてきた。企業会計審議会も同様で，民間団体でもなければ，常設機関でもない。

　そこで日本でも，1999年8月に与党自由民主党の金融問題調査会に設置された企業会計に関する小委員会において，会計基準設定団体の民間移行問題が検討された。そこでは，日本と同じ大陸型会計制度のドイツにおいて1998年に設立されたドイツ会計基準委員会（DRSC）を参考にしながら，政府が最終的な基準設定権限を留保しつつ民間法人に機能を委任するべきだと答申され

ている。ドイツ会計基準委員会については，第5章第13講で詳述する。この線に沿って，日本公認会計士協会と経済団体連合会（現日本経済団体連合会）が，会計基準設定団体設立に向けて協力を開始する。

　そして2001年7月26日，企業会計基準委員会（及び財団としての財務会計基準機構）が設立される。企業会計基準委員会が設定する会計基準は企業会計基準とよばれ，2019年9月現在第30号「時価の算定に関する会計基準」まで設定されており，企業会計審議会が作成してきた企業会計原則を順次代替している。

日本の概念フレームワーク

　日本でも企業会計基準委員会が，会計基準の概念フレームワークとなる「財務会計の概念フレームワーク」を2004年7月に討議資料として公表し，さらに2006年12月に修正を施している。この概念フレームワークは取得原価指向が強いこともあり，現在のところIFRSの動向を見据える形でペンディングになっている。国際会計基準審議会と米国財務会計基準審議による概念フレームワーク共通化作業は中断されているものの，概念フレームワークが国際的に共通化されてしまえば，そもそも日本独自の概念フレームワークを持つ必要がなくなるからである。

　ちなみに，日本の概念フレームワークでは，資産の定義について「資産とは，過去の取引または事象の結果として，報告主体が支配している経済資源，またはその同等物をいう」としている。また負債については，「負債とは，過去の取引または事象の結果として，報告主体が支配している経済資源を放棄もしくは引き渡す義務，またはその同等物をいう」としている。これを見ると2018年版IFRS概念に類似している。ただし純資産について，「純資産とは，資産と負債の差額をいう」とした上で，「株主資本とは，純資産のうち報告主体の所有者である株主（連結財務諸表の場合には親会社株主）に帰属する部分をいう」として，独自に株主資本の定義に拘っているところが相違している。また純利益と包括利益を同じように重視するなど，取得原価指向の強い概念フレームワークに留まっている。

東京合意

日本国内でも，1999 年から連結決算，時価評価，キャッシュ・フロー計算書作成といった IAS の特徴と国際的調和化（international harmonization）をさせるべく会計基準の改定作業が続けられている。2000 年 9 月期より，中間決算を連結ベースで行い中間連結財務諸表を開示することが制度化されている（「中間連結財務諸表等の作成基準」）。米国では，この中間連結財務諸表を半期ではなく四半期ごとに作成している。その後 2004 年 4 月以降すべての上場企業に四半期開示が義務付けられている（企業会計基準第 12 号「四半期財務諸表に関する会計基準」）。より短いインターバルで会計情報を開示することは，投資家にとっては好ましいことである。ただしその結果，経営者には短期的に業績を上げ続けなければならないという短期収益圧力がかかることになり，長期的な投資は，たとえ計算上採算がとれたとしても実行されないという事態が発生しかねない。

2002 年 3 月には連結財務諸表規則が改正され，米国証券取引委員会（Securities and Exchange Commission, SEC）に米国の財務会計基準で決算財務諸表を提出している日本企業（具体的には，ニューヨーク証券取引所（NYSE）や NASDAQ などに株式上場しているか，米国市場で社債を公募発行している日本企業）に対し，国内でも米国基準による決算開示が解禁されている。

さらに企業会計基準委員会は，2006 年から 2008 年にかけて国際会計基準審議会との定期協議を開催し，企業会計基準の IFRS への国際統合に向けて作業を進めた。同様の国際協議は，企業会計基準委員会と国際会計基準審議会との間でも 2004 年 10 月から共同プロジェクトとして開始されている。

そして 2007 年 8 月 8 日に企業会計基準委員会は，国際会計基準審議会との間で，東京合意を成立させる。これは，日本の企業会計基準について IFRS との国際統合を加速させるという合意であった。東京合意はノーウォーク合意と同様に，短期の合意とその他の合意に分けられている。短期の合意については，2008 年までに EU 委員会において日本の企業会計基準が IFRS と同等以上と認められるように差異を解消するものである。すでに述べたように，これは達成されている。

　さらに IFRS については，2009 年に一定の条件を満たす日本の上場企業に対し，任意適用を認め，2013 年には，IFRS の適用要件緩和を行っている。ただし，IFRS や米国財務会計基準は，上場企業に対し連結財務諸表のみを要求しており，これらの基準で決算開示している日本企業も，単独財務諸表は日本の企業会計基準によって作成しなければならないことに注意が必要である。IFRS の詳細は第 2 章で検討するが，依然として日本基準との間に相違が残っていることも事実である。

修正国際基準

　金融商品取引法が認めている上場企業の会計基準に，修正国際基準がある。これは IFRS をベースに日本の企業会計基準委員会が修正を認めた会計基準である。2015 年 6 月 30 日に企業会計基準委員会は，「『修正国際基準（国際会計基準と企業会計基準委員会による修正会計基準によって構成される会計基準)』の公表にあたって」を公表する。適用時期は，2016 年 3 月 31 日以後の決算期である。さらに同日付で「修正国際基準の適用」（2018 年 12 月 17 日最終改訂），企業会計基準委員会による修正会計基準第 1 号「のれんの会計処理」（2018 年 4 月 11 日最終改訂），企業会計基準委員会による修正会計基準第 2 号「その他の包括利益の会計処理」（2018 年 4 月 11 日最終改訂）を公表する。

　現在公表された修正国際基準は以上である。その特徴は，のれんの減損テストの削除とノンリサイクリングの削除である。のれんの減損テストの削除については，第 2 章第 4 講において詳述するように，IFRS3「企業結合」は企業結合による合併差益すなわちのれんについて期限を定めて規則償却するのではなく毎期末に減損についてテストすることとしている。企業会計基準委員会による修正会計基準第 1 号は，のれんについて日本の企業会計基準と同様に規則償却することとしている。IFRS28「関連会社及び共同支配企業に対する投資」におけるのれんの処理についても同じである。

　企業会計基準委員会による修正会計基準第 2 号は，包括利益に計上されるその他の包括利益は必ず純利益において計上することとしている。その結果，IFRS7「金融商品：開示」，IFRS9「金融商品」，IAS1「財務諸表の表示」，IAS19「従業員給付」などにおいて修正が加えられることとなる。

　修正国際基準は，日本において IFRS を上場企業に強制適用する代替案として任意適用において採用企業数を増加させるために，より日本企業に馴染んでいるのれんの規則償却やその他の包括利益のリサイクリングについて IFRS の枠内で残存させたものである。

中堅企業向けの中小会計指針

　中小企業の会計に関する指針（中小会計指針）は，2005 年 8 月に日本公認会計士協会，日本税理士会連合会，日本商工会議所，企業会計基準委員会の 4 団体によって策定される会計の指針である。中小企業庁がオブザーバーとして参加している。その後毎年のように改訂が施され，最新版は 2019 年 2 月 27 日となっている。中小会計指針は，会社法第 431 条及び第 614 条が，「一般に公正妥当と認められる企業会計の慣行」に従うものとしており，その内容を文書化したものだということになる。

　中小会計指針は，最新版で 59 ページの分量となっている。指針の目的については，以下のように述べている。

　　本指針は，中小企業が，計算書類の作成に当たり，拠ることが望ましい会計処理や注記等を示すものである。このため，中小企業は，本指針に拠り計算書類を作成することが推奨される。
　　また，会社法において，取締役と共同して計算書類の作成を行う「会計参与制度」が導入された。本指針は，とりわけ会計参与が取締役と共同して計算書類を作成するに当たって拠ることが適当な会計のあり方を示すものである。このような目的に照らし，本指針は，一定の水準を保ったものとする。
　　もっとも，会計参与を設置した会社が，本指針に拠らずに，会計基準に基づき計算書類を作成することを妨げるものではない。

　中小会計指針が主たる対象として念頭に置いているのは，会計参与を設置する中堅企業である。同時に，金融商品取引法の適用を受ける会社並びにその子会社及び関連会社及び会計監査人を設置する会社及びその子会社については，適用対象外としている。

　そのように複数の会計基準がすでに存在する中で，あえて中小会計指針が策定される理由について，指針は以下のように論じている。

　　中小企業に限らず企業の提供する会計情報には，本来投資家の意思決定を支援する役割や，利害関係者の利害調整に資する役割を果たすことが期待されている。
　　投資家と直接的な取引が少ない中小企業でも，資金調達先の多様化や取引先の拡大等に伴って，これらの役割が会計情報に求められることに変わりはない。その場合には，取引の経済実態が同じなら会計処理も同じになるよう，企業の規模に関係なく会計基準が適用されるべきである。本指針は，基本的に，このような考え方に基づいている。
　　しかしながら，投資家をはじめ会計情報の利用者が限られる中小企業において，投資の意思決定に対する役立ちを重視する会計基準を一律に強制適用することが，コスト・ベネフィットの観点から必ずしも適切とは言えない場合がある。そこでは，配当制限や課税所得計算など，利害調整の役立ちに，より大きな役割が求められる。また，中小企業においては，経営者自らが企業の経営実態を正確に把握し，適切な経営管理に資することの意義も，会計情報に期待される役割として大きいと考えられる。本指針では，その点も考慮して，中小企業が拠ることが望ましい会計処理や注記等を示している。

中小企業に限定された会計処理の提示だという訳である。

小規模企業向けの中小会計要領

　その後，中小企業の中でもより規模の小さな企業向けに新たに策定されたのが，中小企業の会計に関する基本要領（中小会計要領）である。中小会計要領は，中小企業庁の中小企業の会計に関する検討会によって，2012 年 2 月 1 日に策定されたものである。中小会計要領は，全体で 26 ページからなり，公表後一度も改訂はなされていない。
　中小会計要領は，その目的について，以下のように述べている。

① 「中小企業の会計に関する基本要領」（以下「本要領」という。）は，中小企業の多様な実態に配慮し，その成長に資するため，中小企業が会社法上の計算書類等を作成する際に，参照するための会計処理や注記等を示すものである。

② 本要領は，計算書類等の開示先や経理体制等の観点から，「一定の水準を保ったもの」とされている「中小企業の会計に関する指針」と比べて簡便な会計処理をすることが適当と考えられる中小企業を対象に，その実態に即した会計処理のあり方を取りまとめるべきとの意見を踏まえ，以下の考えに立って作成されたものである。

・中小企業の経営者が活用しようと思えるよう，理解しやすく，自社の経営状況の把握に役立つ会計

・中小企業の利害関係者（金融機関，取引先，株主等）への情報提供に資する会計

・中小企業の実務における会計慣行を十分考慮し，会計と税制の調和を図った上で，会社計算規則に準拠した会計

・計算書類等の作成負担は最小限に留め，中小企業に過重な負担を課さない会計

　さらに IFRS との関係について，中小会計要領は，「安定的に継続利用可能なものとする観点から，国際会計基準の影響を受けないものとする」と述べている。その上で，「資産は原則として取得原価で計上する」と述べている。

　中小会計要領は，企業会計原則に象徴される戦後日本の会計ルールの特徴を色濃く残している。IFRS との関係性を否定し，時価会計ではなく取得原価会計を原則としているからである。

　上場大企業を対象とした企業会計基準は，投資家指向ゆえに時価会計であるのに対し，小規模企業を対象とした中小会計要領は，より簡便な取得原価会計である。そして中小会計指針は，両方の会計処理を容認した幅広いものとなっている。中小会計指針と中小会計要領という中小企業にとっての2つの「会計基準」は，目的に応じて使い分けるべきものであろう。今日，中小企業もグローバル化しているのである。

第1章の参考文献

秋葉賢一『エッセンシャル IFRS（第6版）』中央経済社，2018年。

IFRS 財団編『IFRS 基準（2018年版）』企業会計基準委員会監訳，中央経済社，2018年。

岩崎勇『IFRS の概念フレームワーク』税務経理協会，2019年。

斉藤静樹編『詳解「討議資料・財務会計の概念フレームワーク」（第2版）』中央経済社，2007年。

杉本徳栄『国際会計の実像—会計基準のコンバージェンスと IFRSs アドプション—』同文舘出版，2017年。

ドロン・ニッシム，ステファン・ペンマン『公正価値会計のフレームワーク』角ケ谷典幸，赤城諭士訳，中央経済社，2012年。

山本昌弘『国際会計の教室』PHP 新書，2001年。

山本昌弘『多元的評価と国際会計の理論』文眞堂，2002年。

山本昌弘『会計制度の経済学』日本評論社，2006年。

山本昌弘『会計とは何か—進化する経営と企業統治—』講談社メチエ，2008年。

有限責任あずさ監査法人 IFRS 本部編『IFRS の基盤となる概念フレームワーク入門』中央経済社，2012年。

第2章

IFRS各論

第2章のテーマ

　第2章では，IFRSの体系から特徴のある会計基準をいくつか取り上げ，具体的に検討する。IFRSの各論を理解すること，それが本章のテーマである。IFRSの特徴は，連結会計（第4講），時価会計（第5講），キャッシュ・フロー会計（第6講）であるから，それらについて，節ごとに考察していく。連結会計では，企業結合，連結財務諸表，持分法を取り上げる。時価会計では，棚卸資産，有形固定資産，収益認識，金融商品を取り上げる。そしてキャッシュ・フロー会計では，キャッシュ・フロー計算書とリースを取り上げる。その際には，必要に応じて日本の会計基準及び米国の会計基準との比較を行うこととする。そうすることによって，すでに達成された会計基準国際統合の程度と今後の各会計基準が向かうべき方向性が明確になるからである。

第4講　連結の会計

IFRS3「企業結合」

IFRS 及びその前身である IAS に共通する特徴は，すでに述べてきたように，連結会計，時価会計，キャッシュ・フロー会計にある。そこでまず連結会計であるが，その会計処理は，M&A が行われる時点で発生する。M&A における財務会計上の処理は，2004 年 3 月に公表された IFRS3「企業結合（Business Combinations）」において規定されている。企業結合は，M&A などによって新しく連結決算に加わる企業の会計処理を取り扱うものである。M&A の M は合併（merger）で，A は買収（acquisition）である。合併では2 社ないしそれ以上の企業が 1 社に統合され，通常は存続会社 1 社を残して他の被合併会社は消滅するのに対し，買収では被買収会社は買収会社によって支配権を取得されることによって連結対象子会社となるものの，買収以降も別法人として存続する。企業結合とは，これら両ケースにおける企業の結合処理を取り扱うものである。

現行の IFRS3 は，米国の財務会計基準審議会との合意（第 1 章で取り上げたノーウォーク合意）に基づき，より質の高い米国基準に統合すべく IAS22「企業結合（Business Combinations）」を置き換えたものである。IFRS3 は，2008 年に改訂されている。これに先立ち米国財務会計基準審議会は，企業結合に関する旧基準である会計原則審議会意見書（APBO）第 16 号「企業結合」（1970 年公表）を，2001 年に財務会計基準書（SFAS）第 141 号「企業結合」に置き換えている（現在は，ASC805 としてコード化されている）。それを受けて国際会計基準審議会は，2002 年 12 月に米国基準と同じ内容の IFRS E3を公開草案として発表し，それが IFRS3 になるのである。IFRS3 と同時に，IAS36「資産の減損」，IAS38「無形資産」についても，当該する箇所が修正されている。

M&A では，取得企業は相手企業の株主資本について支配権を確立することが必要となる。企業結合の会計処理技法であるパーチェス（purchase）法は，

被取得企業の資産と負債の公正価値をもとに取得価額を算出する方法である。パーチェスとは購入という意味であり，個々の資産を取得するのと同じように公正価値で対象企業を評価する方法である。まず金融商品，建物，棚卸資産など資産及び負債を個別に時価評価し，純資産（＝資産－負債）の公正価値を算出する。次に，株主資本を引き継ぐための購入対価すなわち買収価格を決定する。そして株主資本の購入価額が純資産の公正価値より大きい場合には，その超過支払部分を「のれん（合併差益）」として企業結合後の貸借対照表に資産計上する。また逆のケースでは，「負ののれん（割安購入益）」が貸方側に発生する。要するに，パーチェス法とは時価評価を行った上で企業結合を実施する方法である。

　米国の SFAS141（現 ASC805）及び IFRS3 ともに，企業結合の処理はパーチェス法に統一してすべて公正価値で結合することとし，次項で説明する持分プーリング（pooling of interests）法を禁止している。さらにのれんは減価償却のような規則的な償却は行わず，毎期減損テストによって再評価することとしている。また無形資産は，企業結合によるのれんとは別に資産認識される。M&A では被買収企業に対しリストラクチャリングが実施され，効率化が図られることが多いが，被買収企業のリストラクチャリングのコストは，企業結合後に費用として処理される。このように，両新基準では，企業結合時の合併差損益のみがのれんとして認識され，他の超過収益力やそのための諸費用は，のれんとは別に認識されるのである。

企業結合の旧基準及び日本基準

　企業結合の会計処理について，それまで 1985 年に公表（その後，1999 年に改訂）された IAS22 が適用されていた。そこでは，M&A によって支配権を確立した企業すなわち取得企業を特定出来るかどうかを基準にして，「取得」と「持分の結合」に区分していた。旧基準は，取得企業が識別出来るケースを取得，識別出来ないケースを持分の結合としていたのである。それゆえ取得には，買収のみならず吸収合併のような企業結合が含まれた。欧米の M&A では，対等合併は少なく，存続会社と消滅会社が明確だからである。さらに，連結対象が消滅するか存続するかは，連結ベースでの企業実態を重視し，単独財

務諸表が不要な米国基準のような立場からすれば，合併と買収をあえて会計処理上区別する必要がない。そして取得に対しては，パーチェス法が，持分の結合に対しては，持分プーリング法が，適用されてきた。

　日本の企業会計では，長らく持分プーリング法が採用されてきた。持分プーリング法は，資産・負債とも帳簿価額で存続会社が引き継ぐものであり，その構造上合併差損益が発生しない。合併する両社の簿価をそのまま合算するからである。旧基準の IAS22 は，この会計処理方法について，取得企業が識別出来ない例外的なケースについてのみ承認していたのである。

　その後日本では，2006 年 4 月に企業会計審議会による「企業結合に係る会計基準」が適用された。そこでは，IAS22 に調和化がなされ，パーチェス法と持分プーリング法の両方が認められ，パーチェス法によって発生するのれんは20 年で償却することとされた。日本には，それまで企業結合に関する会計基準が存在せず，M&A の際には持分プーリング法が適用されてきた。ようやくパーチェス法を含む正式の企業結合会計基準が設定されたものの，その時点にはすでに IFRS3 や米国基準は，持分プーリング法ものれんの規則償却も廃止している。EU が日本の会計基準を評価しない最大の理由が，この企業結合にあると当時いわれていた。

　その後 2008 年に，企業会計基準委員会によって企業会計基準第 21 号「企業結合に関する会計基準」が公表される。この会計基準は，企業結合において持分プーリング法を禁止し，原則としてパーチェス法に 1 元化している。その後何度か改正されるものの，依然として IFRS3 のような減損テストは導入されず，のれんの会計処理は 20 年以内の期間にわたって，定額法その他の合理的な方法によって規則的に償却するとしている。

中小会計指針及び中小会計要領における企業結合

　そこで，中小会計指針の具体的内容について検討すると，中小会計指針は，企業結合の会計処理について以下のように規定している。

　　企業結合が取得と判定された場合には，結合企業は被結合企業（吸収合併消滅会社，吸収分割会社，新設分割会社，事業譲渡会社など）から受け入れ

る資産及び負債に企業結合日の時価を付さなければならない。ただし，取得と判定された場合であっても，結合企業（取得企業）が受け入れる資産及び負債について，以下のいずれかの要件を満たす場合には，被結合企業（被取得企業）の適正な帳簿価額を付すことができる。

① 企業結合日の時価と被結合企業の適正な帳簿価額との間に重要な差異がないと見込まれるとき。

② 時価の算定が困難なときまた，取得以外の企業結合の場合には，被結合企業の適正な帳簿価額を付さなければならない。ここで，適正な帳簿価額とは，一般に公正妥当と認められる企業会計の基準その他の企業会計の慣行を斟酌して算定された帳簿価額をいう。したがって，企業会計の基準等に照らして帳簿価額に誤りがある場合には，その引継ぎに際して修正を行うことになる。結合企業が受け入れる資産及び負債を時価以下の範囲で適宜に評価替えするような会計処理は認められない。

これを読めば，中小会計指針は，パーチェス法と持分プーリング法の両方の会計処理を認めていることがわかる。企業会計基準がすでに持分プーリング法を禁止しているにも拘らず，認めているということである。

企業結合に限らず，中小会計指針は，複数の会計処理を認めるケースが多い。それは，2005 年以降毎年のように改訂される中で，中小企業に固有の処理と近年 IFRS 等で採用される処理の両方を許容してきたからである。確かに将来株式上場を目指しているのであれば，早い段階から中小会計指針を採用し，しかも企業会計基準委員会が定めるフルスペックの企業会計基準に近い処理をした方が好ましい（企業結合でいえば，パーチェス法）。一方で堅実な中小企業として続けていく場合には，会計処理はシンプルかつ継続的なものが好ましい（企業結合でいえば，持分プーリング法）。中小会計指針は，この両者を包含しようとしてかなり幅の広いものになっている。

これに対し中小会計要領は，企業会計原則に象徴される戦後日本の会計ルールの特徴を色濃く残している。IFRS との関係性を否定し，時価会計ではなく取得原価会計を原則としているからである。企業結合については，中小会計要領は具体的な規定は行っていない。各論で示していない会計処理等の取扱い

について，中小会計要領は，「本要領で示していない会計処理の方法が必要に
なった場合には，企業の実態等に応じて，企業会計基準，中小指針，法人税法
で定める処理のうち会計上適当と認められる処理，その他一般に公正妥当と認
められる企業会計の慣行の中から選択して適用する」と述べている。

　IFRS や企業会計基準が時価会計を推進する中，伝統的な取得原価評価に拘
る中小会計要領であるから，基本的には，企業結合には持分プーリング法でよ
いと考えているのであろう。そもそも時価会計は，決算時に対象となる項目に
ついてすべて再評価する必要がある。確かに企業の時価を知りたい投資家に
とっては有用な情報であるが，株式非公開の中小企業には手間がかかるだけの
会計実務であるといえる。その意味で，IFRS の影響を受けないと宣言し，取
得原価評価で良しとする中小会計要領のスタンスは明確である。

経済単一体説と親会社説

　IFRS は，連結財務諸表の作成にあたって，経済単一体説を採用している。
これは，連結財務諸表は，連結対象子会社を含むグループ全体の業績を表示す
べきであるという考え方である。連結対象子会社には，親会社の所有に帰さな
い少数の株主による持分が存在しうる。これを非支配株主持分というが，この
非支配株主持分についても親会社持分と同じように取り扱うのである。通常，
経済単一体説に立てば，企業結合によるのれんの処理において，非支配株主持
分を含めすべて公正価値で評価することになる。それが，全部のれんである。
IFRS3 は基本的には全部のれんを採用しているが，非支配株主持分について
は公正価値で評価せず親会社持分相当額についてのみ公正価値評価する買入の
れんについても認めている。

　これに対し日本の企業会計基準は，親会社説に立っている。これは親会社の
視点からすなわち親会社の持分に関する連結対象子会社の業績を重視するもの
である。その結果，日本基準では，企業結合におけるのれんの処理において全
部のれんを認めず買入のれんのみを認めている。それゆえ，非支配株主持分に
ついて公正価値評価が行われなくなり，時価会計の対象がより狭くなる。のれ
んの規則償却は減価償却と同様取得原価会計すなわち収益・費用アプローチに
よるものであり，買入のれんを含め日本の企業結合会計基準は，依然として取

得原価主義の色彩を色濃く残しているといえる。

IFRS10「連結財務諸表」

M&A の企業結合処理を行ったのち，合併では，被合併会社は消滅するのに対し，買収による企業結合の場合は，被買収会社は，別法人として存続し，連結対象会社として毎期連結決算が行われることになる。IFRS10「連結財務諸表（Consolidated Financial Statements）」が，連結財務諸表の作成について規定している。2011 年 5 月に公表され，IAS27「連結及び個別財務諸表（Consolidated and Separate Financial Statements）」から代替した。

連結範囲の決定にあたり，IFRS10 は，支配という概念を使用する。支配の判定にあたっては，以下の 3 つの要素すべてを有しているかによって行われるとしている。

(a) 投資先に対するパワー
(b) 投資先への関与により生じる変動リターンに対するエクスポージャーまたは権利
(c) 投資者のリターンの額に影響を及ぼすように投資先に対するパワーを用いる能力

(a)は，まさに投資先へのパワーすなわち影響力であり，(b)は，その結果によるリターン，(c)は，パワーとリターンの連係ということになる。なお，支配には，議決権による支配と議決権以外による支配について，IFRS10 は論じている。

IFRS10 は，さらに連結手続についても詳細に規定している。連結子会社は，親会社の決算日に合わせて財務諸表を作成する必要がある。しかも親会社は，連結対象会社すべてにおける会計方針を統一しなければならない。それゆえ，IFRS に準拠した企業経営を行うためには，グループ全体で統一された会計システムを構築することが肝要である。連結財務諸表の作成においては，子会社の財務諸表の各項目についてその金額を親会社の財務諸表項目に加えるとともに，親子会社間の取引が二重計算になるため相殺消去する。

連結財務諸表の旧基準及び日本基準

　旧基準である IAS27 は，1988 年に旧 IAS2「連結財務諸表」（1976 年 6 月公表）を置き換える形で公表され，その後何度か修正が施された。連結範囲の決定に際し，IAS27 は，実質支配力基準を採用していた。国際会計基準は，(1)議決権の過半数を支配する力，(2)財務及び経営方針を左右する力，(3)取締役会または同等の経営機関の構成員の過半数を任命又は解任する力，(4)取締役会または同等の経営機関における過半数の投票権，などを親会社が他の投資家との協定や法令または契約によって有する場合に連結対象になるとしていたのである。なお旧基準は，現在 IAS27「個別財務諸表（Separate Financial Statements）」として存続している。

　日本では，連結会計は，「連結財務諸表原則」において規定されてきた。この会計基準は当初 1975 年に公表され，1997 年に改定されている。日本の旧連結会計基準では，連結対象が形式的な議決権に基づいて決定されていたが，1999 年 4 月から適用されている改訂では，国際会計基準同様に実質支配力基準が採用されている。旧基準の形式基準では，親会社が 50％以上の株式を取得している子会社が連結対象となったのに対し，新基準の実質支配力基準では，旧基準に加えて親会社の持株比率が 40％以上でありかつ取締役等の派遣により実質的な支配が行われている会社を連結範囲に加えている。実質支配力基準といいながら 40％という形式基準が導入されているところが日本的で，IAS27 がこのような数字を一切前提にしていなかったのとは対照的である。

　連結財務諸表原則は，2008 年 12 月に企業会計基準委員会の企業会計基準第 22 号「連結財務諸表に関する会計基準」に置き換えられている。そこでは，上述の形式基準を含め，大枠が引き継がれている。連結して決算を行う際の会計処理基準についても，同一の環境下で行われた同一の性質の取引は，原則として統一しなければならないとされている。合理的な理由が存在しない限り，連結対象の中では同じ会計処理・会計政策を適用するということである。もちろんこれは，IFRS では当然のこととされているものである。

　また企業会計基準委員会による実務対応報告第 18 号「連結財務諸表作成における在外子会社等の会計処理に関する当面の取扱い」は，連結対象の在外子会社について IFRS 及び米国会計基準の採用を認めている。2006 年 5 月公表

時には，のれんの処理について減損処理を認めていたものの，2015年3月改正以降は同時期に公表された修正国際基準と歩調を合わせる形で，のれんについては，たとえIFRSや米国基準を採用していたとしても，20年以内で規則償却することと変更されている。

　ちなみに米国は，1987年公表のSFAS94「すべての過半数保有会社の連結（Consolidation of All Majority-Owned Subsidiaries）」において，株式過半数所有による形式基準を採用している。現在は，ASC810としてコード化されている。

IAS28「関連会社及び共同支配企業に対する投資」

　連結会計において重要な処理に，関連会社への投資があげられる。1990年に公表されたIAS28「関連会社に対する投資の会計処理（Investments in Associates）」がそれである。この基準は，1995年と2003年に改訂されている。そして2011年5月には，IAS28「関連会社及び共同支配企業に対する投資（Investments in Associates and Joint Ventures）」という現在の名称に変更され，何度かの修正が加えられている。

　IAS28は，関連会社の判断基準として影響力基準を採用している。議決権では，一応20％以上としているが，それ以外にも重要な影響力を示すものとして，(a)投資先の取締役会または同等の経営機関への参加，(b)方針決定プロセスへの参加（配当その他の分配の意思決定への参加を含む），(c)企業と投資先との間の重要な取引，(d)経営陣の人事交流，(e)重要な技術の提供，などをあげている。

　IAS28は，影響力基準に基づいて関連会社とされる企業に対しては，持分法による連結を規定している。持分法は，連結子会社のように財務諸表の項目ごとに連結するのではなく，1行連結とよばれている。まず関連会社への投資額（通常は保有した関連会社株式）を親会社の貸借対照表に公正価値で評価し，その後は決算ごとに関連会社の業績のうち親会社の所有割合に応じた金額（例えば親会社が20％株式所有していたとすると，関連会社の当期純利益の20％）を親会社の損益計算書に計上するのである。また決算時には，持分変化などによる損益以外の純資産の変動についても修正が行われる。

　持分法の適用にあたっては，会計方針統一のための修正が要求されている。ちなみに，持分法の対象となる企業は，米国（ASC323）や日本（企業会計基準第16号「持分法に関する会計基準」）でも議決権の20％以上を有する関連会社とされている。持分法の処理については，IFRSによって置き換えるのではなく，IASの改正によって対応されている。

第5講　時価の会計

IAS2「棚卸資産」

　IFRSは，決算時の時価によって再評価を行う時価主義を大きな特徴としている。取引時の価額が帳簿上そのまま引き継がれる取得原価主義の場合には，売上などの収益は実現主義であるからそれが実現されるまで認識されない。これに対し時価主義では，決算時の時価が取得原価を上回ればその差額が未実現の評価益として認識されることになる。IFRSや米国会計基準など資産・負債アプローチを採用する会計制度では，市場性があるものは時価評価し，実現か未実現かを問わず時価評価差損益を認識することを原則としている。時価情報は，開示時点における企業の実態をよりよく反映するからである。取得原価と比較すると評価の恣意性が高いとして，日本では時価主義は長らく敬遠されてきた。グローバルに市場経済が浸透し，市場において需要と供給の一致する点で価格が客観的に定まるようになってくると，客観性や検証可能性の問題がクリアされ，市場性のある資産について時価で再評価することが国際会計基準など海外で広く普及した。過去よりも現在，さらには将来を重視する投資家の意思決定には，取得原価よりも時価の方が情報としてはるかに有用だからである。

　IFRSの特徴の1つである時価指向は，さまざまな領域において見ることが出来る。まず注目すべきは，IAS2「棚卸資産（Inventories）」である。このIAS2は，当初1975年に公表され，単一処理を目指した公開草案IAS E32「財務諸表の比較可能性」を受けて1993年に改訂されている。さらに2005年1月のEUにおける国際会計基準強制適用に際し，2003年12月に他のいくつかの

基準とともに改訂が施されている。

　棚卸資産会計の対象となる資産は，(a) 通常の営業過程における販売を目的として保有されている資産，(b) 販売のために行う生産の過程にある資産，(c) 生産の過程あるいは用益の提供において消費される原材料や貯蔵品，などである。具体的には，商品，製品，未着品，積送品，原材料，仕掛品，半製品，消耗品，部品がこれに該当する。要するに，販売目的の実物資産である。なお，工事契約や金融商品など別の基準で定められている場合や，農業製品，林業製品，鉱物製品など，特定の業種で広く認められた慣行にしたがって下記で論じる正味実現可能価額（net realizable value）で資産が測定される場合については，IAS2 の適用除外としている。

　IAS2 は，対象となる棚卸資産に対して，「棚卸資産は，原価と正味実現可能価額とのいずれか低い額により測定されなければならない」と述べて，低価法の採用を強制している。これが国際会計基準の特徴である。正味実現可能価額とは，通常の営業過程において見積もられる売価から販売のために必要な費用及び製品となっていなければその完成までに要する費用を控除した額とされている。市場において実現される価格からそこで販売するために必要となるコストを差し引いた額のことである。市場価格すなわち時価は市況によって変動するから，正味実現可能価額が取得原価を下回れば，つねに再評価を行わなければならない。

　低価法には，正味実現可能価額と比較する金額をどのようにとるかによって，洗替方式と切放方式が存在する。前者は，当初の取得原価をつねに正味実現可能価額の比較対象とし，後者は，直近の評価切り下げを行ったときの価額と比較する。洗替方式では，市況反騰によってもともとの取得原価まで金額が戻されるのに対し，切放方式では直近の簿価に戻されるだけで，原始取得原価まで回復されることはない。IAS2 は，前者の洗替方式を強制している。

　日本の企業会計基準第 9 号「棚卸資産の評価に関する会計基準」（初出 2006年）は，基本的には IAS2 と同じ内容になっている。低価法の強制は，伝統的な取得原価主義からの離脱をもたらすことになる。ただし IAS2 も，正味実現可能価額が取得原価を下回ったときにのみ再評価を行うべきであるとしており，その逆のケースは想定していない。その意味では，棚卸資産の評価は片方

向の時価主義である。

　日本の企業会計基準は 2008 年以降，IAS2 と同じように棚卸資産の評価において後入先出法を禁止している。ただし，日本の会計基準は，販売目的に限定されずトレーディング目的（すなわち投機対象として，棚卸資産そのもののやり取りを必ずしも行わず差額決済が重要な取引）についても対象としており，その際には金融商品会計基準における売買目的有価証券の処理を適用するとしている。

　なお，米国の会計基準は棚卸資産について独自の処理をとっている（ASC330）。依然として後入先出法を認めるとともに，低価法については，IAS2 や日本基準が認めない切放方式を採用しているのである。

IAS16「有形固定資産」

　片方向の時価指向は，1982 年に公表され，その後 1993 年及び 2003 年に他の諸基準とともに改訂された IAS16「有形固定資産（Property, Plant and Equipment）」においても見ることが出来る。IAS16 は，有形固定資産の認識，測定，減価償却，評価減，除却・処分，及び開示について規定している。

　有形固定資産の会計処理において重要な概念となるのが，減価償却である。有形固定資産には，建物や機械が代表例としてあげられるが，これらの資産は使用とともに劣化し，経済的な価値が減少する。そこで各会計年度に有形固定資産の価値の減少を測定し，その期の費用として償却していかなければならない。これが減価償却である。なお有形固定資産のうち，土地は減価償却の対象とはならないことに注意が必要である。

　企業が有形固定資産を取得した際の会計処理として，IAS16 は，原価モデルと再評価モデルをあげている。原価モデルは，資産の取得価額を最初に測定し，そこから毎期減価償却を行う方法である。そして過年度からの減価償却累計額を当初の取得価額から控除した価額を，各期末における当該資産の価値とするのである。これは，伝統的な取得原価主義に基づく資産評価の一般的な方法である。減価償却の方法については定額法，定率法，生産高比例法をあげており，その中から経済実態に則した償却方法を採用すべきであるとしている。定額法は，固定資産の耐用期間中毎期均等額の減価償却費を計上する方法で，

定率法は，毎期期首未償却残高に一定率を乗じた減価償却費を計上する方法である。生産高比例法は，毎期当該資産による生産又は用役の提供の度合いに比例した減価償却費を計上する。ただし，減価償却を行う際の耐用年数は，企業の期待効用の観点から定義され，各年度末には見直さなければならないとしている。

有形固定資産の再評価モデルとして，IAS16が規定しているのが，資産再評価による方法である。この会計処理では，再評価日における信頼される公正価値すなわち時価によって資産の再評価を行い，そこからその後の減価償却累計額を控除していく。再評価は，毎期末の帳簿価額が公正価値から大きくかい離しないよう維持するのに十分な頻度で定期的に行う必要があるとしている。再評価によって資産の帳簿価額が増加した場合，その固定資産再評価益はその他の包括利益に認識し，再評価剰余金として貸借対照表の株主資本の部に累積される。この会計処理は，すでに第1章第2講において論じたように，リサイクリングされず，除却または処分されたときには，直接利益剰余金に振り替えられる。

有形固定資産の会計処理においてIAS2は，原価モデルと再評価モデルの両方の使用を認めている。有形固定資産の再評価モデルは，両方向の時価主義だといえる。ただし毎期資産再評価を実施しないかぎり，そこから減価償却が行われることになる。

IAS36「資産の減損」

国際会計基準には，有形固定資産の時価評価に関わる基準として，さらにIAS36「資産の減損（Impairment of Assets）」がある。1998年に公表されたこの基準は，資産の時価が帳簿価額を下回ったときに時価まで減額処理をするという減損会計を取り扱うものである。その後，2004年3月のIFRS3「企業結合」の公表に合わせてその後何度か改訂されている。

減損についてIAS36は，減損している可能性のある資産を識別し，当該資産の回収可能価額が帳簿価額を下回った場合，帳簿価額を回収可能価額まで減額する必要があるとしている。これを減損テストといい，減額金額は損益計算書上の費用として認識される。減損会計の対象となるのは，前述の有形固定資

産が典型例である。ハイテク機器のように通常の減価償却よりも急速に価値が
減った場合に，その分を上乗せして費用として落とすのである。ただし有形固
定資産の代替処理とは異なり，価値が増加した場合の処理は行わない。その意
味で，減損会計は IAS2「棚卸資産」における低価法と同様，片方向の時価主
義である。

　IAS36 の減損会計では，資産の帳簿価額（通常は取得原価から減価償却累計
額を引いたもの）よりも回収可能価額（recoverable amount）が低くなったと
きに，減損の会計処理が必要となる。ここで回収可能価額は，売却費用控除後
公正価値（fair value less costs to sell）と使用価値（value in use）の高い方
とされる。前者はその資産が市場で売れる正味実現可能価額，後者はその資産
がもたらす将来キャッシュ・フローの割引現在価値である。これによって企業
は，毎期必ず資産の減損をテストし，必ず時価と帳簿価額との比較を行わなけ
ればならない。

　米国における減損会計は，当初 1995 年公表の SFAS121「長期性資産の減
損及び処分する長期性資産の会計（Accounting for the Impairment of Long-
Lived Assets and for Long-Lived Assets to Be Disposed of)」において規定
されていた。その後，2001 年公表の SFAS144「長期性資産の減損または処
分に関する会計（Accounting for the Impairment or Disposal of Long-Lived
Assets)」に置き換えられ，現在は ASC360 となっている。日本でも，2006 年
4 月期から企業会計審議会による「固定資産の減損に係る会計基準」が導入さ
れている。その内容は 3 基準でほぼ同じであり，減損会計は世界的に定着して
いることが理解される。

IFRS15「顧客との契約から生じる収益」

　すでに第 1 章第 2 講で論じたように，国際会計基準審議会と米国財務会計基
準審議会は概念フレームワーク共通化のプロジェクトを中断し，個別会計基準
の共同プロジェクトに注力する。それが，収益認識プロジェクト，リース・プ
ロジェクト，金融商品プロジェクト，そして MoU（覚書）プロジェクトとし
てまとめて取り扱われる複数の共同テーマの 4 つである。リースについては，
次節のキャッシュ・フロー会計において取り扱う。本節では，収益認識プロ

ジェクトと金融商品プロジェクトについて取り上げる。ちなみに覚書プロジェクトは，IFRSとして新たに設定するのではなく，既存のIASの改訂によって対応するもので，IAS19「従業員給付」などが該当する。

　収益認識プロジェクトは，2008年12月にディスカッション・ペーパー（DP）「顧客との契約における収益認識に関する予備的見解」，2010年6月に公開草案（ED）「顧客との契約から生じる収益」，そして再度2011年11月にED「顧客からの契約から生じる収益」として公表され，2014年5月にIFRS15「顧客との契約から生じる収益（Revenue from Contracts with Customers）」として確定されている。IFRS15は，短期の収益認識を取り扱っていたIAS18「収益」と長期の収益認識の典型例であったIAS11「工事契約（Construction Contracts）」を統合して置き換える会計基準であり，資産・負債アプローチを前提に長期契約と短期契約の収益認識を包括した統合的な会計基準の構築を目指したものである。

　IAS11は，1979年に公表され，1993年に改訂されている。工事契約の会計処理において重要となるのは，多年にわたる工事契約を請け負った施工業者が，収益及び費用を各年度末にどのように認識するかという問題である。IAS11は，工事契約における収益及び費用の認識基準として，「工事契約の成果を信頼性をもって見積もることができる場合，その工事契約に関連した収益及び原価は，貸借対照表日現在におけるその請負業務の進捗度に応じて収益及び費用として認識しなければならない」と規定し，工事進行基準を採用している。つまり，工事の進行度合いに応じて各期の収益と費用を損益計算書に計上するのである。

　これに対し日本では，工事進行基準が認められてはいたものの，伝統的に工事完成基準が採用されてきた。工事完成基準では，工事が完成するまで収益は認識されず，各期に要した費用も「費用収益対応の原則」から未成工事支出金として繰り延べられる。

　IFRS15は，収益認識時期に関するより明確な指針の提供を目的とし，収益認識時期を判断する際に参照しなければならない基準数の減少を実現させる。そして企業が属する業界にかかわらず，類似の契約に対して，より首尾一貫した収益報告をもたらす原則の確立を目指している。つまり業種は長期短期な

どの差異に関わらず統一した収益認識の会計基準を提供しようとするものである。

　IFRS15 は，長期・短期に関わらず以下に示す 5 つのステップにおいて処理することとしている。

　　ステップ 1　　顧客との契約の識別
　　ステップ 2　　契約における履行義務の識別
　　ステップ 3　　取引価格の算定
　　ステップ 4　　取引価格の履行義務への配分
　　ステップ 5　　履行義務の充足と収益認識

　特にステップ 3 からステップ 4 にかけては，短期か長期かに関わらず合理的に期間配分がなされることになる。それが長期の場合には，必然的に工事進行基準となるのである。

　収益認識については，米国では ASC606（2014 年 9 月）で規定され，日本では 2018 年 3 月公表の企業会計基準 29 号「収益認識に関する会計基準」によって規定されている。その内容については，IFRS との国際統合が実現されている。

IFRS9「金融商品」

　IFRS において，時価指向が最も明確に現れているのが，金融商品の会計である。企業の資産は，使用によって価値が減っていく費用性資産と現金に換金される貨幣性資産に区分される。そして前者には減損会計と低価法に代表される片方向の減損処理が，後者には金融商品会計に代表される両方向の時価評価が，それぞれ適用されることによって，時価会計が貸借対照表に導入されるのである。

　金融商品についても，国際会計基準審議会と米国財務会計基準審議会の間で共通化が図られている。両者は，2005 年から金融商品会計基準の国際統合に取り組む。IFRS9「金融商品」は IAS39「金融商品：認識と測定」を置き換えるべく改正に取り組んだものである。2008 年 3 月には，国際会計基準審議会

によって討議資料（DM）「金融商品の報告における複雑性の低減」が公表される。そして 2009 年 11 月に IFRS9「金融商品（Financial Instruments)」として公表される。

　そこでは，公正価値評価（当期損益）か償却原価評価の 2 種類の測定方法に限定しようとするものであった。それまでの IAS39 は次項で取り上げるように，保有目的によって評価方法を 3 種類に使い分けていた。これに対し，新基準では保有目的による区分を廃止し，単一のアプローチを追求したのである。償却原価評価を認めていたものの，長期的には公正価値評価を行い差額を純損益とする単一測定属性モデルを目指したのである。償却原価とは，社債などを満期まで保有する場合に取得原価と償還時の債券金額との間に発生した差額を一定の方法で年度ごとに償却して価額を調整する処理方法であり，広い意味での取得原価評価である。

　この間，第 4 章第 11 講で取り上げるように，米国においてリーマン・ショックが発生し，世界経済は不況に突入する。その結果 IFRS9 では，公正価値評価による負債の時価評価問題が発生する。負債の時価評価では，負債の時価が下落すれば，帳簿価額との差額が会計上利益として認識されることになる。社債の時価が下落するのは，発行企業の信用度が低下したからであるが，信用度が低下するほど時価評価導入時に大きな利益が計上される。このような会計処理を規定する会計基準案は，当初 2000 年 12 月に日本を含む先進 9 カ国の会計基準設定主体と国際会計基準委員会とのジョイント・ワーキング・グループ（JWG）によって公表されている。JWG「ドラフト基準案：金融商品及び類似項目の会計（Draft Standard and Basis for Conclusions: Accounting for Financial Instruments and Similar Items)」では，金融資産及び金融負債についてその保有意図にかかわらずすべて時価評価し，帳簿価額との差額を毎期の利益ないし損失として損益計算書で認識すべきとする全面時価評価が提言された。

　負債は，負の資産ともいわれ，通常の資産とは逆の効果を発生させる。全面時価会計では，帳簿価額よりも下落した資産はその差額が損失として処理される。そしてその裏返しとして，帳簿価額より下落した負債はその差額が利益として処理されるのである。借入金の返済や社債の償還について支払不可能と

なるリスクが高まってくると，リスクに応じて割引金利が上昇するため，算出される割引現在価値が低くなる。それが市場で時価に反映されるのである。なお，社債時価下落企業は，負債の時価評価が導入された時に一時的に大きな利益を計上することになるが，その企業が社債を償還する際には額面分の支出が必要になるから，時価を越える部分については損失として会計処理しなければならなくなる。

　その後 2012 年 1 月に国際会計基準審議会と米国財務会計基準審議会が金融商品プロジェクトを再開する。そして 2014 年 7 月に IFRS9「金融商品」を改訂する。この新 IFRS9 は，中間的アプローチを強調し，すべての金融商品を公正価値で評価することは最も適切なアプローチではないとしている。その結果金融資産については，以下の 3 種類のアプローチを認めている。適用は 2018 年 1 月 1 日とされた。

　⒜　純損益を通じて公正価値で測定する金融資産
　⒝　その他の包括利益を通じて公正価値で測定する金融資産
　⒞　償却原価で測定する金融資産

　まず純損益を通じて公正価値で測定する金融資産については，旧 IFRS9 と同じように，公正価値で評価し差額を当期純利益とする。典型的には，デリバティブや売買目的有価証券がこれに該当する。さらにそれ以外でも公正価値オプションを採用することによって，差額を当期純利益に直入することが可能になる。一方公正価値オプションを採らない場合すなわちその他の包括利益を通じて公正価値で測定する金融資産では，差額をその他の包括利益に入れて状況に応じて当期純利益に振り替える。すなわちリサイクリングするのである。またその他の包括利益を通じて公正価値で測定する金融資産や償却原価で測定する金融資産についても，減損処理が適用され，その場合には差額は当期純利益となる。

　一方，負債については，売買目的の金融負債及びデリバティブ負債についてのみ公正価値変動のすべてが当期純利益とされる。公正価値オプションを適用した金融負債については，区分処理し，公正価値変動のうち自己の信用リスク

の変化に起因する部分をその他の包括利益とし，残りの部分を純利益とする。負債の公正価値オプションによってその他の包括利益に入れられた額については，純利益への組替すなわちリサイクリングは行われない。それら以外のすべての負債は，償却原価によって測定される。

　なお米国の会計基準では，同様の会計基準が 2017 年 12 月 16 日に ASC825 として適用されている。

金融商品の旧基準及び日本基準

　国際会計基準委員会は，当初から金融商品について強い時価指向を有していた。例えば，公開草案 IAS E40「金融商品（Financial Instruments）」（1991 年公表）は，それが先鋭的すぎるとして実務界からは強い反発に遭ってきた。それゆえ金融商品に関する公開草案は何度も修正されて，IAS32「金融商品：表示及び開示（Financial Instruments: Disclosures and Presentations）」（1997 年公表）と，IAS39「金融商品：認識と測定（Financial Instruments: Recognition and Measurement）」（1998 年公表）にまとめられる。

　金融商品の基準が 2 つに分けて設定されたのは，比較的異論の少なかった開示方法に関する部分だけを先に公表し，より本質的かつ具体的な測定方法に関する部分の公表には，慎重に時間が費やされたからである。いかに IAS の金融商品における時価指向がドラスティックなものであったかがわかる。ただしこれらの基準についても，国際会計基準審議会は過渡的なものであるとし，その後何度も修正を施している。現在は，金融商品の開示については，IFRS7「金融商品：開示（Financial Instruments: Disclosures）」として引き継がれ，IAS32 は「金融商品：表示（Financial Instruments: Presentation）」として表示部分についてのみ存続している。IAS39「金融商品：認識と測定」は，2018 年 1 月 1 日に失効している。

　IAS32 は，金融商品について，「一方の企業に金融資産，他方の企業に金融負債あるいは持分金融商品，の双方を生じさせるあらゆる契約」と規定している。その結果，金融商品の対象は，現金からはじまって，売掛金，受取手形，貸付金，保有している社債や株式・新株引受権といった金融資産，買掛金，借入金，社債などの金融負債，さらには先物・オプション・スワップなどのデリ

バティブと，極めて広範な項目がその対象となっている。この定義は，現在も有効である。

　日本では，IAS32 及び IAS39 との調和化のために，1999 年に企業会計審議会によって「金融商品に係る会計基準」が公表されている。その後 2006 年に現行の企業会計基準委員会によって企業会計基準第 10 号「金融商品に関する会計基準」として引き継がれている。日本の金融商品会計基準は，金融資産及び金融負債の範囲について，金融資産では，「現金預金，受取手形，売掛金及び貸付金等の金銭債権，株式その他の有価証券，デリバティブ取引」を，金融負債では，「支払手形，買掛金，借入金及び社債等の金銭債務，デリバティブ取引」をあげている。

　時価について，日本の金融商品会計基準は，「時価とは公正な評価額をいい，市場において形成されている取引価格等をいう。市場価格がない場合には合理的に算定された価額を公正な評価額とする」という定義を与えている。

　そこで，金融商品について旧 IAS39 と日本基準（企業会計基準第 10 号）を比較しながら見ていくと，その中心となるのが有価証券の処理であるが，IAS39 では，損益計算書を通じて公正価値で測定する金融資産，満期保有投資，売却可能金融資産等の区分になっており，日本基準の売買目的有価証券，満期保有目的債権，市場価格のない有価証券，子会社株式及び関連会社株式，その他有価証券という区分とは形式上は一致しない。ただし IAS39，日本基準とも，保有目的の変更は不可としている点では同じである。

　まず IAS39 の損益計算書を通じて公正価値で測定する金融資産と日本の売買目的有価証券の会計処理については，両基準とも決算時に時価評価を実施して，評価差損益を当期損益とするとされている。すなわち，時価と取得原価の差額を直接当期の損益計算書に算入するのである。取得原価主義のもとでは，収益は実現されるまで認識されないとされてきたので，この処理は画期的である。これによって，配当可能利益となるからである。ここに，投資家が時価情報を重視する最大の理由が存在する。ただし，日本基準では，この処理は売買目的の有価証券に限定されているのに対し，IAS39 では運用目的の金融資産のみならず，運用目的外でも，売却可能な金融資産でその時価評価差損益をその期の損益計算書に計上するケースを含んでいる。

　IAS39 における売却可能金融資産では，時価評価を行い評価差損益をその他の包括利益に計上することとされている。日本基準では，その他の有価証券がこの処理に対応している。IAS39 では，時価評価の情報を開示はするがそれが実現されるまでは配当可能利益には算入しない処理方法は，その他の包括利益を構成する。また，国際会計基準の満期保有投資及び日本基準の満期保有目的債権は，すべて償却原価法によって処理を行う。

　さらに IAS39 は，公正価値が測定不可能な金融商品（市場価格のない有価証券）の処理については取得原価によるとし，日本基準は市場価格のない有価証券のうち債券は償却原価法，その他は原価法すなわち取得原価によるとしている。

第6講　キャッシュ・フローの会計

IAS7 「キャッシュ・フロー計算書」

　IFRS で採用されている諸基準のうち，企業価値評価の観点から最も重要なものをあげるとすれば，それはキャッシュ・フロー計算書（C/F）であろう。IAS7「キャッシュ・フロー計算書（Statement of Cash Flows）」は，当初 1977 年に「財政状態変動表（Statement of Changes in Financial Position）」として公表されたものである。その後，1987 年 11 月には米国で SFAS95 号「キャッシュ・フロー計算書（Statement of Cash Flows）」が公表され，現在普及している 3 部構成のキャッシュ・フロー計算書が制度化される（現在は，ASC230）。そして 1992 年に，米国基準と同じ内容をもつ現行の基準へと改訂されている。現在キャッシュ・フロー計算書は，貸借対照表（balance sheet, B/S）（IFRS では財政状態計算書（statement of financial position, F/P）とよぶ），損益計算書（profit and loss statement, P/L）（IFRS では，包括利益計算書（statement of comprehensive income, C/I）とよぶ）に続く第 3 の財務表として世界的に定着している。

　キャッシュ・フロー計算書は，一定期間における企業のキャッシュ・フローを詳細に表示したものである。キャッシュ・フローとは，現金及び現金同等物

の流入と流出のことである。現金同等物とは，容易に現金化可能で価値変動の
リスクが少ない金融資産のことである。IAS7 では，3 ヶ月以内に満期になっ
たり償還されるような，定期預金，通知預金，公社債，公社債投資信託，優先
株式などが現金同等物であるとされている。同じくフローの財務表である損益
計算書が費用と収益を対照させ，配当可能利益を計算するものであるのに対
し，キャッシュ・フロー計算書は，利益配当の裏付けとなる現金の流れを計算
したものである。前者が名目計算であるとするならば，後者は実質計算である
ともいえる。

　企業がキャッシュ・フローを有効に管理することは，短期的な資金繰り政策
において重要であるだけではなく，長期的な企業成長を決定する投資政策上も
不可欠である。しかも株主への配当の原資となるのも，このキャッシュ・フ
ローである。市場経済における企業の行動は，必ずキャッシュ・フローの裏
付けを必要とする。つまり，企業にとって重要なほとんどすべての財務意思決
定は，キャッシュ・フロー情報に基づいてなされるのである。キャッシュ・フ
ロー計算書は，企業が行う財務意思決定において，希少な資源の配分である
キャッシュ・フローのバランスをどのようにとっているかを表示したものであ
るから，投資家にとっても極めて有用な情報となる。それゆえ，証券監督者国
際機構（IOSCO）はキャッシュ・フロー計算書を重視している。

　キャッシュ・フロー計算書の開示は，すでに重要なディスクロージャー情
報として世界的に定着している。キャッシュ・フロー計算書の書式には，直
接法と間接法がある。どちらも，「営業活動によるキャッシュ・フロー（cash
flows from operating activities)」，「投資活動によるキャッシュ・フロー（cash
flows from investing activities)」，「財務活動によるキャッシュ・フロー（cash
flows from financing activities)」という，大きく分けて 3 つのセクションか
ら構成されている。

　IAS7 は，直接法によるキャッシュ・フロー計算書の作成を推奨している
が，間接法も認めている。直接法は，キャッシュ・フロー・ベースで直接計算
書を作成する方法で，間接法は，貸借対照表や損益計算書など従来の発生主義
に基づいて作成された他の財務諸表を修正することによって間接的に作成する
方法である。直接法のメリットは，より厳密かつ論理的にキャッシュ・フロー

の内訳が表示出来ることであり，デメリットは，そのため作成に手間がかかることである。間接法のメリット・デメリットは，この逆になる。世界中で多くの企業は，間接法によるキャッシュ・フロー計算書の開示を行っている。

　IAS7によって制度化されたキャッシュ・フロー計算書は，事業活動と投資活動と資金調達活動の関係を，キャッシュ・フローをもとにして詳細に表示したものである。このキャッシュ・フロー計算書を作成することによって，企業経営者は，自らよりキャッシュ・フローを重視した経営を実践するようになる。日本でも，若干の相違が存在するものの，原則として国際会計基準や米国基準と同形式の連結キャッシュ・フロー計算書が，企業会計審議会による「連結キャッシュ・フロー計算書等の作成基準」として1999年4月に導入されている。

(a)　営業キャッシュ・フロー

　そこでIAS7を具体的に見ていくと，キャッシュ・フロー計算書において，上段の部分に表示されるのが，営業活動によるキャッシュ・フロー，略して営業キャッシュ・フローである。この営業キャッシュ・フローは，企業の主要な事業活動によって獲得されたキャッシュ・フローの内訳を示している。直接法と間接法で表示内容が異なるのは，この部分だけである。直接法では，「得意先からの現金収入（cash receipts form customers）」から「仕入先及び従業員への支出（cash paid to suppliers and employees）」を減算し，さらに利息支払額（interest paid）や法人税等支払額（income tax paid）など営業活動に必要なキャッシュ・アウトフローを差し引くことによって，「営業活動による正味現金（net cash from operating activities）」すなわち純営業キャッシュ・フローが求められる。この直接法では，売上や仕入といった主要な取引が，すべてキャッシュ・フロー・ベースで表示される。

　これに対し間接法では，出発点は利益である。純営業キャッシュ・フローは，期間損益計算に関わっていても実際には現金の流出入を伴っていない項目を利益に加減することによって計算される。その中で金額的に最も大きなものが，有形固定資産の減価償却（depreciation）である。この減価償却は，現金の変動をもたらさない費用であり，その会計処理方法の相違によって利益額

が大きく変わってしまう。しかも装置産業などで資本装備率の高い企業では，この減価償却負担が巨大になり，利益を圧迫する。それゆえ，利益ではなくキャッシュ・フローを見ることによって，異業種間の業績比較もより有効になる。間接法における減価償却費以外の修正項目には，売掛金・買掛金や棚卸資産の変動などがある。

　直接法でも，間接法でも，同じ純営業キャッシュ・フローが算出され，今日キャッシュ・フローといえば，この純営業キャッシュ・フローを指す。ちなみに，純営業キャッシュ・フローを厳密に算定することは，キャッシュ・フロー計算書なしでは不可能なので，それが制度化されていない状況では，簡便法として内部留保利益に減価償却のみを加えて算出されてきた。その場合には，減価償却以外の非現金項目の修正が無視出来る程度に小さくなければならないことが，間接法のキャッシュ・フロー計算書から理解される。

　⒝　投資キャッシュ・フロー

　純営業キャッシュ・フローは，日常の本業によって獲得されたキャッシュ・フローの純額であり，企業は，それを将来への投資へと振り向ける。その内容を表示しているのが，中段の投資活動によるキャッシュ・フローの部である。投資キャッシュ・フローとしては，M&Aや直接投資のための資本支出，固定資産への設備投資，ポートフォリオ投資などの金額が表示される。なおそれらの投資活動の資本コストに関わる情報として，利息収入と配当金収入が投資キャッシュ・フローにおいて開示されるが，利息及び配当金の収入・支出についてIAS7は，毎期一貫した方法であれば営業・投資・財務の３区分のどこに分類してもよいとしている。

　この投資キャッシュ・フローの部で求められる純投資キャッシュ・フロー（投資活動による正味現金（net cash used in investing activities））は，投資活動に要した純額であり，投資支出がメインであるから，通常はマイナスになる。投資キャッシュ・フローの内訳には，⑴有形固定資産，無形固定資産，その他の長期投資を取得するための支出，⑵有形固定資産，無形固定資産，その他の長期投資の売却による収入，⑶他の会社の持分又は債権，ジョイント・ベンチャー（JV）に対する持分を取得するための支出，⑷他の会社の持

分又は債権，JV に対する持分の売却による収入，(5) 他に対する貸付に伴う支出，(6) 他に対する貸付の返済による収入，(7) 先物・先渡契約，オプション，スワップ契約等に伴う支出，(8) 先物・先渡契約，オプション，スワップ契約等に伴う収入，などがあげられる。

(c)　財務キャッシュ・フロー

　企業は，事業活動によって獲得されたキャッシュ・フローによって投資を賄うことが多いので，通常純投資キャッシュ・フローのマイナス（流出）額は，純営業キャッシュ・フローのプラス（流入）額より小さくなる。ところが企業戦略の観点から，それを超えた投資が必要な場合には，事業活動以外から資金を調達しなければならなくなる。その内容を示しているのが，下段の財務活動によるキャッシュ・フローの部である。株式や社債の発行，銀行借入などによって調達された資金の内訳が，ここに表示される。財務キャッシュ・フローの内訳には，(1) 株式又はその他の持分証券の発行による収入，(2) 会社自身の株式を買い戻し，或いは償還するための所有者への支出，(3) 社債発行，手形借入，抵当権付借入，その他の短期・長期の借入による収入，(4) 借入金の返済，(5) ファイナンス・リースに関する負債残高を減少させる賃借人の支出，などがあげられる。

　なお，純投資キャッシュ・アウトフローが純営業キャッシュ・インフローより小さい場合には，企業の手持ち現金が増加する。そこで企業は，それを債務の返済などに充当することになる。もしもそのようにして財務キャッシュ・フローの圧縮を行わないのであれば，キャッシュ・フロー計算書最下段の「現金及び現金同等物期末残高（cash and cash equivalents at end of period)」の増加として表示されることになる。ちなみにこの最下段の数値は，貸借対照表の「現金及び現金同等物」と一致する。

フリー・キャッシュ・フロー

　企業活動におけるキャッシュ・アウトフローとキャッシュ・インフローの純額を計算したものを，フリー・キャッシュ・フロー（free cash flows, FCF)といい，厳密には，ある事業（投資プロジェクトでも企業全体でも）がもたら

す営業キャッシュ・フローから，その事業の存続に必要な投資キャッシュ・フロー（運転資本需要の増減や追加の設備投資など）の額を差し引いた金額として計算される。その計算式は以下のようになる。

FCF ＝ 営業キャッシュ・フロー － 投融資増 － 設備投資額

キャッシュ・フロー計算書をもとに企業のフリー・キャッシュ・フローを計算するときには，簡便法として純営業キャッシュ・フローの額から純投資キャッシュ・フローの額を差し引いて算出することがある。けれども正確には，投資キャッシュ・フロー全額を控除するのではなく，既存事業を維持するのに必要な額だけを差し引くべきである。新規投資に投入されるキャッシュ・フローは，フリー・キャッシュ・フローの活用であるからである。それゆえ個々の事業単位の経営者にとっても，企業のトップ・マネジメントにとっても，このフリー・キャッシュ・フローを最大化することが重要な戦略目標となる。

フリー・キャッシュ・フローは，最終的に企業が自由に利用出来るキャッシュ・フローのことであるから，配当を行ってインカム・ゲインとして株主に報いてもよいし，新規事業に振り向けてもよい。後者の場合には，将来に期待される増分キャッシュ・フローが株価を上昇させ，株主に対するキャピタル・ゲインとなる。あるいは自社株の買入消却に使用してもかまわない。フリー・キャッシュ・フローが大きければ大きいほど，企業にとって戦略的な自由度が高くなるとともに，それが株主にとっての価値にもなるのである。株主の期待を反映して決定される株価との相関は，フリー・キャッシュ・フローが最も高いといわれている。

このフリー・キャッシュ・フロー，今日では，経営管理における極めて重要な概念となっている。新たな投融資の増減や追加の設備投資を必要としないような単純な投資決定では，純営業キャッシュ・フローがそのままフリー・キャッシュ・フローとなることから，将来のフリー・キャッシュ・フローをすべて資本コストで割り引くと，それを生み出す事業資産の時価すなわち現在価値が計算されるのである。同様に，企業全体の価値もその企業の総資産がもた

らす将来のフリー・キャッシュ・フローの総和を現在に割り引くことによって
計算出来る。企業価値の最大化とは，つまるところこの将来フリー・キャッ
シュ・フローの割引現在価値の最大化のことである。

利益は意見，キャッシュ・フローは事実

　会計情報の有用性に関して，よくいわれる表現で，「利益は意見，キャッ
シュ・フローは事実」というものがある。これは，損益計算書において利益を
計算する際には，固定資産の減価償却や棚卸資産の評価などに複数の会計処
理方法が存在するため，最終の当期純利益に至るまで何種類もの計算方法が存
在し，そこには経営者の会計政策が必然的に反映してしまうからである。一方
キャッシュ・フロー計算書におけるキャッシュ・フローの計算では，手許にど
れだけのキャッシュが現実に存在するかということなので，客観的で恣意性が
入り込まないため，意思決定のための情報としては，利益よりもキャッシュ・
フローがはるかに好ましいという意味である。

　例えば，会計情報と資本市場の関係を見たとき，キャッシュ・フローが株価
との相関が高いといわれている。ファンド・マネージャーや証券アナリストの
ようなプロの投資家が，基本的にキャッシュ・フローで分析しているからであ
る。株式や社債を投資対象として分析して投資する側が，キャッシュ・フロー
情報を非常に重要視する。より厳密にいえば，連結キャッシュ・フロー情報で
ある。その結果，企業の側も彼らの評価に合う形で業績を上げていくというこ
とになり，両者の相関が高くなるのである。

　日本でも1999年4月期からキャッシュ・フロー計算書が制度化されたこと
に伴い，経常利益を重視する経営から，キャッシュ・フロー経営への切り替え
が主張されている。キャッシュ・フロー計算書において純利益と純営業キャッ
シュ・フローとの修正項目のうち，金額として最も大きい減価償却費について
日本企業は，従業員と同様，機械についても多能化を推進してきた。例えば金
型を工夫し，1台のプレス機械でさまざまな部品を極めて短い段取り替えで効
率的に打ち抜くことを可能にしてきた。こうした現場での努力によって，投資
が効率化されてきたのである。必要以上に設備投資を行うのではなく，既存
の設備を有効活用することによって，過大な減価償却負担が回避されるとと

もに，会計上は利益とキャッシュ・フローが接近することになる。日本ではブルーカラーの多能工化がよく注目されるが，1人の人間が同じ企業に長く勤めることによって，いろいろな仕事をこなせるようになる。

　さらに，キャッシュ・フロー計算書の修正項目として無視できないのが，棚卸資産である。日本企業は，ジャストインタイムの生産管理システムなどによって，出来るだけ在庫を持たないリーンな経営を行ってきた。企業の在庫は，原材料であれ，最終製品であれ，すでに資金が投下されているにもかかわらず，売上にはならずキャッシュ・フローが実現していないものである。大きな在庫を抱えていると，その変動幅も必然的に大きくなるから，キャッシュ・フローの錯乱要因となってしまう。在庫を出来るだけゼロに近づけ，変動させないこと，これはそもそも原価計算における製造原価の低減が目的であったものだが，よく見てみると，キャッシュ・フロー経営に極めてフィットした経営形態であったのである。

　企業の資産の価値は，理論的にはその資産が将来にわたって獲得するキャッシュ・フローの総額を現在に還元することによって求められる。既存の資産を時価評価したり，新しい投資案件を評価する際の手法として，この割引キャッシュ・フローが普及している。金融商品に限らず資産の取引される市場が効率的であれば，時価すなわち市場価値は，将来のキャッシュ・フローを割り引いた現在価値と等しくなる。市場性のある項目を時価で表示するということは，適正な時価評価を行えば，そこに将来が反映していることを意味しているのである。ちなみに，将来のキャッシュ・フローを割り引く際に重要になる概念が，資本コストである。現在価値の計算では，将来のキャッシュ・フローを予測するとともに，資本コストを割引率に利用して，複利で割引計算を行うことが一般的である。キャッシュ・フローと資本コストを利用した割引キャッシュ・フロー法は，さまざまな財務意思決定の基本となるものである。割引計算やリスク・プレミアムといった概念にうまくフィットするのは，利益ではなく，キャッシュ・フローなのである。

減価償却と設備投資

　企業がキャッシュ・フローを有効に管理することは，短期的な資金繰りにお

いて重要であるだけではなく，長期的な企業成長を決定する投資政策上も不可欠である。市場経済における企業の行動は，必ずキャッシュ・フローの裏付けを必要とする。つまり，企業にとって重要なほとんどすべての財務意思決定は，キャッシュ・フロー情報に基づいてなされるのである。キャッシュ・フロー計算書は，企業が行う財務意思決定において，希少な資源の配分であるキャッシュ・フローのバランスをどのようにとっているかを表示したものであり，経営者にとっても株主にとっても極めて有用な情報である。企業活動における現金の流れを開示するキャッシュ・フロー計算書によって，中長期的な資金調達と企業の収益力の関係を分析することができる。

　キャッシュ・フロー計算書を分析する際に最も重要なのは，営業キャッシュ・フローにおける減価償却と投資キャッシュ・フローにおける設備投資の関係である。企業が成長するためには，固定資産の減価償却を上回る再投資が必要である。この関係が維持されている限り，企業は順調に成長を続けることが期待できる。利益に加速度を与えるもの，それが設備投資である。

　次に，その設備投資が営業キャッシュ・フローで賄われているかも，重要なチェックポイントである。もしも営業キャッシュ・フローが設備投資額に対し不足している場合には，追加の資金調達が必要になり，財務キャッシュ・フローにおける現金流入額が大きくなる。それゆえ十分な設備投資がなされていない企業は，資金調達に制約がある場合が多い。

　上述のフリー・キャッシュ・フローでも取り上げたように，投資キャッシュ・フローの純額と営業キャッシュ・フローの純額の比較も，要チェックである。通常投資キャッシュ・フローのマイナス（流出）額は，営業キャッシュ・フローのプラス（流入）額より小さくなる。ところが経営戦略の観点から，それを超えた投資が必要な場合には，事業活動以外から資金を調達しなければならなくなる。その内容を示しているのが，下段の財務活動によるキャッシュ・フローの部である。株式や社債の発行，銀行借入などによって調達された資金の内訳が，ここに表示される。

　企業は，事業活動によって獲得されたキャッシュ・フローによって投資を賄うことが多いので，その場合には，手持ち現金が増加する。そこで企業は，それを債務の返済などに充当することになる。もしもそのようにして財務キャッ

シュ・フローの圧縮を行わないのであれば，キャッシュ・フロー計算書最下段の「現金及び現金同等物期末残高」の増加として表示される。このあたり，日本のキャッシュ・フロー計算書は他国の会計基準と同じ構造になっている。

IFRS16「リース」

キャッシュ・フロー会計の応用と考えられるのが，IFRS16「リース(Leases)」である。企業が長期の意思決定を行うときに，自ら設備投資をするかリースによって設備を調達するかは，代替案となるからである。設備投資では巨額の初期支出が必要になるのに対し，リースでは毎期の分割払いで済ませられるからである。リースの会計基準も，国際会計基準審議会と米国財務会計基準審議会の共同プロジェクトとして設定されたものである。2009年3月にディスカッション・ペーパー（DP）「リース：予備的見解」が，2010年8月に公開草案（ED）「リース」，さらに2013年5月に再度ED「リース」が公表され，2016年1月 IFRS16「リース」として確定している。このリース会計基準についても，IFRS16と米国財務会計基準（ASC842）の間で内容が同一化されている。結果，日本の企業会計基準は，世界標準に至っていないという状態にある。

リース会計では，ファイナンス・リースとオペレーティング・リースに区分されてきた。ファイナンス・リースは，リース期間中に契約解除出来ない取引で，借手が経済的利益を実質的に享受出来，コストを実質的に負担するリース取引であり，オペレーティング・リースは，ファイナンス・リース以外のリースである。リースとは，実質的に借り手に資産の移転がなされるものであるから，あくまでもファイナンス・リースが主体となる。旧来のリース会計基準の問題点としては，借手において，オペレーティング・リースから生じる資産及び負債が計上されず，取引を忠実に表現していないことが指摘されていた。ファイナンス・リースとオペレーティング・リースの間に明確な線引きがなされているため，比較可能性を害し，会計情報の複雑性をもたらしていたのである。

IFRS16では，比較可能性が困難になるとの理由で，ファイナンス・リースとオペレーティング・リースの区分が廃止され，どちらもリース資産に対する

支配状況に応じてオンバランス化することが規定されている。すなわち支配権が借り手に移転されるファイナンス・リースについては，従来どおりオンバランスし，オペレーティング・リースについても，借り手が使用権を行使出来る部分（使用の支配）についてオンバランス化するというものである。IFRS16では，使用権資産モデルと称している。これによってファイナンス・リースとオペレーティング・リースの区分が廃止され，統一した借手側会計処理が行われることになる。

　ただし貸手の会計処理には変更がなく，依然として次項で述べるようにファイナンス・リースとオペレーティング・リースの区分が存続する事態になっている。

リースの旧基準及び日本基準

　IFRS16 の前身は 1982 年「リースの会計」として設定され，1997 年「リース」にリースとして改訂，さらに 2003 年に再度改訂された IAS17 である。そこでは，ファイナンス・リースとオペレーティング・リースが明確に区分されていた。借手の会計処理において，ファイナンス・リースではリース資産として資産化処理がなされ，一方オペレーティング・リースでは賃借料として費用計上されていた。また貸手の会計処理においては，ファイナンス・リースではリース債権として資産化され，オペレーティング・リースではリース資産が貸借対照表に資産計上されていた。

　日本は長らくオペレーティング・リース主体のリース業務が展開されてきた。1993 年 6 月に「リース取引に係る会計基準」企業会計審議会が公表され，2007 年 3 月に企業会計基準第 13 号「リース取引に関する会計基準」として引き継がれている。そこでは，ファイナンス・リースは，リース期間中に解除出来ない取引で，借手が経済的利益を実質的に享受出来，コストを実質的に負担するリース取引とされ，オペレーティング・リースはファイナンス・リース以外のリースとされた。

　また，リース会計について，中小会計指針はファイナンス・リースを所有権が借手に移転される所有権移転ファイナンス・リースと，所有権が借り手に移転されない所有権移転外ファイナンス・リースの区分に注目し，そして後者に

ついて，「所有権移転外ファイナンス・リース取引に係る借手は，通常の売買取引に係る方法に準じて会計処理を行う。ただし，通常の賃貸借取引に係る方法に準じて会計処理を行うことができる」としている。日本のファイナンス・リースは，ほとんどが所有権移転外ファイナンス・リースなので，その会計処理について，オペレーティング・リースと同様の賃貸借処理が可能だというものである。リース会計でも，中小会計指針は企業会計基準と同様の選択肢を提示しながら，より簡便なオンバランス化しない会計処理を容認している。

　リース会計について，中小会計要領は，「リース取引に係る借手は，賃貸借取引又は売買取引に係る方法に準じて会計処理を行う」としている。企業会計基準では前者がファイナンス・リースに，後者がオペレーティング・リースに該当するものであるが，中小会計要領はそうした区分には注目せず，リースについてはどちらの処理でも構わないとしている。中小会計指針が所有権移転ファイナンス・リースについては売買取引としてオンバランス化するとしているのに対し，中小会計要領はリースについて賃貸借取引を先に列挙している。

第2章の参考文献

秋葉賢一『エッセンシャル IFRS（第6版）』中央経済社，2018年。
あずさ監査法人編『詳細解説 IFRS 実務適用ガイドブック（第2版）』中央経済社，2016年。
IFRS 財団編『IFRS 基準（2018年版）』企業会計基準委員会監訳，中央経済社，2018年。
桜井久勝『財務会計の重要論点』税務経理協会，2019年。
佐藤行弘・河﨑照行・角ケ谷典幸・加賀谷哲之・古賀裕也編『リース会計制度の経済分析』中央経済社，2018年。
新日本有限責任監査法人編『完全比較国際会計基準と日本基準（第3版）』清文社，2016年。
辻山栄子編『IFRS の会計思考―過去・現在そして未来への展望―』中央経済社，2015年。
PwC あらた有限責任監査法人編『IFRS「リース」プラクティス・ガイド』中央経済社，2018年。
間島進吾・石橋武昭・志目健二『IFRS プロフェッショナルマニュアル』中央経済社，2017年。
山田辰巳『IFRS の本質（第Ⅰ巻）（第Ⅱ巻）』税務経理協会，2017年。
山本昌弘『事業承継ガイドラインを読む―国の中小企業政策とその活用に向けて―』経済法令研究会，2018年。
吉田康英『IFRS9「金融商品」の構図―IAS39 置換プロジェクトの評価―』同文館出版，2016年。

第3章

会計の国際組織

第3章のテーマ

　第3章では，会計に関わる国際組織を概観する。まず第7講において，すでに第1章で取り上げた IFRS を設定する国際会計基準審議会についてその前身である国際会計基準委員会設立からの歴史的発展を考察する。そしてその発展形態として国際統合報告評議会についても取り上げる。その後第8講において，国際会計におけるもう1つの主要プレーヤーである国際会計士連盟を取り上げるとともに，国際連合や経済開発協力機構などの国際組織についても概観する。会計制度はさまざまな組織によって維持・発展させられるものであり，その内容をよく理解することが重要である。

第7講　国際会計基準審議会と国際統合報告評議会

国際会計基準委員会設立前史

　国際会計基準委員会（IASC）の成立は，1957年にオランダのアムステルダムで開催された第7回世界会計士会議において，ヤコブ・クラーエンホフ（Jacob Kraayenhof）議長が会計基準の国際的調和を提唱したことに始まるとされている。その後1962年に米国ニューヨークで開催された第8回世界会計士会議では，統一論題として「会計原則の国際的調和」が掲げられた。同じ1962年には，米国のワシントン大学が『会計研究』を創刊する。これは各国の会計制度について比較研究を進めるもので，1962年にオランダ，スウェーデン，1963年にアルゼンチン，1965年に西ドイツ，1968年に日本，とそれぞれの国の会計制度の研究が出版される。さらに1962年には，米国イリノイ大学に国際会計教育センターが設立されている。この組織は *International Journal of Accounting* という国際的な研究雑誌を刊行する。

　その後1964年には，米国公認会計士協会（AICPA）が，『25ヵ国における会計士業務』を出版する。そして1966年に，カナダ勅許会計士協会年次大会において会計士国際スタディ・グループ（Accountants International Study Group, AISG）が設置される。こうして英国・米国・カナダの会計士による国際連携が進展する。1972年は，おなじ英語圏であるオーストラリアのシドニーで開催された第11回世界会計士会議において AISG による動議書「基礎的会計基準：緊急の国際的必要性（Basic Accounting Standards: An Urgent International Need）」が採択され，国際的な会計基準の必要性が参加会計士に広く認識される。そして，翌1973年に国際会計基準委員会が設立されるのである。

国際会計基準委員会

　国際会計基準委員会は，世界で唯一の国際的な会計基準設定機関として設立された。1973年に先進9カ国の職業会計士諸団体によって，ロンドンを本部

にして設立された国際会計基準委員会の当初からの参加団体の所在国は，オーストラリア，カナダ，フランス，ドイツ，日本，メキシコ，オランダ，英国及びアイルランド，米国である。ちなみに英国とアイルランドは，同じ会計基準を使用していたため，当初は両国を合わせて1国となっていた。日本からは，日本公認会計士協会が参加している。国際会計基準委員会は，当初は代替的な会計処理に対してかなり自由な選択を容認していた。国ごとに会計基準があまりにも大きく異なっていたからである。国際会計基準委員会の活動が大きく進展したのは，1980年代に入って他の国際団体との間で協力関係が成立してからのことである。

　まず1982年に，国際会計士連盟（International Federation of Accountants, IFAC）との間で，両者の役割分担に関する合意が成立した。IASC/IFAC相互協約である。次の第8講で取り上げる国際会計士連盟は，グローバルに活躍出来る会計専門職業の発展を目指す職業会計人の世界的組織である。両者間の合意は，国際的な会計基準は今後とも国際会計基準委員会が作成するとともに，国際会計士連盟は国際監査基準（International Standards on Auditing, ISA）や会計士倫理規定（Code of Ethics）を作成し，互いに尊重し合うというものである。これによって，国際的な会計団体の間で役割分担が明確化し，国際会計基準委員会が，唯一世界的規模の会計基準設定主体として存続することになった。さらに国際会計士連盟加盟国は，自動的に国際会計基準委員会構成国として認められるようになり，IASに関与する人々のすそ野が大きく広がった。

　続いて1987年には，証券監督者国際機構（International Organization of Securities Commissions, IOSCO）が国際会計基準委員会の諮問委員会に加入している。IOSCOは，米国証券取引委員会（SEC）が各国の資本市場規制当局を組織化したもので，1986年に世界組織化され，現在の名称に変更されている。本部はマドリードに置かれている。政府機関の国際組織であり，投資家保護，情報交換及び不正行為に対する法執行，資本市場の発展支援などを目的としている。日本は現在，金融庁が正式メンバーとして加盟している。IOSCOは，証券取引のグローバル化に対応するために，各国の政府が協力し合って国際的に統一化された情報開示の制度を確立することが重要であると認

識していた。その目標達成のために注目されたのが，IAS 及び IFRS である。

　国際会計基準委員会は，IOSCO の支援を得て，すぐに会計基準の世界的統一化にむけたプロジェクトを開始する。そして 1989 年 1 月に，「財務諸表の比較可能性（Comparability of Financial Statements）」という公開草案（IAS E32）を発表する。この公開草案は，類似する取引及び事象に対して，単一の会計処理を除き他の全部を除去するよう提案したものである。これによって国際会計基準委員会は，「同一の取引は同一の処理」という，ある意味では当たり前でありながら実行するのは極めて困難な基準の実現を本格的に目指すことになる。その後，すでに設定されていた会計基準も順次改訂されていく。国際会計基準委員会は自らの設定する会計基準を強制するものではないが，政府機関の団体である IOSCO の支援を受けることによって，世界標準化への途を大きく前進することになったのである。IOSCO は，さらに国際会計基準委員会の理事会オブザーバーとなる。

IOSCO 承認と国際会計基準審議会

　その後 1993 年には，IOSCO が IAS を承認するために必要な 30 項目を設定する。それらは，「会計方針の開示」，「会計方針の変更」，「財務諸表に開示する情報」をはじめとし，損益計算書，貸借対照表，キャッシュ・フロー計算書に関わる基準で，コア・スタンダードとよばれている。国際会計基準委員会はコア・スタンダードの改訂に着手し，2000 年 5 月 17 日には，「IOSCO のメンバーが，外国会社の国際間を跨いで証券発行する国際的な企業が IAS で作成された財務諸表を使用することを認めることを助言する」ことが，IOSCO 第 25 回年次総会で決定される。これは，IOSCO が IAS を正式に承認したということである。

　なお，IOSCO と国際会計基準委員会の関係は，米国における証券取引委員会（SEC）と財務会計基準審議会（FASB）の関係に比較しうる。すなわち，米国において会計基準を設定する権限は証券取引委員会が有するのであるが，証券取引委員会が自らその権限を行使するのではなく，民間の団体である財務会計基準審議会に委譲し，自らはその内容を監視するというものである（第 4 章参照）。英米法は，条文化された成文法と実際に行われている慣習の統一体

として成立しており，慣習部分については，政府が直接コミットするのではなく，それぞれの領域の専門家すなわちプロフェッションの判断に委ねられる。会計に関していえば，それが資格を有する職業会計士である。それゆえ英米法の国々では，職業会計士を中心とする民間の会計基準設定団体によって会計基準が作成されることが一般的となっており，政府当局もその活動を尊重している。そのような民間団体への権限委譲が，世界政府の存在しない状況において，逆にうまく機能しているのである。

　IOSCO による正式承認に対応するために，国際会計基準委員会は，さらなる改革を進めていく。1997 年に，国際会計基準委員会に戦略的作業部会が設置され，1999 年 11 月に『国際会計基準委員会の将来像への勧告』が国際会計基準委員会の理事会に提出され，承認されている。そして 2001 年 1 月から国際会計基準審議会（IASB）として，再スタートを切ることになる。同時に，国際会計士連盟加盟の各国会計士協会が自動的にメンバーになるシステムを改め，各国で実際に基準設定に携わっている常設民間の会計基準設定団体との連携を強めることとした。これによって，国際会計基準審議会は，国際会計士連盟から再度独立した組織となったのである。

　国際会計基準委員会から国際会計基準審議会への変更は，IAS と各国の会計基準との国際統合を本格的に推進していくためのものであり，それゆえに同審議会は自らと同じ組織構造を有する各国の常設民営会計基準設定団体との連携を重視するのである。この国際会計基準審議会の設定する会計基準が，IFRS（国際財務報告基準）である。

　IFRS の特徴を要約するならば，それは民間団体である国際会計基準委員会（その後国際会計基準審議会）によって設定されることであり，リンガ・フランカ（世界言語）である英語で記述されていることである。特定の政府のヒモツキ機関によって設定されるものではないからこそ，IFRS は，法的強制力を有しないにもかかわらず，世界的にデ・ファクト・スタンダード（事実上の標準）として成立したのである。

国際会計基準審議会の組織

　2001 年以降の新体制は，現行の米国会計基準設定団体である財務会計基準

審議会（FASB）を模範とするもので，米国における財務会計財団（FAF）
－財務会計基準諮問委員会（FaSAC）－財務会計基準審議会体制（第 4 章第
10 講参照）を模範とするものであった。まず IFRS 財団（IFRS Foundation）
は，当初国際会計基準委員会財団（International Accounting Standards
Committee Foundation, IASCF）とよばれていたが，2010 年 3 月に現在の名
称に変更されている。IFRS 財団の中核は評議員会（Trustees）であり，財団
全体の資金調達，予算承認，定款変更など，統治及び監視に関する機能を果た
している。評議員会は，アジア・オセアニアから 6 名，ヨーロッパから 6 名，
南北アメリカから 6 名，アフリカから 1 名，その他 3 名の計 22 名で構成され
る。

　IFRS 財団において評議員会を監視するために，2009 年 1 月にモニタリン
グ・ボードが設置される。そこには，IOSCO はじめ米国証券取引委員会，EU
委員会，日本の金融庁などの規制当局が参加している。

　米国の財務会計基準諮問委員会に該当するのが，IFRS 諮問会議（IFRS
Advisory Council）である。IFRS 諮問会議は，国際会計基準審議会が取り組
むべき課題やプロジェクトを決定する。定款上は 30 名以上の委員と規定され
ており，40 名以上の委員が参加している。さらにオブザーバーとして EU 委
員会，日本の金融庁，米国の証券取引委員会が出席している。

　そして米国財務会計基準審議会に該当する実働部隊であり，旧国際会計基
準委員会の理事会機能を引き継いだのが，国際会計基準審議会（IASB）であ
る，国際会計基準審議会は，現在 14 名の委員で構成されている。任期 5 年で
最長 2 期までとされており，アジア・オセアニアから 4 名，ヨーロッパから 4
名，南北アメリカから 4 名，アフリカから 1 名，その他 1 名を全体の地域バラ
ンスを考慮して選任することとしている。ちなみに会計基準設定のデュー・プ
ロセスは，第 4 章で詳述する米国財務会計基準審議会のものと同じである。各
基準は，まず公開草案として世界中に提示され，インターネットなどを通じて
さまざまな意見を受け入れたのち，国際会計基準審議会によって承認され，正
式に公表されるというデュー・プロセスである。国際会計基準審議会は，各国
基準設定団体（National Accounting Standard-Setters）との連携を重視して
いる。

　IFRS 財団には，さらに IFRS 解釈指針委員会（International Financial Reporting Interpretations Committee, IFRIC）が存在する。任期 3 年再任可能な 14 名の委員から構成される IFRS 解釈指針委員会は，IFRS で具体的に取り扱っていない新しい財務報告上の問題や相矛盾する解釈が生じている問題について，適時に解釈指針を提供することを目的としている。IFRS 解釈指針委員会が公表する解釈指針は，IFRIC 解釈指針とよばれ，国際会計基準に対する解釈指針である SIC 解釈指針とともに，会計基準を補完している。

中小企業向け IFRS 適用グループによる中小企業向け IFRS

　国際会計基準審議会は，2009 年 7 月 9 日に，中小企業向け IFRS（International Financial Reporting Standards for Small and Medium-sized Entities, IFRS for SMEs）を公表する。この IFRS for SMEs は，非上場の中小企業であり公的説明責任を有さないものの，外部の債権者や格付け機関のような利用者に対し財務諸表を開示する際の基礎となる世界的な会計基準を目指したものである。中小企業であっても，上場していたり，IFRS 適用企業の連結子会社は除外される。

　中小企業向け IFRS は，IASB の諮問機関として 2009 年 7 月に設置された中小企業向け IFRS 適用グループ（SME Implementations Group）によって設定される会計基準で，2015 年 5 月に改訂されている。IFRS とは別建文書となっており，大半の中小企業に関連性がないと予想されるトピックが省略されている。そこでは，認識及び測定の原則の簡易化がなされており，金融商品では，IFRS9 ではなく旧 IAS39 の使用が認められている。また企業結合では，のれんについて最長 10 年の規則償却が認められている。研究開発費の全額費用処理や，従業員給付の全額包括利益化も認められている。さらに幅広い開示を行わないため，1 株当たり利益，中間財務報告，セグメント報告，売買目的で保有する非流動資産などに関する開示の削減も認められている。

　中小企業向け IFRS は，70 を超える国や地域で導入されている。日本については，すでに第 1 章及び第 2 章で考察したように，日本独自の中小会計指針及び中小会計要領が存在するため，中小企業向け IFRS は認められていない。

国際統合報告評議会

　近年，企業の年次報告書における非財務情報に関しても，世界標準化しよう
という流れが強くなっている。それが，統合報告（integrated reporting, IR）
である。統合報告では ESG 投資に対応するため，企業財務のみならず環境
（Environment）・社会（Society）・ガバナンス（Governance）に関連した情報
が積極的に開示される。この統合報告は，世界の投資家の要求に基づいて推進
されているものである。そのため統合報告は，IFRS との間に多くの共通点が
存在する。統合報告についても，IOSCO が重要なプレーヤーになっている。

　ESG 投資は，3 つの要因を重視して投資を行おうというもので，ESG 投
資の対象として企業を評価するためには，モノサシとなる評価指標を吟味
し，データを収集する必要がある。今日，ISO26000 として規格化が推進さ
れていることからも明らかなように，「企業の社会的責任（corporate social
responsibility, CSR）」についての標準化がさまざまな国際的組織によって進
められている。ここで注目すべきが，前述の IFRS による財務報告の世界標準
化と全く同じ動きを示している国際統合報告評議会（International Integrated
Reporting Council, IIRC）による統合報告なのである。

　ISO26000 が CSR のみの標準化を目指しているのに対し，国際統合報告評議
会は，財務報告と非財務報告（CSR）の両方を含んだ統合的な報告制度を国際
的に確立しようとする。国際統合報告評議会は，国際的に標準化された統合報
告制度の構築を目的に，2010 年 7 月に国際会計基準審議会や国連責任投資原
則（UN Principles for Responsible Investment, UNPRI）と同じロンドンに設
立された民間団体である。この国際統合報告評議会による世界的な統合報告書
作成の動きは，IFRS を巡って英国を拠点に展開された財務報告制度の世界標
準化と極めてよく似ている。

　国際会計基準委員会が IOSCO の支援によって統合化を急速に進展させたよ
うに，国際統合報告評議会にも IOSCO が積極的にコミットしている。その
後身の国際会計基準審議会をはじめ，国際会計士連盟や米国財務会計基準審
議会などの会計団体も国際統合報告評議会設立当初から参加している。国際
会計基準委員会に当初から会計諸団体が加盟していたように，国際統合報告
評議会にも監査法人や会計士協会の代表者が参加している。さらに，Deloitte

Touche Tohmatsu（DTT），Ernst & Young（EY），KPMG（Klynveld Peat Marwick Geordeler），PricewaterhouseCoopers（PwC）の世界 4 大会計事務所も積極参加している。2016 年には国際会計士連盟が，「統合思考による価値創造会計の専門家の役割」を公表し，公認会計士が投資家への統合報告を積極的に支援していくべきことを強調している。

　国際統合報告評議会は，統合報告書を活用して CSR 基準を標準化し ESG 投資を促進することを目指し続けている。そして，IFRS を積極的に取り込んできた EU は，会計基準と CSR 基準の両方を包括した統合報告書作りにおいても，積極的なリーダーシップを発揮しようとしている。それは，今後の CSR 評価が EU あるいはヨーロッパの影響を強く受けるということである。IAS が，IOSCO がコミットしてから十数年で各国に定着したことを考えれば，国際統合報告についても，2020 年代には世界で活用されている可能性が高い。

　国際統合報告評議会のコンサルテーション草案は，統合報告書によって開示すべき内容要素として，組織概要と外部環境，ガバナンス，機会とリスク，戦略と資源配分，ビジネス・モデル，実績，将来の見通しの 7 つをあげている。ESG 投資のうち，ガバナンスはそのものが取り上げられているが，環境と社会は複数の内容要素において開示されることになる。また実績は，狭く財務実績に限定されることなく，組織が戦略目的をどの程度達成したかなど，広義の資本を活用することによる成果に焦点を当てている。さらに伝統的な財務報告では過去の財務実績のみで，将来の見通しに触れられることは少なかった。コンサルテーション草案は，「統合報告書は次の問いに答えるべきである：組織がその戦略を遂行するに当たり，どのような課題及び不確実性に遭遇する可能性が高いか，そして，結果として生ずるビジネス・モデル及び将来の実績への潜在的な影響はどのようなものか」と主張している。

　南アフリカのヨハネスブルグ証券取引所は，上場企業に対しアニュアルレポートではなく統合報告書の提出を義務付けている。統合報告書に基づく ESG 投資が目指すものは，株主指向の短期財務業績至上主義に陥ることなく，企業の長期的な価値を推進することである。それは，すでにヨーロッパではかなりの程度共有されている価値観であり，ロンドンやフランクフルトに上場している企業の多くが実践している。統合報告書の作成やそれに基づく ESG 投

資が推進されると，その投資対象として多くのヨーロッパ企業が注目されることになる。日本企業にも，ESG 投資を受け入れるための継続的な努力が必要になる。

国際統合報告評議会の概念フレームワーク

　IFRS と統合報告書の間には，参加者以上に，その内容に共通性を見出すことができる。それは，概念フレームワークの作成とそれに基づく原則主義である。国際統合報告評議会は，2013 年 4 月 16 日に「国際統合報告フレームワーク」コンサルテーション草案を公表する。これは，まさに会計基準の概念フレームワークに該当するものである。現在のところまだ草案であるため，確定したものではないが，これも会計基準設定プロセスにおいて確定される前の公開草案と同じ位置付けだといえる。あらかじめ草案が開示され，一定期限までにコメントを受け付けた上で概念フレームワークや個々の会計基準を確定するというデュー・プロセスは，国際会計基準審議会と同じである。

　そこで，国際統合報告フレームワークの内容であるが，統合報告書について詳細な規定を展開するというよりは，統合報告において重要となる考え方を確定することに労力を費やしている。国際統合報告フレームワーク第 1 章では，原則主義を強調している。「原則主義のアプローチは，組織ごとに個別の状況に大きな違いがあることを認識した上で，適合する情報ニーズを満たすだけの組織間の十分な比較可能性を可能にし，柔軟性と規定との適切なバランスを取ることを目的とするものである」ということである。この原則主義は，第 1 章第 1 講で論じたように，IFRS の特徴でもある。

　国際統合報告フレームワークは，統合報告の目的として「統合報告書は，財務資本の提供者に向けて，その財務資本配分の評価に資することを目的として，作成されるべきである」と述べている。IFRS は，世界的な投資家のための会計基準であることを謳っているが，統合報告書も同じように投資家を第一義に考えている。CSR に関する議論がともすれば非財務的側面ないしは社会的側面のみを重視し，財務的側面を無視ないし軽視することもあるのに対し，国際統合報告評議会ではあくまでも財務と CSR の両方を包含した統合報告を目指している。資本の分類及び説明として，財務資本のみならず，製造資本，

知的資本，人的資本，社会・関係資本，自然資本を併記している。国際統合フレームワークにおける資本概念は，投資家を第一義に置きながら会計基準よりも拡張されている。

　すでに第1章第2講において見てきたように，IFRSの概念フレームワークでは，有用な財務情報の質的特性として，目的適合性と忠実な表現をあげており，それらの補強する質的特性として比較可能性，検証可能性，適時性，理解可能性をあげている。国際統合フレームワークでは，その第3章の基本原則において戦略的焦点と将来志向，情報の結合性，ステークホルダー対応性，重要性と簡潔性，信頼性と完全性，一貫性と比較可能性をあげている。

　現在のところ，統合報告について概念フレームワークが確定した訳ではなく，個別の統合報告基準が設定された訳でもない。財務と異なり，CSRのモノサシを世界標準化することは必ずしも容易な作業ではない。IFRSですら各国における具体的な適用においては，個別基準レベルでの離脱も散見される。国際会計基準審議会と米国財務会計基準審議会との概念フレームワーク共通化プロジェクトも必ずしも当初の計画通りに進まなかった。それでも概念フレームワークを遵守し，会計監査によって財務報告の適正性が証明されることによって，IFRSは広く世界に普及している。それが，原則主義の考え方である。原則主義においては，監査人の役割が重要になる。

　その後2017年10月12日にIIRCは，「国際統合報告フレームワーク実施フィードバック」を公表する。これは，前述のコンサルテーション草案について，通常の会計基準設定プロセスと同様に，IIRCに寄せられたさまざまな意見をまとめたものである。これらの意見を元に，国際統合フレームワークの最終案が遠くない将来に確定されることになる。出された意見には，知的資本，人的資本，社会資本，関係資本の測定方法に関するものが多かったようである。統合報告の概念フレームワークが確定されれば，個々の統合報告基準が策定されていくことになる。

　財務報告を不可欠な要素として含む統合報告においても，近い将来同じ事態が繰り返されることが予想される。統合報告におけるCSR情報を各国上場企業に開示させるとともに，各国のCSR基準を統合報告に一体化させるというものである。

第8講　国際会計士連盟と OECD

国際会計士連盟成立史

　国際会計士連盟の成立は，国際会計基準委員会成立史と重複している。1957年の第 7 回世界会計士会議（アムステルダム）での会計基準の国際的調和提唱を受けて，会計基準とともに，会計士業務の国際化がスタートする。そして国際会計基準が提案された 1972 年第 10 回世界会計士会議（シドニー）において，会計業務国際協調委員会（ICCAP）が設置される。この組織が後の国際会計士連盟になるのである。

　1964 年に米国公認会計士協会によって出版された『25 ヵ国における会計士業務』は，1975 年に『30 ヵ国における会計士業務』として拡張して出版される。そして 1977 年，西ドイツのミュンヘンで開催された第 11 回国際会計士会議において会計業務国際協調委員会が発展的に解消され，国際会計士連盟（IFAC）が設立されるのである。ニューヨークを本部にして，設立当初は 51カ国，63 団体からなる世界各国の職業会計士協会が参加していた。その後，世界 130 カ国，175 団体に成長する。2000 年 5 月から 2002 年 11 月には，日本の公認会計士である藤沼亜起氏が会長を務めている。現在，世界中で 200 万人を擁する職業会計諸団体が加盟している。

　現在，国際会計士連盟には，IFAC 評議会と IFAC 理事会を中心に多国籍監査人委員会，会計専門職団体開発委員会，組織内会計士委員会，中小事務所委員会，コンプライアンス助言パネル，独立基準設定審議会などの組織が展開されている。このうち国際会計に直結するのが，独立基準設定審議会で，国際監査保証基準審議会，国際公会計審議会，国際会計教育委員会，会計士国際倫理基準審議会から構成されている。

国際監査保証基準審議会

　各国の職業会計士団体の世界組織に，前述の国際会計士連盟（IFAC）がある。公認会計士の最も重要な職務である監査について，職務の基準となる

監査基準を国際監査基準（International Standards on Auditing, ISA）とし
て世界標準化するために，国際会計士連盟は内部に国際監査保証基準審議会
（International Auditing and Assurance Standards Board, IAASB）を設置し
ている。これは，2005 年に EU 諸国において国際会計基準が正式に導入され，
2009 年には国際会計基準と米国財務会計基準の間で相互承認が予定されてい
るのを受け，監査基準についても国際監査基準への統合を世界的に進めるため
である。

　国際会計士連盟は，2001 年に国際会計基準委員会から国際会計基準審議会
への改組に合わせ，自らも組織改革を行っている。それによって従来の下部組
織を順次改組するとともに，国際監査保証基準審議会，国際公会計基準審議会
（International Public Sector Accounting Standards Board, IPSASB），会計士
国際倫理基準審議会（International Ethics Standards Board for Accountants,
IESBA），国際会計教育基準審議会（International Accounting Education
Standards Board, IAESB）といった委員会を立ち上げている。国際監査保証
基準審議会は，国際監査基準を，会計士国際倫理基準委員会は，倫理規定を，
それぞれ設定するための組織である。

　2005 年以降，EU をはじめとする世界の諸国で国際会計基準が正式に導入さ
れたとはいえ，その財務諸表を監査するための監査基準については，依然とし
て各国の監査基準に依拠していた。これでは会計の国際統合が達成されたとは
いい難く，監査基準においても世界標準化が不可欠である。そのための役割を
担っているのが，国際監査保証基準審議会なのである。

　国際監査基準は，リスク・アプローチを特徴としている。それは，企業が不
正表示を行うリスクに対し，社長や各部門への面談，社内の会計システムの整
備，統計学に基づく試査，決算監査とは別の中間監査などさまざまな手法を活
用してその水準を下げるというものである。このリスク・アプローチは，米国
の監査基準である監査基準書（Statements on Auditing Standards, SAS）に
よってリードされてきたアプローチであり，国際監査基準が米国基準を模範と
していることがわかる。近年監査基準の対象は，四半期情報や将来情報，見積
情報など，監査よりも水準を低くして行われる保証（assurance）業務を含む
ものとなっている。

　国際監査保証基準審議会は，従来の国際監査実務委員会（IAPC）を2002年4月に現在の組織に改組したもので，既存の国際監査基準に対し順次見直し作業に入っている。2003年にクラリティ・プロジェクトを開始し，2004年1月より最新の国際監査基準として整備している。

　2009年12月15日より最新の監査基準と整備され，以下のようにコード化されている。

　　200-299「一般原則及び責任」
　　300-499「リスク評価及び評価したリスクへの対応」
　　500-599「監査証拠」
　　600-699「他者の作業の利用」
　　700-799「監査の結論及び報告」
　　800-899「特殊な分野」

　2010年以降，IFRSとの一体運用を目指している。監査基準についても，国際監査基準への国際統合が加速している。各国の会計制度では，国際監査基準の採用，もしくは各国監査基準の国際監査基準への準拠が進んでいく。

　国際会計士連盟は2003年，公益監視委員会（Public Interest Oversight Board, PIOB）を設置し，国際監査保証基準審議会の監視を行っている。国際監査保証基準審議会は，さらに，国際レビュー業務基準（International Standard on Review Engagements, ISRE），国際保証業務基準（International Standard on Assurance Engagements, ISAE），国際関連サービス基準（International Standard on Related Services, ISRS），国際品質管理基準（International Standard on Quality Control, ISQC）等の監査周辺領域の保証業務関する基準設定も行っている。

国際公会計基準審議会

　国際会計士連盟は，公共部門の国際統合も進めている。連盟内部の国際公会計基準審議会（IPSASB）によって，国際公会計基準（International Public Sector Accounting Standards, IPSAS）が2000年以降整備されている。欧米

の先進諸国では，政府会計に代表される公共部門についても会計基準が明確に設定され，国民に対する積極的な情報開示が実現されている。国際公会計基準は，各国政府や国際機関などの公会計基準に対し，世界標準となるべく作成されているもので，国際公会計基準審議会によれば，オーストリア，ブラジル，カンボジア，チリ，中国，コロンビア，コスタリカ，インドネシア，日本，ケニア，ニュージーランド，ナイジェリア，パナマ，ペルー，ポルトガル，スペイン，スイス，ヴェトナム，EU 委員会，北太平洋条約機構（the North Atlantic Treaty Organization, NATO），OECD，国際連合（UN）などの政府会計において，国際公会計基準が採用されているか採用に興味が示されている。

　国際公会計基準審議会は，主要な概念や個々の基準内容について，国際会計基準との整合性をつねに意識して会計基準設定にあたっている。政府会計の標準化によって，ODA など国際援助を行う際に受入国政府で不正が隠蔽されないよう会計が公正かつ透明なものになるとともに，国際資本市場で流通する各国政府債についても国際比較に基づいたより正確な評価が可能になる。国際公会計基準は，複式簿記と企業会計の原理を導入して貸借対照表やキャッシュ・フロー計算書などの財務諸表を作成するとともに，それを国内外の利害関係者に積極的に開示することを目指している。国際公会計基準についても，国際統合が目指されている。

国際会計教育基準審議会と会計士国際倫理基準審議会

　国際会計士連盟は，他にも国際会計教育基準審議会によって国際教育基準（International Education Standards, IES）を作成し，会計士資格の世界標準化を目指している。そもそも国境を超える経済取引は，その取引制度が安全かつ効率的に機能するためのさまざまな仕掛けを必要とする。その中心を占める会計基準や通貨などルールや基準の世界標準化と並行して，現在着々と進められているのが，経済取引を直接・間接に支えるさまざまな専門家すなわちプロフェッションの世界標準化によってその質を維持向上させる試みなのである。

　会計は数値化された情報であるから，国際会計基準や国際監査基準のようにルールが一元化されれば，アカウンタントは世界中で働くことが出来る。ただ

しプロとして国際的に認知されるためには，他の職業同様専門的な大学院での履修及び学位の取得が不可欠となる。国際教育基準は，大学院修士レベルの教育が重要であり，そこでは財務会計，管理会計，監査，税務会計が教育されなければならないとして，その内容について規定している。米国の多くのビジネス・スクールにおいて2002年から従来のMBA（Master of Business Administration）課程に加えて新設された会計学修士（Master of Accounting, MAc）課程や，日本で2005年4月以降公認会計士養成のために開設されている会計専門職大学院は，国際教育基準による大学院レベルの会計専門職教育に準拠したものである。

　さらに会計士国際倫理基準審議会（IESBA）は，倫理規定（Code of Ethics）を作成している。これは世界の会計専門職が順守すべきルールすなわち行動指針をまとめたものである。

巨大化する会計事務所

　公認会計士は，通常会計事務所（accounting firm）に属して仕事を行う。会計事務所は，パートナーシップ組織となっており，監査法人と訳されることもある。米国では，法人組織は会社（corporation）とパートナーシップ（partnership）に区分されており，後者の代表例が会計事務所である。現在世界には，Deloitte Touche Tohmatsu, Ernst & Young, KPMG, PricewaterhouseCoopersの4大会計事務所が存在する。4大会計事務所は，世界的に事務所を展開し，グローバル企業に対しどのような要求にも応えられるような体制になっている。このうちDeloitte Touche Tohmatsu, は，日本の有限責任監査法人トーマツがグローバル・グループの一環を構成している。Ernst & YoungとKPMGはそれぞれ，EY新日本有限責任監査法人，有限責任あずさ監査法人と提携し，PricewaterhouseCoopersは，不正経理に加担した中央青山監査法人が解散したため，日本法人としてPwCあらた有限責任監査法人を設立している（PwC京都監査法人とも提携）。さらに，中堅規模の監査法人であGrant Thorntonは，日本の太陽有限責任監査法人と，BDOは東陽監査法人及び三優監査法人と，Krestonはアーク有限責任監査法人とそれぞれ提携している。

　米国の会計事務所の活動は，今日総合サービス化しつつあるが，主要なもの
は，すでに述べた会計監査と，マネジメント・アドバイザイリー・サービス
（MAS），税務の3つである。マネジメント・アドバイザリー・サービスは，
いわゆる経営コンサルティングである。米国では，数多く存在するビジネス・
スクールの卒業生の就職先として人気が高いのが，コンサルティング会社であ
る。ビジネス・スクールでは，会計学だけではなくさまざまな分野を専攻する
学生がいるため，コンサルティング会社にも，経営戦略，コンピューター，人
事，財務など，それぞれ得意とする分野が存在する。もちろん，会計事務所の
コンサルティング部門も有力であるが，コンサルティングには監査のような
資格を要しないため，他分野のスペシャリストと競合することになる。近年で
は，監査においてリスク・アプローチが採用されていることとも関連して，財
務面を中心に企業のリスク管理に関わるコンサルティングが増えている。

　また税務サービスも重要である。これは，日本の税理士のような税務申告書
類の作成だけではなく，企業がより総合的な税務管理を行い，税支出を減少さ
せて税引後企業価値を最大化出来るように，緻密なアドバイスを行うものであ
る。詳しくは第8章で説明するが，税の管理は，グローバルに行われる。米国
のビジネス・スクールでは，経営財務においてタックス・プランニングないし
タックス・マネジメントとよばれる科目が成立している。

　会計事務所は，自らM&Aを繰り返してきた。1980年代には8大会計事務
所とよばれていたものが，現在では4つに減って，ビッグ・フォーとよばれて
いる。その結果，組織の規模は巨大化している。現在では，内部にさまざまな
部門を抱えるようになっている。会計事務所のそもそもの目的は，会計監査で
あり，他の部門も監査を踏まえて活動が行われていた。ところが，巨大化し
た組織には，ビジネス・スクールで必ずしも会計学を専攻していないMBAが
入ってくるようになっている。それゆえ専門の相違によって，思考や文化が異
なり，組織内部で衝突が起こることも少なくない。例をあげれば監査には，独
立性や客観性が必要であるのに対し，コンサルティングには，戦略性や主体性
が重要となる。

日本の監査制度改革

　日本でも，2004 年 4 月に大幅に改正された公認会計士法が適用されている。この公認会計士法では，監査とコンサルティングの同時提供の禁止，同一公認会計士による同一企業監査の年限規制など，第 4 章で詳述する米国企業改革法と同じ改革が行われている。さらに米国の公開会社会計監視委員会（PCAOB）と同様の組織として，公認会計士・監査審査会が設立されている。ただし包括的な資本市場改革法案を成立させた米国に対し，会計士制度のみに関わる公認会計士法の改正で対処しようとした日本の限界も指摘することが出来る。それゆえ 2006 年には，証券取引法が金融商品取引法に改正され，上場企業に内部統制報告書の提出が義務付けられ，2008 年に施行されている。さらに 2008 年 4 月には再度公認会計士法が改正され，監査人の独立性と地位が強化されている。

　日本の監査基準及び中間監査基準も，国際監査基準や米国の監査基準などに対応するため，2002 年に大幅に改訂されている。その特徴がリスク・アプローチにあることも同じである。さらに 2006 年に再度改訂され，重要な虚偽表示のリスクを評価することとしている。なお監査基準や中間監査基準は，企業会計基準委員会設立後も引き続き企業会計審議会によって設定されている。

国際連合と OECD

　国際会計士連盟は，国連貿易開発会議（UN Conference on Trade and Development, UNCTAD）や OECD（Organisation for Economic Co-operation and Development，経済開発協力機構），世界銀行（World Bank），アジア開発銀行（Asian Development Bank）などの国際機関と協力して，会計士発展のための国際フォーラム（International Forum on Accountancy Development, IFAD）を 1999 年に開始している。自由貿易推進のために各国職業会計士の資格要件を標準化し，ある国で資格を取得すればどの国でも活動出来るよう推進しているのである。

　職業会計士資格の国際化は，すでに英国を中心にかなり実現されている。英国の職業会計士資格である勅許会計士（chartered accountant, CA）を取得すると，オーストラリアやニュージーランドなど旧植民地諸国でも監査活動に携

わることが出来る。アイルランド共和国に至っては，会計基準そのものが従来
から英国と同じである。もともと会計基準や会計制度が極めて類似しているの
であるから，有資格の職業会計士は他の国でも容易に活動することが可能なの
である。

　国際連合における会計基準国際的調和化では，国連経済社会理事会（UN
Economic and Social Council）の諮問機関として 1974 年 12 月に多国籍企業
委員会（Committee on Transnational Corporations）が設置されている。そ
の後 1976 年に，会計報告の国際基準に関する専門家部会が設置され，1979
年には，会計報告の国際基準に関するアドホック政府間作業部会が設置さ
れている。その成果は，1982 年に「企業会計報告の国際的標準化の動向」
や「会計報告の国際基準」として公表されている。アドホック政府間委員会
は，その後 1982 年 10 月に，会計報告の国際基準に関する政府間作業部会
（Intergovernmental Working Group of Experts on International Standards of
Accounting Reporting）へと発展させられている。

　一方 OECD は，第二次世界大戦後のヨーロッパを復興させるために，米国
によるマーシャルプランを基にした復興支援計画を目的として，欧州 16 カ国
によって 1948 年に設立された OEEC（Organisation for European Economic
Cooperation，欧州経済協力機構）を起源とする組織である。1961 年に西側の
自由主義経済を発展させるために，現在の OECD に改組される。本部はパリ
におかれ，35 カ国が加盟している。日本は 1964 年に加盟している。

　OECD は，経済成長・開発・貿易に関連するさまざまなトピックを傘下の
各委員会で取り扱っており，そこには，企業統治，雇用，環境，投資，租税
などが含まれている。企業への ESG 投資については，投資委員会と租税委員
会が深く関係している。OECD は 1975 年に，国際投資・多国籍企業委員会
（Committee on International Investment and Multinational Enterprises）を設
置し，翌 1976 年に，「国際投資と多国籍企業に関する OECD 宣言（Declaration
on International Investment and Multinational Enterprises）」及び「OECD
多国籍企業行動指針（OECD Guideline for Multinational Enterprises）」を発
表する。後者は，1979 年，1984 年，1991 年，2000 年と改訂を重ね，最新版が
2011 年に出されている。これらは，多国籍企業に開発途上国において節度あ

る行動を求めたものである。

　国際連合や OECD は，さらに模範租税条約など国際課税分野でも活発に活動している。OECD が推進する税務報告は，投資家視点よりもはるかに広いものである。これについては，第 8 章において詳述する。

第3章の参考文献

秋葉賢一『エッセンシャル IFRS（第 6 版）』中央経済社，2018 年。

IFRS 財団編『IFRS 基準（2018 年版）』企業会計基準委員会監訳，中央経済社，2018 年。

ジェームス・C・ガー『会計倫理』瀧田輝巳訳，同文舘出版，2005 年。

ヘレン・ガーノン，S・E・C・パービス，マイケル・A・ダイアモンド『会計基準の国際的調和』新井清光他訳，中央経済社，1992 年。

ジェーン・M・ゴドフレイ，ケルン・チャルマース『会計基準のグローバリゼーション—IFRS の浸透化と各国の対応—』石井明・五十嵐則夫監訳，同文舘出版，2009 年。

杉本徳栄『国際会計』同文舘出版，2006 年。

杉本徳栄『国際会計の実像—会計基準のコンバージェンスと IFRSs アドプション—』同文舘出版，2017 年。

宝印刷株式会社総合ディスクロージャー研究所編『統合報告書による情報開示の新潮流』同文舘出版，2014 年。

スティーブン・デラポータス，スティーン・トムセン，マーティン・コンヨン『会計職業倫理の基礎知識—公認会計士・税理士・経理財務担当者・FP の思考法—』浦崎直浩・菅原智監訳，中央経済社，2016 年。

ロバート・H・ハーズ『会計の変革—財務報告のコンバージェンス，危機および複雑性に関する年代記—』杉本徳栄・橋本尚訳，同文舘出版，2914 年。

古庄修編『国際統合報告論—市場の変化・制度の形成・企業の対応—』同文舘出版，2018 年。

第4章

米国の会計制度

第4章のテーマ

　第4章では，米国の会計制度を取り上げる。すでに第1章で触れたように，IFRS は，世界で最も質の高い会計基準を提供している米国の会計制度の影響を強く受けている。そこで米国の会計制度について，その歴史的発展，会計学研究のあり方，会計士制度などの特徴をよく理解することが，本章のテーマである。まず第9講で米国における会計制度の歴史を考察し，第10講で会計学者と財務会計基準審議会の相互作用として実現された会計革命について触れ，第11講で監査と公認会計士について取り上げる。米国の会計制度は，これらの総体として成立するものである。

第9講　米国会計制度発達史

会計手続委員会

　米国では，20世紀初頭までは，英国出身の勅許会計士（CA）が実務を取り仕切っていた。会社法は，州ごとに制定され，現在に至るまで財務諸表の作成基準や様式，会計監査に関する実質的な規定は存在しない。また各州では，証券規制法であるブルースカイ法（blue sky law）が1920年代に整備され，投資家保護を目的とした財務諸表開示を求めている。資本市場であるニューヨーク証券取引所（NYSE）は，1853年には上場企業に対し情報開示を義務付けている。そして1869年に証券上場委員会を設置し，上場企業に年次報告書の開示を求めるとともに，1926年には四半期開示を要求している。この間，米国には明示された会計基準は存在しなかったものの，1900年頃には会計事務所の助けで連結決算も実施されていた。

　ウォール街にある世界最大の株式市場ニューヨーク証券取引所は，17世紀にオランダの入植者砦の壁すなわちウォールの傍のコーヒーハウスや道端で私的に始まった株式の取引が，1817年に正式のニューヨーク証券取引所へと発展していくのである。

　そこで1930年には，職業会計士の団体である米国会計士協会（the American Institute of Accountants, AIA）が証券取引所協力特別委員会を設立し，1932年にニューヨーク証券取引所に向けて会計の5原則を提案する。それらは，(1)未実現利益の計上を禁止すること（収益実現主義），(2)資本剰余金と純利益を区分すること，(3)子会社の留保利益を連結留保利益に合算しないこと，(4)自己株式を資産計上してもよいが，受け取った配当を収益計上しないこと，(5)受取手形を対象ごとに区別して開示すること，というものであった。この5原則をまとめ上げたのが，証券取引所協力特別委員会委員長のジョージ・メイ（George O. May）である。彼は，ロンドンの会計事務所であるPricewaterhouse出身の勅許会計士で，戦間期の米国会計をリードした。

　会計基準を制定する法的権限が明確化されたのは，1934年の証券取引委員

会（SEC）の設立によってである。1918年の第一次世界大戦後の第一次投資
ブームに沸いた米国であるが，1929年には金融恐慌を経験し投資家の被害が
甚大になるに及んで，証券取引に関わる制度を整備する必要性に迫られた。そ
こで1933年に証券法（Securities Act）が，1934年には証券取引法（Securities
and Exchange Act）が制定される。証券法によって上場企業には，会計監査
が義務付けられた。そして証券取引法によって設立された政府機関が，証券取
引委員会であり，それ以降米国では会計基準設定権限は法的には証券取引委員
会に与えられている。

　証券取引委員会は，自ら会計基準を設定することはしなかった。その代わ
り1938年に出した会計連続通牒（Accounting Series Releases, ASR）第4号
「財務諸表に関する行政方針」において，証券取引委員会に提出される財務諸
表は，「実質的に権威ある支持（substantial authoritative support）」を有する
会計原則によって作成されなければならないと規定した。その後今日に至るま
で，証券取引委員会は証券市場監督に徹し，実質的に権威ある支持を有する会
計基準に基づいて作成された財務諸表であれば，それが民間団体が作成する会
計基準でも，受理することとしたのである。法的権限は政府が有するが，そ
の実行は会計の専門家に委ねたのである。会計基準（accounting standards）
という用語は，当初は会計原則（accounting principles）とよばれることが多
かった。同じ1938年には，製薬会社 McKesson and Robbins 社による $1,900
万の虚偽記載事件が発覚している。

　証券取引委員会の会計連続通牒第4号を受けて，米国会計士協会の内部に設
置されていた会計手続委員会（Committee on Accounting Procedure, CAP）
が，1938年に本格的に稼動する。この委員会は，1933年に同協会内部に設
立された会計原則開発特別委員会を1936年に引き継ぐ形で設置されたもの
である。会計手続委員会は，会計研究公報（Accounting Research Bulletins,
ARB）として会計基準を公表した。この委員会では，上述のメイが副委員長
として活躍している。

メイの当期業績主義理論

　メイの会計観の特徴は，実務慣行をまとめたものとして会計理論が存在する

というものである。そえゆえ，幅広い会計原則の構築を目指し，複数の会計処理を認めるものであった。産業や規模，市場が異なれば，適した会計処理方法も異なるというのが彼の考え方であった。貸借対照表は歴史的・慣行的性格を有するもので，資産や負債の価値を示すものではないとメイは主張したのである。それゆえ損益計算書第一で，収益性を重視した。適正な損益を計算するためには，代替的な会計処理の中から最適なものを選択すべきであり，そのために会計士あるいは会計監査の重要性が高まると彼は考えたのである。そのためメイは，監査人に厳密性・中立性を強く要求し，会計事務所によるコンサルティングの同時提供を嫌った。

　会計研究公報は，次の会計基準設定体制に移るまでに，第51号まで公表されている。会計研究公報の目的は，実質的に権威ある支持を有すると証券取引委員会が認められる会計基準を提供することにあった。けれども，会計手続委員会は，証券取引委員会の直接的支援を受けることはなく，間接的かつ非公式な支持に留まった。それは，速やかな会計基準を要求した証券取引委員会に対し，より長期的かつ理論的な原則を追求しようとした会計手続委員会との間で利害が対立したからである。しかも会計研究公報は，個別の会計問題に対して認められる実務を確認するというメイに代表される帰納的なアプローチをとったため，多様な実務を容認することになり，全体として体系性に欠けるものになってしまった。また委員はすべて非常勤で，証券取引委員会の要求に応えるだけの十分な時間と資源を有しなかったことも，その限界となった。限られた時間の中で限られた資源で出発した会計手続委員会であったが，会計基準が民間団体によって作成されるというルールがここで成立したのである。

米国会計学会

　この時期には，会計学者による会計基準作成の試みも見られた。米国の会計団体として重要な役割を果たす米国会計学会（American Accounting Association, AAA）による会計基準作成の試みである。米国会計学会は，その前身であった1916年設立の米国大学教員協会（American Association of University Instructors in Accounting, AAUIA）を1936年に改称することによって成立したもので，会計学において，世界最高の研究水準を誇っている。

米国会計学会は，会計理論の重要性を強調し，それによって，実務の説明，実務の評価，実務の将来的発展の促進が可能になるとしている。理論研究によって会計基準を先導しようというのである。1936年には，米国会計学会は，『企業の財務諸表の基礎になる会計原則試案』を公表する。これは，企業の各期の財務諸表は単一の会計理論体系に継続的に準拠しなければならないとするもので，会計実務の向上は，理論的フレームワークの強化によって最もよく達成されると主張した。

　1938年には，トーマス・サンダース（Thomas H. Sunders），ヘンリー・ハットフィールド（Henry R. Hatfield），アンダーヒル・ムーア（Underhill Moore）の3名の研究者によって『会計原則書』が出版される。これは，当時の会計実務を調査してデータを収集し，一般化を試みたもので，帰納的アプローチをその特徴としている。この『会計原則書』は，当初米国会計士協会によって出版されたことからもわかるように，会計手続委員会に近いものであったため，批判も強かった。

　米国会計学会は，当初から理論指向が強く，なんとか論理整合的な会計基準を作成しようと努力してきた。米国では実務の世界においても，統一的な会計基準を求めるグループと多様で幅広い会計基準を指向するグループが存在してきた。メイに率いられた会計手続委員会や彼が所属するPricewaterhouseが後者の代表であるとするならば，前者には多くの会計学者に加えて，シカゴを拠点とする会計事務所Arthur Andersenとその代表的な会計士であるレナード・スペイシク（Leonard P. Spacek）があげられる。スペイシクは，会計監査において統一された会計基準の存在が極めて重要であると主張し，競合する会計事務所であるPricewaterhouseのメイを厳しく批判した。会計基準の多様性と統一性を巡る論争は，その後米国において長く続くことになる。

　米国会計学会は，包括主義損益もしくはクリーン・サープラスとよばれる理論を支持する。これは，1期間の損益計算書は，当該期間に認識されたすべての収益，費用，利得，損失を含むべきであるとするもので，メイに率いられた会計手続委員会はその期間の業務の結果である当期業績主義利益を支持していたため，両者は理論的にも対立した。これは損益計算書はその源泉や形態を問わずその期に発生したすべての損益を算出すべきなのか，それともその期の通

常の営業活動による利益を算出すべきなのかという対立である。投資家はその源泉が何であれ配当可能な利益に関心を持っているので，証券取引委員会は包括主義損益理論を支持している。

　会計手続委員会の限界は，明示的な理論の欠如という観点からも指摘された。該当範囲を限定してそこからデータを収集し，一般的な法則を抽出するという帰納的なアプローチには最初から限界があり，そうして作成されたいくつかの会計基準間には，明らかな矛盾が見られることもあった。そうした限界を克服するためには，いくつかの前提から論理的に議論を展開していくペイトンとリトルトンのような演繹的な理論が不可欠となる。会計手続委員会は，米国会計士協会内部の組織であったため，会計研究者との間にかい離が目立ち，また他の分野の実務家の参加もないという遊離した組織となってしまった。会計基準には，理論的な権威も不可欠だったのである。

ペイトンとリトルトンの包括主義理論

　前述の『企業の財務諸表の基礎になる会計原則試案』をさらに発展させたのは，1940 年にウィリアム・ペイトン（William A. Paton）とアナリアス・リトルトン（Analias C. Littleton）によって出版された『会社会計基準序説』である。その内容は，企業会計を株主から独立した存在としての企業という企業実体の理論に基づき，資産＝持分という貸借対照表等式を維持した上で，厳密な期間損益計算を行うべく当該期間における費用収益対応を行うというものである（費用収益対応の原則）。資産＝持分という式は，資産サイドにおいて時価評価がなされない限りつねに成立するもので，それを前提に損益計算書において費用と収益が対応させられるというものである。そのためには，利益と資本の区分及び営業利益とその他の利益の区分が重要になると彼らは主張するのである。

　ペイトンとリトルトンは，「会計の基本的問題は，発生した原価の流れを期間損益決定のプロセスにおいて現在と未来に分割することである」と述べている。そこでは，資産とは未配分の原価であるとみなされる。この書は，取得原価評価による会計理論を構築したもので，その後米国の会計基準が時価に転換するまで極めて大きな影響を及ぼすものとなる。サンダースらの研究と比べる

と，より規範的・演繹的なアプローチとなっている。その後，米国会計学会が実証的なアプローチへと大きく舵を切るまで，規範的・演繹的アプローチが会計学研究の主流となる。翌 1941 年には上述の『企業の財務諸表の基礎になる会計原則試案』が改訂され，そこでも「会計は，本質的に評価のプロセスではなく，取得原価や収益の当期及び翌期以降への配分である」と主張される。

会計原則審議会

　第二次世界大戦後の 1950 年代以降，米国経済は第二次投資ブームに沸く。1950 年代初頭に 700 万人であった投資家が 1960 年代初頭には 2,000 万人へと急増する。それゆえ会計に関する問題が経済紙やビジネス誌で頻繁に取り上げられるようになり，既存の会計基準に対する批判が噴出するようになる。そこで 1957 年には，米国会計士協会の後身である米国公認会計士協会（the American Institute of Certified Public Accountants, AICPA）が特別調査プロジェクトを開始する。その目的は，「一般に（公正妥当と）認められた会計原則（generally accepted accounting principles, GAAP）」の文書化を進めること，多様性の範囲を狭めること，未解決問題の解決をリードすること，であった。その結果 1959 年には，米国公認会計士協会は，会計手続委員会を会計原則審議会（Accounting Principles Board, APB）へと改組する。会計原則審議会は，実質的に権威ある支持を有するべき会計基準として，会計原則審議会意見書（Accounting Principles Board Opinion, APBO）を公表した。同意見書は，第 31 号まで公表されている。

　会計原則審議会は，理論の欠如という会計手続委員会の欠点を克服するため，意見書の公表と同時に，基礎的な調査研究にも携わった。それに基づいて，体系的な会計基準を構築しようとしたのである。それは，会計調査研究（Accounting Research Studies, ARS）として公表された。そこでは，規範的・演繹的アプローチが採用され，複数の公理から演繹的に会計基準を導出する努力がなされた。例えば，ARS1「会計の基本的公準」（1961），ARS3「総合的企業会計原則試案」（1962），ARS7「企業に関する一般に認められた会計原則の棚卸し」（1965）などである。会計原則審議会は，規範的・演繹的アプローチを採用し，複数の公理から演繹的に会計基準を導出することに努めた。そこ

では，継続性，客観性，整合性といったその後概念フレームワークにおいて質的特性とされる概念が強調されている。

　会計原則審議会は，18名の非常勤委員から構成され，3分の2の委員の賛成によって会計基準が決定された。会計手続委員会から倍増された委員には，監査法人や企業からの参加も行われた。1964年には，米国公認会計士協会が会計原則審議会意見書の権威を認めている。また当期業績主義を採用していた会計手続委員会に対し，会計原則審議会は包括主義へと転換し，証券取引委員会に歩み寄る。これ以降米国では，包括主義のアプローチが定着する。

　当時の米国は高度経済成長を謳歌しており，成長にともなって現れる新しい会計問題に対処するために，会計原則審議会はかなりの労力を割かなければならなかった。そのため，会計原則審議会意見書は，結果としてまたしても雑多な実務の寄せ集め的色彩が濃くなってしまい，体系的な会計基準設定という試みは必ずしも成功したとはいえなかった。会計原則審議会は，依然として非常勤委員のみから構成されていたため，会計情報利用者からの参加がなく，人的・時間的に制約が大きかった。さらに財政的にも基盤が弱かったため，時のジョン・ケネディ（John F. Kennedy）政権などから政治的圧力を受けたりした。それゆえ，さらなる機構改革を必要としたのである。

基礎的会計理論書

　米国は，ビジネス・スクール発祥の地である。ビジネス・スクールは，1908年にハーバード大学において大学院レベルの教育機関として設立されるとともに，全米に広がったもので，高度で実践的な研究と教育をその特色としている。1966年には，米国会計学会による画期的な試みがなされた。それは，『基礎的会計理論書（*A Statement of Basic Accounting Theory, ASOBAT*）』の出版である。この書物は，1964年に学会内に設置された基礎的会計理論報告書作成委員会の研究成果である。

　『基礎的会計理論書』は，会計を単なる計算技術ではなく，意思決定に有用な経済情報であると規定した。あるべき会計は，この意思決定有用性基準に則って規範的に構築されなければならないと主張し，戦後米国で大きく発展した行動科学の成果を導入して，情報やコミュニケーションの観点から会計を捉

えたのである。会計理論の目的は，意思決定有用性の観点からあるべき会計基準の可能性を判断するために存在するとし，そのためには目的適合性，検証可能性，不偏性，数量化可能性の４つの基準を満たさなければならないとした。これらの基準は，その後概念フレームワークに受け継がれていく。意思決定有用性の考え方は，それまで伝統的に作成者指向で作られてきた会計基準や会計理論を，その利用者指向へと大きく変化させるものとなった。さらに意思決定の観点からすれば，重要な情報は取得原価情報ではなく再調達価額としての時価情報であると主張した。ここから，20 世紀米国会計学は時価主義へと舵を切り始めるのである。

　その後 1973 年には，米国会計学会の外部財務報告書概念・基準委員会によって『会計理論及び理論承認 (*Statement on Accounting Theory and Theory Acceptance, SATTA*)』が出版される。そこで描き出された世界は，会計理論ジャングルとよばれるもので，会計理論はジャングルのように無秩序で入り組んでいるというものであった。それをこの書物は，３つのアプローチに集約する。まず伝統的アプローチとよばれるもので，それには会計手続委員会やメイのような帰納的アプローチと，会計原則審議会やペイトンとリトルトンのような規範的・演繹的アプローチが含まれる。伝統的な制度会計の立場である。次のアプローチは，意思決定有用性アプローチで，これは上述の『基礎的会計理論書』において主張され，その後研究者の間に広がったものである。管理会計との整合性の高いアプローチである。

　『会計理論及び理論承認』は，さらに第３のアプローチとして情報経済学アプローチを認識している。これは，意思決定有用性アプローチをさらに経済学的に発展させたもので，情報の有用性を経済学の費用‐便益分析によって行うものである。このような理論ジャングルの考え方は，取得原価評価から時価評価へ，会計原則審議会から次の財務会計基準審議会へ，という過渡的な時期に同書が出版されたことに因っている。

第 10 講　会計革命

2 つの改革プロジェクト

　会計原則審議会を改革するために，米国公認会計士協会は，2 つの大きなプロジェクトを開始する。1 つは，財務諸表の目的に関する研究グループ（the Study Group on the Objectives of Financial Statements, AICPA）で，委員長の名前をとってトゥルーブラッド委員会（Trueblood Committee）と称されている。1971 年に設立されたこの委員会は，3 名の研究者，3 名の公認会計士，2 名の企業代表，1 名の証券アナリストからなっていた。会計士のみの委員会にならないよう，広く委員を募ったのである。トゥルーブラッド委員会は，財務諸表の利用者は誰か，どのような情報を彼らは必要とするか，その情報はどの程度会計士によって提供されるか，その情報のためにどんなフレームワークが必要か，などについて検討した。そして 1973 年に提出された報告書では，重要なのは，外部の意思決定者のための経済情報であり，それは取得原価情報ではなく，時価情報であると結論付けている。米国会計学会の『基礎的会計理論書』と同じである。

　もう 1 つの改革プロジェクトは，会計基準設定に関する研究グループ（the Study Group on Establishment of Accounting Principles, AICPA）で，こちらも委員長名からウィート委員会（Wheat Committee）とよばれるものである。1971 年に設立されたウィート委員会は，1972 年に報告書を提出している。それは，従来の個別産業の特性を重視したミクロ指向の古い会計観に代えて，全企業と資本市場との関係を重視したマクロ指向の新しい会計観が必要であると主張している。会計処理の多様性を縮小する努力を続けてきた会計原則審議会であったが，産業が異なれば適正な会計処理も異なるという問題に直面していた。ところが資本市場の投資家にとっては，どのような産業に属する企業であれ，その利益こそが重要になってくる。それゆえウィート委員会は，投資家の観点から標準化された会計基準が必要であると主張したのである。この委員会はさらに，資金調達を担う財務会計財団（Financial Accounting

Foundation, FAF），設定すべき会計基準の諮問を行う財務会計基準諮問委員会（Financial Accounting Standards Advisory Council, FaSAC），実際に会計基準を設定する財務会計基準審議会（Financial Accounting Standards Board, FASB）の三位一体構造による会計基準設定体制の構築を提言している。

財務会計基準審議会

そこで 1973 年に，財務会計基準審議会が設立され，現在の会計基準設定体制が確立される。財務会計基準審議会は，前身の会計原則審議会の限界を克服すべく，さまざまな制度的工夫がなされている。まず財政的制約を克服するために，財務会計財団が設立され，広く寄付を募るとともに，この基金に基づいて審議会が運営される仕組みに改められた。財務会計財団は，資金調達とともに財務会計基準審議会や財務会計基準諮問委員会の委員の任命や財務会計基準審議会の業績のチェックなども行っている。

財務会計財団の組織には，研究団体として米国会計学会，公認会計士団体として米国公認会計士協会，その他の会計団体として管理会計士協会（Institute of Management Accountants, IMA）及び上級財務役員国際組織（Financial Executives International, FEI），投資家団体として投資管理・調査協会（Association for Investment Management and Research, AIMR）及び証券業協会（Securities Industry Association, SIA），政府団体として政府財務官協会（Government Finance Officers Association）及び州監査人・管理人・管財人全米協会（National Association of State Auditors, Comptrollers and Trustees）の 8 つのスポンサー組織から 11 名の委員が選出される。ちなみに，投資管理・調査協会は，現在は CFA 協会（Chartered Financial Analyst Institute）に名称変更している。これまでの会計基準設定団体がつねに資金的制約に直面していたことから設立されたのが，この財務会計財団で，これによって財務会計基準審議会は資金調達問題に煩わされることなく基準設定に携わることが可能になった。

次の財務会計基準諮問委員会（FaSAC）は，財務会計基準審議会が取り組むべき課題やプロジェクトを設定したり，そのためのタスク・フォースを選定したりするための組織である。財務会計財団同様，会計情報の作成者，監査

人，利用者などを代表する 30 名以上のパートタイム委員から構成され，そこには証券取引委員会の主任会計士も含まれている。

　そして，実際に会計基準を設定するのが財務会計基準審議会であるが，それまで非常勤委員のみで時間的かつ人的資源的に制約が大きかった欠点を，7 名の常勤委員を置くことで解決を図った。すべての委員が公認会計士である必要はなく，会計事務所以外に，企業や大学，投資機関などからも委員が参加している。実働部隊の核となる常勤委員に会計情報の作成者，利用者，研究者などを参加させることによって，客観性や独立性の確保が目指されたのである。委員の任期は 1 期 5 年で，2 期までとされている。会計手続委員会や会計原則審議会が米国公認会計士協会による組織であったのに対し，財務会計基準審議会は，こうして会計士協会からも独立した民間機関となったのである。このような米国のアプローチが，国際会計基準審議会においても採用されていることは，すでに第 3 章で述べたとおりである。

　財務会計基準審議会の目的には，(1)財務報告の有用性を高めること，(2)会計基準を最新に保つこと，(3)新基準を検討すること，(4)会計基準の国際比較性を高めること，(5)財務諸表の共通理解を高めること，などがあげられている。財務会計基準審議会が公表する会計基準は，財務会計基準書（Statements of Financial Accounting Standards, SFAS）とよばれている。他にも財務会計基準書の実用指針となる解説書（Interpretation）や特定問題を取り扱った専門公報（Technical Bulletin）などが公表されている。

　財務会計基準書については，2009 年 SFAS168「FASB 会計基準成文化及び一般に公正妥当と認められた会計原則のヒエラルキー（FASB Accounting Standards Codification and the Hierarchy of Generally Accepted Accounting Principles)」を公表し，伝統的な会計基準に番号を付していく方法を改め，テーマごとに 3 桁で示されたコード化を実施することとした。会計基準コード化によってすべてのトピックは，ASC に 3 桁の数字を付加して表示されるようになった。

財務会計概念書

　財務会計基準審議会は，財務会計概念書（Statements of Financial

Accounting Concepts, SFAC) を発行している。これは，財務会計基準書が依拠すべき会計の概念的なフレームワークを提供するものである。個々の会計基準は独立して公表されるが，それらの間には，一貫した整合性や体系性が必要となる。その際の拠り所となるのが，この財務会計概念書である。概念フレームワークを始めて設定したのは，米国の財務会計基準審議会である。そこでは，財務会計概念書第1号から第8号まで公表されている。

SFAC1 「営利企業の財務報告の目的（1978年11月，SFAC8により廃止）」

SFAC2 「会計情報の質的特徴（1980年5月，6号により一部修正，SFAC8により廃止）」

SFAC3 「営利企業の財務諸表の構成要素（1980年12月，SFAC6により廃止）」

SFAC4 「非営利組織の財務報告の目的（1980年12月）」

SFAC5 「営利企業の財務諸表における認識と測定（1984年12月）」

SFAC6 「財務諸表の構成要素（1985年12月）」

SFAC7 「会計測定におけるキャッシュ・フロー情報及び現在価値の使用（2000年2月）」

SFAC8 「財務報告のための概念フレームワーク（2010年9月）」

　概念フレームワークの目的は，財務会計及び財務報告の実務の基礎にある目的と根本原理の枠組を構築すること，財務会計及び財務報告の目的を明確にすること，会計は何を測定するのかを明らかにすること，財務諸表の構成要素を具体化すること，などにある。

　概念フレームワーク構築の試みは，前身の会計原則審議会でも行われている。例えば，1970年の会計原則審議会ステートメント第4号「営利企業の財務諸表の基礎にある基本概念及び会計原則」において，財務会計の基本的要素である資産及び負債は，経済的資源及び経済的義務に関わるものであるとして，以下のように定義している。まず「資産とは，一般に認められた会計原則に従い認識，測定される企業の経済的資源であり，資源ではないが，一般に認められた会計原則に従い認識，測定された一定の繰延費用が含まれる」とす

る。そして「負債とは，一般に認められた会計原則に従い認識，測定される企業の経済的義務であり，義務ではないが，一般に認められた会計原則に従い認識，測定された一定の繰延利益が含まれる」と定義する。その定義はあいまいさを免れないものの，会計原則審議会も，整合的なフレームワークの必要性を認識していたのである。

その後財務会計基準審議会は，1973年に概念フレームワーク・プロジェクトを開始する。その責任者であるマーシャル・アームストロング（Marshall S. Armstrong）は，「概念フレームワーク・プロジェクトは，財務会計基準審議会が財務会計及び財務報告の基準を設定するにあたってそれに依拠することを意図した明確な公式見解を導き出すことになるだろう。概念フレームワークは，一連の財務的な事実に対する会計上の解答を自動的に提供出来るほど詳細には作成され得ないし，また作成されるべきでもないが，財務諸表を作成する際の判断の許容範囲を決定するであろう。概念フレームワークは，財務諸表に対する公衆の信頼を高め，会計処理方法の増大を防ぐ手助けとなることを目指すべきである」と述べている。ちなみにアームストロングは，米国公認会計士協会会長であり，財務会計基準審議会の初代議長である。

そこで概念フレームワークの機能であるが，財務会計基準審議会は，(1)議論の基礎として一組の共通する前提を提供すること，(2)正確な用語を提供すること，(3)適切な質問をするのに役立つこと，(4)判断や裁量の対象となる範囲を限定すること，及び概念フレームワークと相容れない潜在的な解決策を検討の対象外とすること，(5)伝統的に主観的でかつ個別対応的な論証過程であったものに対して知的な秩序を課すことの5つをあげている。

概念フレームワークは，一連の概念の集合として成立するもので，SFAC1では投資，与信その他類似の決定を行う際に有用となる情報として，「財務会計・報告は，それ自体が目的ではなく，現在の及び潜在的な投資者，与信者，その他の資源提供者，事業体の外部の情報利用者が，当該事業に関する合理的な投資，与信その他類似の意思決定を行う際に，有用情報を提供することを意図するものである」としている。

SFAC5は，会計測定の方法に触れており，取得原価，現在原価（再調達価額），現在市場価値（売却価額），正味実現可能価額，将来キャッシュ・フロー

の現在価値を認めている。取得原価以外の測定方法は，すべて時価によるものである。IFRS の概念フレームワークと異なるのは，賞味実現可能価額を独立させていることである。

SFAC6 は，財務諸表の構成要素について具体的な定義を与えている。例えば，「資産とは，過去の取引または事象の結果として，ある特定の実体により取得または支配されている，発生の可能性の高い将来の経済的便益である」と定義されている。SFAC6 は，「負債とは，過去の取引または事象の結果として，特定の実体が，他の実体に対して，将来，資産を譲渡しまたは用役を提供しなければならない現在の債務から生じる，発生の可能性の高い将来の経済的便益の犠牲である」としている。さらに，「持分または純資産とは，負債を控除した後に残る実体の資産に対する残余請求権である」という定義を行っている。

SFAC1 において，「財務報告は，包括利益及びその内訳要素の測定によって提供される企業の業績に関する情報に主たる焦点を合わせている」ことから，SFAC6 において，「包括利益は，所有主以外の源泉からの取引，その他の事象及び環境要因から生じる 1 期間における持分の変動である。それは，所有主による出資及び所有主への分配から生じるもの以外の，1 期間における持分のすべての変動を含む」と定義している。そして具体的には，1997 年 6 月に公表された SFAS130「包括利益の報告（Reporting Comprehensive Income）」において，その会計処理が規定されている。

SFAC7 は，公正価値測定として将来キャッシュ・フローの現在価値を使用する場合には，見積キャッシュ・フローではなく期待キャッシュ・フローを使用することとしている。ここで見積キャッシュ・フローとは，将来キャッシュ・フローの単一数値のことであり，期待キャッシュ・フローとは，将来キャッシュ・フローの確率加重平均値である。ここにおいて，財務理論同様割引計算のみならず，確率計算も導入されるのである。SFAC7 の特徴は，将来のキャッシュ・フローを予測する際に単一の見積キャッシュ・フローではなく，予想される将来キャッシュ・フローについてそれぞれの場合について評価し，それに確率を乗じたものである。米国の実務では，最良のケース，最頻のケース，最悪のケースと 3 パターン程度キャッシュ・フローを予想し，それぞ

れに確率を掛けて期待キャッシュ・フローを算出するケースが多いようである。

会計基準設定のデュー・プロセス

　現在米国の財務会計基準審議会は，世界で最も質の高い会計基準を設定しているといわれている。それには，幅広い意見を聞くために広く公開されたプロセスをとり，なおかつ厳密な手続によって，会計基準が確定されているからである。財務会計基準審議会による会計基準設定のデュー・プロセスは，以下のようになっている。

(1)　問題の事前評価
(2)　審議事項の決定
(3)　討議資料（discussion memorandum, DM）の発行
(4)　公聴会（open public hearings）の開催
(5)　公開草案（exposure draft, ED）の発行
(6)　財務会計基準書（SFAS）の確定

　まず基準設定を行うべきテーマについて，財務諸表の作成者，監査人，利用者からなる専門委員会を設置する。そして広く一般からの意見を求めるために，審議事項に関する討議資料（DM）が公表される。討議資料には，問題の定義，課題の範囲，会計・報告上の問題，調査の結果，代替的な解決策とその批判点が記載される。そして 60 日以上の余裕をもって予告を行った上で公聴会が開催され，さまざまな意見が聴取される。そうした意見をもとにして，公開草案（ED）が発行される。公開草案は，具体的な会計基準，発効日，経過措置，背景となる情報，結論の根拠などによって構成される。この公開草案についても，さまざまな意見が寄せられる。そして最終的に財務会計基準審議会による審議にかけられ，財務会計基準書として確定されるのである。

　このように米国では，会計基準が確定される前に必ず公開草案が発行され，またさまざまな段階において意見聴取が出来るシステムになっている。財務会計基準審議会は，インターネット上にホームページを開設し，電子メールによ

る意見も受け付けている。財務会計基準書の内容は，修正はあるものの公開草
案と同一の構成となる。この会計基準設定のデュー・プロセスは，前の会計原
則審議会の終盤から始められたものである。

　以上のような，財務会計基準審議会による会計基準設定のシステムは，現在
では世界各国の会計基準設定団体の模範とされている。米国内には，公会計基
準審議会（Governmental Accounting Standards Board, GASB）という組織
があり，政府会計のための会計基準設定を行っている。その名称からも，財務
会計基準審議会を模範としていることは明らかである。さらに，国際会計基準
審議会も，会計基準設定プロセスを公開し，事前に公開草案を発行するという
システムを採用している。

一般に認められた会計原則

　米国の会計制度の特徴は，「一般に（公正妥当と）認められた会計原則
（GAAP）」として会計基準が存在することである。この一般に認められた会計
原則とは，前述の実質的な権威ある支持を有する会計原則のことである。その
権威は，法に求められるものではなく，会計士の専門性に依拠したものとされ
ている。

　一般に認められた会計原則は，当初は，幅広く受容されることを重要視した
ため，寄せ集め的なものになってしまうという失敗をおかしてしまった（会計
手続委員会）。それゆえ，今日では，財務会計概念書に基づいて財務会計基準
書が設定されている。なお，現在米国で一般に認められた会計原則に相当する
のは，財務会計基準書と，財務会計基準書によって代替されていない会計研究
公報及び会計原則審議会意見書である。米国で財務開示を行うためには，それ
らの会計基準に準拠していなければならない。

　米国では，キャッシュ・フロー計算書がSFAS95によって規定され，明確
に開示財務諸表として定着している。財務開示はすべて連結財務諸表ベースで
行われ，同時に部門ごとにセグメント情報が開示される。個別財務諸表は，不
要である。米国では，商法や税法などの法律に会計に関する詳細な規定が存在
しない。もちろん税法は税務会計に関する規定をもっているが，それは，財務
会計とは関係しない。そのため財務会計と税務会計の相違は，税効果会計で調

整されることになる。

　ちなみに，財務会計基準審議会が設定する財務会計基準書の権威については，1973 年同審議会設立直後に，証券取引委員会と米国公認会計士協会の両方から正式に承認されている。証券取引委員会は，会計連続通牒第 150 号「会計原則及び会計基準の確立と改善に関する方針」において，上場企業は財務会計基準書に準拠すべきことを義務付けている。また米国公認会計士協会は，会計士行動規定（Code of Professional Conduct）第 203 節「会計原則」において財務会計基準書を一般に公正妥当と認められた会計原則として正式承認している。

　米国では，会計基準設定が民間の会計基準設定団体によって，証券取引委員会のような政府機関からも，会社法などの法律からも，独立して行われてきた。それゆえ，会計基準についても，また会計基準設定主体についても，必要に応じて柔軟な改編が可能になっている。証券取引委員会は，強力な権限を保持しながら，それをうまく会計基準設定団体に委譲してきたといえる。

ワッツとジンマーマンの実証会計理論

　会計学が経済学のアプローチを本格的に導入するのは，1980 年代のことである。それは，会計基準のあり方が投資家や企業経営者の行動にどのように影響するかを実証的に分析し，そこから会計上のインプリケーションを導出する実証科学（positive science）への転換である。換言すれば，会計学の経済学化である。これはまさに，一大パラダイム転換である。

　すでに経済学や財務理論では，それぞれの分野で新しい仮説を立てマクロ経済データや株価データを使って統計的に検証することによって理論の有効性を漸次検証していく仮説検証型の実証研究が世界的潮流になっている。実証分析のためには，所定の前提条件から数理的な分析モデルが構築される。会計学においてもこれと同形の研究が，企業の決算財務データを使って行われるようになったのである。そのような研究は，実証会計学とよばれ，ロス・ワッツ（Ross L. Watts）とジェロルド・ジンマーマン（Jerold L. Zimmerman）によって 1986 年にまとめられた『実証会計理論（*positive accounting theory, PAT*）』が代表作となっている。

　『実証会計理論』によれば，実証理論の役割は何故そのような会計選択（accounting choice）が行われるのかを合理的に説明し，その結果を予測することにある。その際に，会計選択に影響を及ぼす重要な要因として，税金，政府の規制，政治的コスト，情報処理コスト，経営者のインセンティブ・プランなどがあげられており，そうした要因の影響がデータに基づいて実証的に分析されるのである。この理論によって，会計研究のためのフレームワークが提供されるとともに，会計における規則性の発見と説明が可能になる。

　現在では，ワッツとジンマーマンの実証会計理論に限定されることなく，北米（さらには英語圏）の会計学研究全体が実証会計学へと発展している。実証会計学は，厳密な理論構築や政策の展開に欠かせないものとなっている。もともとは条文解釈を主とする解釈学的性格が強かった会計学を，そうした制度がもたらす経済的影響を合理的かつ実証的に研究しようというものである。すでに国際的な会計学研究雑誌では，掲載論文の90％以上が，COMPUSTATとよばれる米国の財務データベースを活用し，統計解析を行うことによって自らの仮説を検証し，漸進的に理論を構築していくという，経済学と同じスタイルで執筆されている。ウィリアム・ビーバー（William H. Beaver）は，米国を中心に起ったこの変化を，「会計革命」と呼び，自らの著書の副題に冠している。

　その結果米国では，会計学者になるために必要な素養が全く異なるものになった。それまでは，会計基準を理解して正確に会計処理を行い，あるべき利益を算出するという紙と電卓の学問であったものが，経済学と同じように数理モデルを構築し，財務データベースから数千社といった数の決算データを抽出し，そこに存在する会計上の規則性ないしは不規則性を統計解析によって検証するものに変わったのである。それには，パーソナル・コンピュータと統計学，そして経済学（及び財務理論）のスキルが重要になってくる。同様の変化は，英国はじめ英米型会計制度諸国にも，また近年ではドイツの影響を脱し英語で研究を行うようになったEU諸国にも波及している。このような会計研究スタイルの変化もまた，資本市場の影響を強く受けたものである。

第 11 講　会計士制度と不正対応

公認会計士と公認管理会計士

　英国や米国のように市場経済が社会的に根付いている国では，それを支える制度として監査の重要性が認識されている。それは，潔白だから第三者によって証明してもらい開示するという考え方である。米国で監査を行うためには，公認会計士（Certified Public Accountant, CPA）の資格が必要になる。この公認会計士の組織が，米国公認会計士協会である。州ごとに試験が行われていて，全米に約 60 万人の有資格者がいる。会計監査を積極的に受けるという考え方は，大企業のみならず中小企業，地方自治体にも定着しており，地方自治体も公認会計士による会計監査を受け入れている。

　公認会計士の制度を歴史的に見てみると，19 世紀後半に活躍した英国の勅許会計士がその始まりである。1883 年に米国公会計士連盟（American Association of Public Accountants, AAPA）が設立されたときには，会員数わずか 31 人でのスタートであった。その後 1916 年に，米国会計士協会（AIA）となり，1957 年に現在の米国公認会計士協会（AICPA）という名称になっている。この間の急成長には，目覚しいものがある。

　米国では，監査基準は職業会計士団体が作成してきた。当初，米国会計士協会内部に監査手続委員会（Committee on Auditing Procedure, CAP）が設置され，そこで監査手続書（Statements on Auditing Procedure, SAP）という名称の監査基準が作成されていた。その後 1978 年に現行組織である米国公認会計士協会内部に監査基準審議会（Auditing Standards Board, ASB）が置かれるようになり，監査手続委員会の活動が引き継がれた。監査基準審議会が作成する監査基準は，監査基準書（Statements on Auditing Standard, SAS）とよばれている。このように監査基準については，一貫して会計士業界内部で作成されてきたのである。以下の諸項で触れるように，昨今の不正経理事件の頻発により公認会計士以外の関係者からは，監査基準設定の会計士業界からの独立の必要性が主張されている。

　すでに米国は大半の州で，2003 年から公認会計士試験を大学卒レベルから大学院修士課程修了レベル（厳密には学部・大学院合わせて 150 単位修得）へと変更している。会計学修士課程（Master of Accounting, MAc）は，アカウンタント教育の高度化・グローバル化に対応したものなのである。米国公認会計士試験には，世界中から受験生が集まっている。国際会計士連盟が米国に置かれていることの意味は，会計の世界標準化にとってますます大きくなっていく。試験は，コンピューター上で実施され，以下の 4 つの試験科目に合格する必要がある。

(a)　Financial Accounting and Reporting（FAR）

(b)　Regulation（REG）

(c)　Business Environment and Concepts（BEC）

(d)　Auditing and Attestation（AUD）

　米国には，公認会計士と並んで，公認管理会計士（Certified Management Accountant, CMA）という資格が存在する。この公認管理会計士の試験を行い資格を認定する団体が，管理会計士協会（the Institute of Management Accountant, IMA）である。管理会計士協会は，1919 年に全米原価会計人協会（National Association of Cost Accountants, NACA）として設立され，1957 年には，全米会計人協会（National Association of Accountants, NAA）に，そして 1991 年に現在の管理会計士協会に名称変更されたものである。

　管理会計士協会は，プロとしての公認管理会計士の団体である。彼らは，基本的に企業の会計部門で活躍している。ただし，管理会計士の資格がなければ出来ないような会計実務は存在しない。それゆえドイツや日本には，これに対応する団体は存在しない。米国（や英国）において管理会計士の資格が存在するのは，プロとして活躍するためである。市場経済が行き渡っている国では，労働市場も流動性が高く，転職が多い。その際に権威ある資格を保持していれば，どこの会社に移っても自らの能力を客観的に証明することが可能になる。管理会計に関する資格や協会は，市場経済が定着しアカウンタントが広範囲に活躍するプロフェッショナルな社会において見られるものである。試験科

目は，Financial Planning, Performance and Control 及び Financial Decision Making の 2 科目となっている。

不正経理事件

　21 世紀に入り，米国でいくつかの重大な会計問題が発生した。Enron や WorldCom などの上場大企業の不正経理問題である。Enron は，1985 年に合併により設立されたガスのパイプラインを提供するエネルギー会社で，1980 年代に電力自由化に伴って電力供給事業に参入するとともに，M&A を繰り返して短期間に急成長した。1999 年には Enron Online を設立し，インターネット上でガス，電力，水，パルプ，貴金属などさまざまなエネルギー使用権の取引を開始している。2001 年 10 月に会計処理のミスが公表され，11 月に連邦破産法第 11 章（いわゆる民事再生）が適用されるまでの 16 年間で，ビジネス雑誌『フォーチュン（Fortune）』の 2000 年度全米売上高第 7 位に上りつめた。

　急成長した Enron のビジネス・モデルは，卸売によるサヤ取り（裁定取引）であった。ガスのパイプラインを引いたり発電して電力を送るのではなく，エネルギー売買の仲介を全世界的に行うことで利益を上げたのである。株価至上主義の米国において高株価を維持するには，会計上株主資本利益率（ROE ＝純利益÷株主資本）を高めることが至上命題になるが，エネルギー産業は巨大な設備を要するため総資産利益率（ROA ＝純利益÷総資産）が低い。ここで総資産＝負債＋株主資本であるから，大きな資産を必要としない仲介業にシフトすれば，ROA，ROE ともに分母が小さくなり，指標は向上する（第 6 章第 2 講参照）。

　Enron は，SPE という特別目的の子会社を 3,000 社以上設立し，親会社の資産を譲渡して連結から外すことによって本体をさらにスリム化するとともに，子会社ではさまざまなデリバティブ（金融派生商品）取引を行った。投資組合などがその例で，これは，会社とは別の組織を作ってそこが資金を調達し，何らかの特定プロジェクトを行うというものである。当時の米国では，特別目的会社が調達した投資資金のうち 3%以上を外部の投資家からの出資金で占めれば，特別目的会社は連結決算の対象から外れたからである。Enron は，M&A やデリバティブの会計処理，さらには SPE の連結外しなど米国の会計基準の

抜け穴を悪用し，決算財務諸表には極めて良好な業績を公表することで高い株価を維持したのであるが，そのような会計政策が長続きすることはなかった。

　さらに Enron では，中立性が非常に重要となるべき専門家が，完全にインサイダー化してしまった。監査法人の Arthur Andersen は，Enron 本社ビルのワンフロアにあり，しかも，一方で Enron の会計監査をやりながら，もう片方で Enron のコンサルティングをやっていた。さらに，書類破棄をして証拠隠滅をしたというのが，その後の国会での答弁などで明らかになった。Enron 事件で信用を失った Arthur Andersen は，2002 年 8 月に廃業する。資本市場の門番という意味で，ファイナンシャル・ゲートキーパーとよばれるこれらの専門家は，公認会計士，証券アナリスト，格付会社が代表的であるが，どれも期待どおりに機能していなかったのである。本来であれば，公認会計士は決算財務諸表を厳格に監査し，証券アナリストは株価を客観的に予想し，格付会社は債券を公正に格付しなければならないのであるが，すべてインサイダー化していたのである。

　Enron と並んでもう 1 つの大きな不正会計を行ったのが，WorldCom である。WorldCom は 1983 年に出来た会社で，その歴史は Enron と実は非常によく似ている。WorldCom は，AT&T が分割されて，通信市場が一般に開放される中で出てきた会社で，世界第 2 位の長距離通信会社になった。1983 年に設立され，1989 年に上場されているのであるが，この間，70 社以上を買収している。2002 年 6 月 25 日に，過去の 5 四半期の利益の水増しをしたということを発表して，7 月に連邦破産法第 11 章の適用を申請した。資産総額 1,070 億ドルは，史上最高であった。Enron も WorldCom も，レーガン政権のもとで，1980 年代の規制緩和のもと，さまざまな情報を先取りしながら M&A を繰り返し，場合によっては自社よりも大きな企業を飲み込んで大きくなっていったのである。

　WorldCom の不正経理はシンプルで，各地域の近距離会社への接続料金を本来費用として当期の損益計算書で処理すべきところを，設備投資として貸借対照表に資産計上し，費用を繰り延べたというだけのものである。これは通常，その期の費用として認識すべきものを資産に計上しておいて，何年かかけて償却するという繰延資産によるキャピタライゼーション（capitalization）で

ある。

　高株価が追求される最大の理由は，経営者にあらかじめ契約した価格で株を購入する権利を与えるストック・オプション制度にある。業績によって株価が上昇すれば，契約価格との差額が報酬（インカム・ゲイン）となるから，高株価を維持するという点で経営者と株主の利害は一致する。さらに従業員についても，内国歳入法401条k項に基づく401kと呼ばれる確定拠出型年金を自社株で運営するケースが多く，株式市場は米国経済全体に大きなレバレッジ（てこ）効果を及ぼすことになる。その結果，高株価を維持するような経営者の会計政策に対し，歯止めが効かなくなってしまうのである。その後破綻した他の米国企業のケースも同じである。

　これ以外にも，XeroxやKmart，Global Crossing，AOLなどの大手企業が，同時期に利益の水増しや不正融資などで大きな問題となった。

企業改革法

　米国の不正経理問題は，強い資本市場不信を引き起こしたため，その後迅速に政府の対策がとられた。法案を提出した上下議員の名を採ってSarbanes-Oxley Act of 2002（An Act to protect investors by improving the accuracy and reliability of corporate disclosures made pursuant to the securities laws, and for other purposes）とよばれる企業改革法が，2002年7月30日に成立したのである。この法律は，大恐慌に対処するために1934年に制定された証券取引法以来の大改革であった。そこでは，企業幹部に対する罰則が強化され，証券詐欺が従来の禁固最高5年から25年，決算報告虚偽記載や監査書類の保存義務違反も5年から20年になった。また新たに書類破棄・通信詐欺が最高20年または罰金500万ドルとなった。

　さらに，不正会計に関する時効が3年から5年に延長された。企業のCEO（最高経営責任者，chief executive officer）やCFO（財務担当役員，chief financial officer）に対しては，財務報告書の内容が真実であることの認証が義務付けられている。これに違反すると，禁固20年ないしは500万ドルの罰金となる。また経営者に対し，インサイダー取引にかかわるものについての報告義務を強化し，経営者が有利な条件で会社から貸し付けを受けてはいけないこ

とになった。

　企業改革法によって，証券取引委員会の権限も強化されている。公開会社会計監視委員会（the Public Company Accounting Oversight Board, PCAOB）という組織が新設され，証券取引委員会によって選ばれた5名の常勤委員（うち公認会計士2名）が企業の会計が企業改革法に違反していないかを監視するようになった。このために証券取引委員会全体の予算が増額されるとともに，公開会社会計監視委員会が特別に上場会社から基金を徴収するということもなされている。また，公認会計士の独立性強化が唱われ，監査法人は同一顧客に対して監査とコンサルティングを同時に行うことが禁止された。また監査についても，同じ公認会計士が同じ会社に対して5年を超えて継続的に従事することが禁止されている。

　ビル・クリントン（William J. Clinton）政権下で証券取引委員会の委員長を務めたアーサー・レビット（Arthur Levitt）は，自由経済を維持し発展させるためには，一般の個人投資家を保護することが極めて重要であると主張している。彼らは，年金基金などの機関投資家や証券会社などのプロの投資家に比べ，情報面でつねに不利な立場に立たされている。同じ株式を取引する場合でも，投資家によって情報格差が存在するならば，公正な取引がなされなくなるから，すべての投資家に同時にかつ同質の情報が提供されてはじめて，資本市場の効率性が維持されるというのである。

　市場は放置しておいて勝手に機能するものではなく，証券アナリストや公認会計士などさまざまなプロフェッションの支援によって成立するのである。米国企業改革法は，グローバル化する資本市場及びアカウンタントに対し，一国レベルでどのように規制を行うべきかに関して重要な手掛かりを提供するものである。

リーマン・ショック

　2008年に米国経済を直撃したのが，サブプライム・ローンの破綻とそれに伴うリーマン・ショックである。サブプライム・ローンとは，プライム・レートすなわち最優遇金利が適用されないハイ・リスクの住宅ローンのことである。サブプライム・ローン関連の金融商品に巨額の投資をし，資金が回収でき

なくなってしまった投資銀行の Lehman Brothers は，2008 年 8 月 15 日に連邦倒産法 11 章を申請して倒産する。負債総額は，米国史上最大の 6,000 億ドルとなり，前述の WorldCom の 10 倍を超えるものであった。

　Lehman Brothers が破綻した当日，ニューヨーク証券取引所はダウ平均株価指数が 50.48 ポイントもの下落を記録する。Lehman Brothers 破綻の影響は，すぐさま世界の資本市場に飛び火する。住宅ローンの破綻が Lehman Brothers の破綻を招き，さらに他の投資銀行や金融機関をも危機に陥れるに及んで，資本市場そのものがクラッシュして機能しなくなってしまったのが，リーマン・ショックである。一連の不正経理事件は株式市場に株価の下落をもたらしたのに対し，リーマン・ショックは債券市場問題であったにもかかわらず株式市場を含む金融市場全体の機能を麻痺させてしまうシステミック・リスクを発生させたところに，大きな違いが存在する。資本市場の国際統合が進む中，その影響は世界中に波及した。

　当時のジョージ・ブッシュ・ジュニア（George H. W. Bush）政権は，米国国民の持家政策を進め，低所得者層にも住宅ローンが組めるようにした。その際に提供されたのが，問題となったサブプライム・ローンであり，当初 2 年ないし 3 年間は低金利にして借りやすくするなどの工夫がこらされていた。サブプライム・ローンの利用者には，5 大湖周辺の伝統的な工業地帯における白人労働者や，西部の非白人移民などが多かった。一連の不正経理事件収束後の 2003 年以降の経済は住宅バブルともいえる状態にあり，住宅の市場価格は上昇し続けていた。それゆえ低所得者層が住宅ローンの返済ができなくなったとしても，住んでいる家を手放すことによって，住宅の担保価値によるローンの返済が可能であるとして，住宅金融専門会社は返す見込みの低い顧客にも積極的にサブプライム・ローンを貸し込んだのである。

　サブプライム・ローンの問題として，まず返済の見込みがない人々に積極的に融資したことがあげられる。リーマン・ショックは，2007 年 7 月に投資銀行の Bear Stearns 傘下のヘッジファンド（機関投資家や富裕層からの私募による閉鎖的な投資ファンド）が，サブプライム・ローンをベースとした金融商品への投資が焦げ付いて回収できなくなり破綻したことが発端となっている。その後 2008 年 3 月には，Bear Stearns そのものが破綻の危機に直面する。

そこでは米国中央銀行であるFRBの支援によって，商業銀行のJP Morgan Chaseに Bear Stearns が買収されることで救済される。その後，より巨艦の投資銀行である Lehman Brothers が破綻する。さらに投資銀行の Merrill Lynch がこれもサブプライム・ローンの影響により危機に直面するが，こちらは商業銀行の Bank of America に救済される。単なるローンの破綻が，それに関わる投資銀行を巻き込むことで資本市場全体に影響を及ぼしてしまったのが，リーマン・ショックだったのである。

　米国では，住宅を担保にしてローンを組むことは古くから行われ，住宅ローンの返済リスクはすべて当該ローンを提供した金融機関が負担した。債権が現物の住宅と直接リンクしている限り，その住宅に住む意思があるか，またはそれを賃貸にして貸し出すといった利用方法しか，ローン活用の選択肢はなかった。アイオワ州で組まれた30年の住宅ローンをニューヨークの投資家に金融商品として転売することは容易ではなかった。

　個別の住宅ローンであったサブプライム・ローンは，証券化の技法によってそのリスクが広く資本市場にばら撒かれる。住宅ローンを500件や1,000件集めてプールし，それを投資家が買いやすいように切り分けて新たな金融商品として販売するのである。これによってローンと担保の一対一の関係を切ることができ，住宅金融会社は自らリスクを負担する必要がなくなる。破綻リスクについても，数多くの物件を束ねることによって統計的な把握が可能になるという訳である。

　複数の債権を集めてバルク（束）にし，それを担保に発行される証券を，CDO（Collateralized Debt Obligation，債務担保証券）という。サブプライム・ローンも，同じようにCDOを組成することによって証券化された。CDOを投資家に販売するにあたって，一固まりとなった債権はリスクに応じて切り分けられ，それぞれに格付会社による格付が付与される。破綻のリスクが小さく高格付のCDOがシニア，中間のものがメザニン，ハイ・リスクで低格付のものがエクイティとよばれる。エクイティやメザニンなど，経営財務では頻繁に使用される名称が並んでいる。CDOのハイ・リスク部分にエクイティの名称を使用するのは，最終的に破綻のリスクを引き受ける残余請求権であることによる。ここでいうメザニンは，中間リスクの金融商品である。売り出される

CDO は，それぞれ格付に応じた価格付けがなされることになり，シニアの中でも特に高格付のスーパーシニア CDO が最も高価格で販売される。

　米国は，移民の流入により人口が増え続けている。それゆえ住宅需要も増え続け，住宅価格も上昇し続けると考えられていた。まさに 1980 年代後半の日本の不動産バブルと同じである。けれどもはじけないバブルはなく，米国の住宅価格上昇率も 2006 年には鈍化する。そもそもサブプライム・ローンは，ハイ・リスクのローンである。返済能力の低い所得階層の顧客に貸し付けた住宅ローンの多くは返済されず，エクイティからシニアまで多くの CDO が破綻する。しかも，住宅バブルの破綻によって住宅価格が下落し，担保割れが生じたのも，日本のバブルと同じであった。

　リーマン・ショックでは，さらに公認会計士の不正も発覚した。2010 年 12 月 21 日に，ニューヨーク州政府のマリオ・クオモ（Mario Cuomo）司法長官が，Lehman Brothers の会計監査を担当していた Ernst & Young を不正経理に加担したとして民事訴訟に訴える。ニューヨーク州として，Ernst & Young に 1 億 5,000 万ドル（約 126 億円）の支払いを要求したのである。訴えによれば，Lehman Brothers は，国際的な短期借入取引を売上として計上し，貸借対照表上の負債ではなく損益計算書上の収益として会計処理していた。この会計操作によって同社の株主資本比率は見かけ上上昇し，同社の抱えるリスクは低下する。これは WorldCom の不正経理事件と同様のものであり，ここでも公認会計士が機能しなかった。

金融規制改革法

　リーマン・ショックによって発生したシステミック・リスクに対処するために，米国では 2010 年 7 月 21 日，バラック・オバマ（Barack H. Obama）大統領の署名により，金融規制改革法（Dodd-Frank Wall Street Reform and Consumer Protection Act）が成立した。この法律は，法案提出者の名をとってドッド・フランク法ともよばれ，リーマン・ショックによる世界的金融危機を踏まえて，金融活動に対する規制を強化したものである。預金を取り扱う金融機関がヘッジファンドなどのハイ・リスクの投資を自己勘定で行うことを大幅に規制するとともに，銀行はデリバティブを取り扱う部門を子会社化し本体

から切り離さなければならなくした。さらに金融商品を格付する格付会社についても，監視を強化している。金融規制改革法は，金融商品の募集書類（目論見書）に記載が義務付けられる格付について，格付会社は法的責任を負うよう求めている。メーカーの製造物責任と同じ考えである。

　金融規制改革法によって，新たな監視機関も設立される。金融安定監視委員会（Financial Stability Oversight Council, FSOC）は，金融システム全体に関するリスクを監視する。また各国中央銀行に相当する連邦準備委員会（FRB）内部には，金融消費者保護局（Consumer Financial Protection Bureau, CFPB）が新設され，住宅ローンなどに対する規制権限が与えられる。これらの新設部局によって，システミック・リスクの低減が図られている。

　金融規制改革法は，企業改革法の精神を引き継ぎ，コーポレート・ガバナンスの強化も目指している。例えば，委員会設置会社における報酬委員会についてその独立性を高めるとともに，役員報酬の開示を拡充している。資本市場と企業の両サイドでガバナンス機能を高めようという訳である。リーマン・ショック直後にいくつかの投資銀行を公的資金によって救済したとき，経営陣が莫大な報酬を得ていたことが明らかになり，国民の批判が強くなったこともあげられる。ちなみに日本の金融庁も，2010年3月決算から役員報酬の開示を求めている。ただしそこには，1億円以上の報酬を受け取った者という限定が付けられている。

　さらに資本市場の制御は，世界的なレベルでも強化される。リーマン・ショックを受けてIOSCOは，世界的なヘッジファンド規制を強化する。具体的には，ヘッジファンドの登録義務や情報開示などである。ヘッジファンドは，本来リスク・ヘッジを目的とした投資ファンドで，特定の機関投資家や富裕層といった限られた顧客から私募によって資金を調達していたため，証券会社や投資銀行のような公的規制が十分に行われてこなかった。ところが，ヘッジファンドが高いリターンを上げられるのは，高いリスクをとっているからである。そのようなハイリスク・ハイリターンの投資に特化したヘッジファンドはシステミック・リスクを誘発してしまうので，世界的な規制強化が必要だという訳である。

　資本市場で取引される株式や債券などの金融商品は，潜在的にはすべての投

資家に売買可能なものである。不特定多数の投資家が参加すると，時に特定の方向に取引が過度に集中してしまう。それがバブルを生むのであるが，市場価格がファンダメンタルズからかい離しないようにするためには，換言すれば投資家を近視眼的に熱狂させないためには，ファイナンシャル・ゲートキーパーによる冷静な市場情報の提供が不可欠になる。本節で見てきたバブルの事例では，そうしたファイナンシャル・ゲートキーパーが期待された機能を十分に果たしていなかった。そうした場合には，政府が最後のファイナンシャル・ゲートキーパーとして登場するしかない。

第4章の参考文献

アメリカ公認会計士協会『会計士行動規定』飯塚毅監訳，TKC 出版，1995 年。

AAA『基礎的会計理論』飯野利夫訳，国元書房，1969 年。

AAA『会計理論及び理論承認』染谷恭次郎訳，国元書房，1980 年。

SEC『SEC「会計連続通牒」(1) ～ (4)』鳥羽至英他編，中央経済社，1998 ～ 2004 年。

FASB『FASB 財務会計の概念フレームワーク』津守常弘監訳，中央経済社，1997 年。

FASB『現在価値―キャッシュフローを用いた会計測定―』企業財務制度研究会訳，中央経済社，1999 年。

FASB『財務会計の概念および基準のフレームワーク』企業財務制度研究会訳，中央経済社，2001 年。

FASB『FASB 財務会計の諸概念（増補版）』平松一夫・広瀬義州訳，中央経済社，2002 年。

加藤盛弘・鵜飼哲夫・百合野正博『会計原則の展開』森山書店，1981 年。

T・H・サンダース，H・R・ハットフィールド，U・ムーア『SHM 会計原則』山本繁他訳，同文舘，1979 年。

ハワード・シリット，ジェレミー・パーラー『会計不正はこう見抜け』熊倉恵子訳，日経 BP 社，2015 年。

杉本徳栄『アメリカ SEC の会計政策―高品質で国際的な会計基準の構築に向けて―』中央経済社，2009 年。

長谷川茂男『米国財務会計基準の実務（第 10 版）』中央経済社，2018 年。

W・H・ビーバー『財務報告革命』伊藤邦雄訳，白桃書房，1986 年。

PwC あらた有限責任監査法人編『最新アメリカの会計原則（第 2 版）』東洋経済新報社，2017 年。

淵田康之，ロバート・ライタン編『ファイナンシャル・ゲートキーパー』東洋経済新報社，2006 年。

W・A・ペイトン，A・C・リトルトン『会社会計基準序説（改訳版）』中嶋省吾訳，森山書店，1958 年。

チャールズ・W・マルフォード，ユージーン・E・コミスキー『投資家のための粉飾決算入門』喜久田悠実訳，パンローリング，2004 年。

ポール・B・W・ミラー，ポール・R・バーンソン，ロドニー・J・レディング『The FASB 財務会計基準審議会―その政治的メカニズム（新版）』高橋治彦訳，同文舘，2017 年。

G・O・メイ『財務会計―経験の蒸留』木村重義訳，同文舘，1970 年。

山本昌弘，東洋経済新報社財務・企業評価チーム編『実証会計学で考える企業価値と株価―本当にいい会社の見分け方―』東洋経済新報社，2009 年。

W・L・ワッツ，J・L・ジンマーマン『実証理論としての会計学』須田一幸訳，白桃書房，1991 年。

第5章

比較会計制度分析

第5章のテーマ

　第5章では，先進国の会計制度について比較分析を行う。まず第12講において英国の会計制度について，その成立過程を歴史的に把握し，特徴を理解する。英国は，産業革命発祥の地であり，資本主義を生み出した国である。会計制度が市場経済にとっていかに重要なインフラストラクチャーであるか理解することが，重要なテーマである。さらに証券取引所や会計士制度も，市場経済には不可欠である。

　第13講では，ドイツの会計制度を取り上げる。ドイツは，法制度と経営経済理論の両面で，バブル経済崩壊までの日本の会計に大きな影響を及ぼしてきた。日本の会計制度が何故ドイツを模範としてきたのかを理解することが，本講の大きなテーマとなる。そのドイツはすでに IFRS への対応を完了している。その意味では，IFRS への対応の仕方については，依然として有効な示唆が得られるはずである。

　そして第14講において，米国や英国に代表される英米型の会計制度とドイツに代表される大陸型の会計制度について比較分析を行う。本章における基本的なスタンスは，各国の会計制度を，書かれた会計基準の解釈のみによって理解するのではなく，それを支えるさまざまな制度や理論，価値観に照らして，幅広いコンテクストにおいて理解しようとするものである。

第12講　英国の会計制度

株式会社と会計制度

　英国の会計制度が歴史的にどのように発展してきたかを見てみると，近代
会計制度の対象となるのは株式会社の会計であり，英国における株式会社
は，1600年に勅許会社として設立された東インド会社（the Governor and
Company of Merchants of London trading into the East India, East India
Company）を，その始まりとする。英国では，会社はcompanyとよばれる
が，この東インド会社の正式名称から明らかなように，companyという用語
は，そもそも仲間を意味するものであった。また，国王の許可すなわち勅許を
得ないと会社を設立することが出来なかったことも，この時代の特徴であっ
た。英国の会計は，これを制度的に見るならば，株式会社制度とともに発展し
てきたのである。ロンドンにおける株式売買は，現在の世界的金融街であるシ
ティで開始された。シティとはシティ・オブ・ロンドンの略称で，ロンドンと
いう地名の発祥地である。この地にある2つのコーヒーハウスで株式の売買が
行われ，1801年に正式のロンドン証券取引所へと発展していった。

　その後，株式会社の設立が勅許主義から準則主義へと改められたのが，1844
年会社登記法（the Joint Stock Companies Act, 1844）においてである。この
法律によって自然人と比較すべき法人格が認定され，近代的な会社概念が確立
したといわれている。準則主義とは，一定の基準を満たしていれば誰でも会
社を設立することが出来るというものである。このとき同時に，公示の原則に
よって，登記された会社の定款や，貸借対照表，監査報告書などについての公
開が規定されている。これによって，会計監査が強制されるとともに，株式
譲渡自由の原則が法的に確立された。ちなみに，ロンドンに証券取引所が正式
に設立されたのは，1801年であるが，すでに17世紀において，証券取引は始
められている。英国では，法律よりも実務が先行していることがわかる。なお
1844年会社登記法では，損益計算書は要求されず，貸借対照表についても具
体的な会計処理に関する規定は行われていないが，その作成は「真実かつ正確

な概観（true and correct view）」に基づくものでなければならないとしている。この真実かつ正確な概観とは，広く定着している慣行に根ざした会計士の見解のことである。つまり実際の会計処理については，専門家の判断を尊重するというものである。さらにこの法律によって，監査のために職業会計士を雇うことが認められている。

そして1855年の有限責任法（Limited Liability Act）によって，株主である社員の有限責任が認められた。英国において，近代株式会社制度の基礎が完成されたのは，1862年の会社法（the Companies Act, 1862）であるといわれている。この時期の英国は，産業革命を推進し，「世界の工場」として圧倒的な工業生産を誇るとともに，世界各地に植民地を広げている。とりわけ活躍したのが，海運業，鉄鋼業，綿業，金融業である。19世紀の後半は，世界史的に見て英国政治経済の絶頂期であった。この時期には，国際金融・資本市場としてロンドンが興隆するとともに，産業資本を支えるための株式取引所がマンチェスターやグラスゴーなどの産業革命都市で展開されている。そうした証券取引所は，財務諸表を情報源として重視した。ここに，株式会社の発行する株式が市場で取引され，そのための重要な情報として会計が利用されるという経済システムが確立される。ちなみに1862年会社法では，右側に資産，左側に負債及び資本という，英国式の貸借対照表の様式が示されている。この様式は，採用を強制するものではなかったが，当時一般的に行われていた実務を法律が追認したものである。

英国における財務開示制度は，1908年会社法が年次貸借対照表の届出を義務付けてから，本格的に発展し始める。ただし1908年会社法は，詳細な会計規定を有してはおらず，具体的な実務については会計慣行によるとしている。会社法が会計慣行を尊重するという伝統は，今日に至っても見られるものである。続く1929年会社法は，貸借対照表及び損益計算書を作成し，株主総会へ提出することを義務付けている。この段階ではじめて，貸借対照表の記載項目についての形式規定がなされた。

その後第二次世界大戦後の1948年に，抜本的な会社法改正が行われている。この1948年会社法は，損益計算書の記載項目についても規定し，損益計算書を貸借対照表と同等の地位に位置付けた。そして真実かつ正確な概観

は，次項で触れる会計基準を前提とした「真実かつ公正な概観（true and fair view)」へと発展させられている。

英国の会計基準

(a)　税務・財務関係委員会

英国において，明文化された具体的な会計基準が公表されたのは，1942年のことである。イングランド・ウェールズ勅許会計士協会（the Institute of Chartered Accountants in England and Wales, ICAEW）が内部に税務・財務関係委員会（Taxation and Financial Relations Committee, TFRC, 後に税務調査委員会（Taxation and Research Committee, TRC）に名称変更）を設置し，1942年12月から1969年11月にかけて29の会計原則勧告書（Recommendations on Accounting Principles, RAP）を公表する。ちなみに，それ以前には会計基準は存在せず，会計慣行に基づいて実務が行われていた。会計原則勧告書は，会計処理に対し詳細な規定をもたない会社法を埋め合わせる機能を果たすものであった。この勧告書は，民間団体による最初の会計のガイドラインであったが，強制力をもたなかった。しかも，スコットランドやアイルランドを含まない英国の地域的な会計士協会によって作成されたという限界も存在した。それゆえ企業によっては，基準からの離脱も見られたのである。

(b)　会計基準委員会

そこで1970年には，英国に6つ存在する会計士勅許団体すべてが協力することにより，全国規模の会計士団体合同諮問委員会（Consultative Committee of Accountancy Bodies, CCAB）が設立される。この委員会に参加している団体は，上述のイングランド・ウェールズ勅許会計士協会以外に，勅許公認会計士協会（the Association of Chartered Certified Accountants, ACCA），管理会計士勅許協会（the Chartered Institute of Management Accountants, CIMA），スコットランド勅許会計士協会（the Institute of Chartered Accountants of Scotland, ICAS），財政・公共会計勅許協会（the Chartered Institute of Public Finance and Accountancy, CIPFA），アイルランド勅許会

計士協会 (the Institute of Chartered Accountants in Ireland, ICAI) である。

　会計士団体合同諮問委員会は，下部組織として会計基準委員会 (Accounting Standards Committee, ASC) を擁し，この会計基準委員会が実際に会計基準を作成した。会計基準委員会は会計基準を提案し，会計士団体行動諮問委員会がこれを承認し，公表したのである。公表された会計基準は，会計実務基準書 (Statements of Standard Accounting Practice, SSAP) とよばれている。この会計実務基準書は，IFRSと同様，会計のテーマごとに設定され，それぞれの基準書には，タイトルと番号が振られている。会計基準委員会は，会計実務基準書を第1号「関連会社の会計 (Accounting for Associated Companies)」から第25号「セグメント別報告 (Segmental Reporting)」まで作成した。

　会計基準委員会による会計基準設定の意義は，政府部門から独立した民間部門によって会計基準設定が行われたということにある。英国では，はじめに実務や慣習があり，それを抽出 (squeeze) する形で会計基準が作成される。そしてそれが法律によって承認されるという帰納的な体制になっている。それゆえ実務に関わる専門家としての会計士の知識と経験が，極めて重要になる。英国の会計制度の1つの特徴は，プロとしての会計士の自主規制にあるといえる。その中でもイングランド・ウェールズ勅許会計士協会が，強い力を発揮している。ただし，そのような自主規制には，限界も存在した。会計基準の設定に時間と労力がかかること，にもかかわらず強制力がないことなどであった。

(c)　会計基準審議会

　1990年になって，財務報告評議会 (Financial Reporting Council, FRC) へと体制が改められた。この財務報告評議会は，会計士団体合同諮問委員会をさらに拡大したものであり，通商産業大臣とイングランド銀行 (中央銀行) 総裁が共同で任命する会長と，会計士団体合同諮問委員会が任命する職業会計士の委員9名，大学，企業，証券取引所，国際会計基準委員会 (現国際会計基準審議会)，産業界，労働界など各界を代表する委員9名，政府委員1名の計20名が参加している。この変革は，1985年及び1989年における会社法の改正と併行するものであり，これにより政府と会計基準設定団体との関係が深まることになった。

　この組織変革によって，実際の会計基準設定団体も，会計基準委員会から会計基準審議会（Accounting Standards Board, ASB）へと改められている。会計基準審議会は，上限10名の委員と多くの専任スタッフを抱える組織になっている。その最大の変更点は，会計基準審議会は，独自の権限で会計基準を確定し公表することが可能になったことである。会計基準審議会が作成する会計基準は，財務報告基準（Financial Reporting Standards, FRS）とよばれる。財務報告基準は，第30号「文化歴史的遺産（Heritage Assets）」まで公表されている。会計基準委員会から会計基準審議会へと組織変更するにあたっては，米国の財務会計基準審議会（FASB）を名実ともに模範としている。

　さらに会計基準審議会は，概念フレームワークについても設定している。財務報告原則書（Statement of Principles for Financial Reporting）とよばれるもので，IFRSの旧概念フレームワークに明確に依拠して1991年から順次公開草案として開示され，最終的に1999年12月に全8章からなる『財務報告原則書』として承認されるに至っている。その内容は，測定方法に取得原価と時価の両方を認めていること，資産・負債アプローチを採用していることなど，IFRSの旧概念フレームワークと完全に整合的なものとなった。

　財務報告評議会による体制は，全体にその権限が拡大され，前身の会計士団体合同諮問委員会体制の限界を克服するものとなっている。例えば，財務報告評議会の下部組織には，財務報告違反審査会（Financial Reporting Review Panel, FRRP）が設立されている。財務報告違反審査会は，会計基準から重大な離脱をしている企業をチェックし，必要があれば裁判所に訴えて訂正を求めるものである。財務報告評議会の体制では，会計基準審議会や財務報告違反審査会に法的権限が与えられた。

　英国の会計基準設定団体は，政府や会社法との関連を時代とともに深めてきたようであるが，その一方で，民間団体である国際会計基準審議会及びその前身である国際会計基準委員会とも密接な連携をとってきた。国際会計基準委員会（及び同審議会）は，財務報告評議会の参加機関であり，すでに前身の会計基準委員会に対する助言委員会（Consultative Group of ASC）の段階から英国の会計基準設定に関わっている。英国において，国内基準とIFRSとの整合性が重視されていることが理解される。

　なお，1973年に設立された国際会計基準委員会（IASC）は，その名称を英国の会計基準委員会（ASC）にちなんでいること，英国の会計基準審議会（ASB）が米国の財務会計基準審議会（FASB）をモデルに組織変更を行ったこと，さらには国際会計基準審議会（IASB）の組織及びそれが作成する国際財務報告基準（IFRS）ともに英国の会計基準審議会（ASB）及び財務報告基準（FRS）に国際（International）という修飾語を付けたものであること，などが英国の会計史から明らかになる。

　英国の財務報告基準については，以下の諸基準はIFRSをそのまま採用した。

FRS20（IFRS2）「株式に基づく報酬」
FRS21（IAS10）「後発事象」
FRS22（IAS23）「1株当たり利益」
FRS23（IAS21）「外国為替レート変動の影響」
FRS24（IAS29）「超インフレ経済下における財務報告」
FRS25（IAS32）「金融商品：表示」
FRS26（IAS39）「金融商品：認識及び測定」
FRS29（IFRS7）「金融商品：開示」

真実かつ公正な概観

　英国の会計制度の最大の特徴は，慣習法（common law）的思考が定着していることであろう。英国では，条文化された成文法や明文化された会計基準は守るべき最低限のルールにすぎないと考えられている。歴史とともに会社法の規定はより具体的なものになってきているが，依然として法律の規定は不完全なものであり，実務において採用されてきた慣習が重要視されている。それは，法律は実務を追認するものにすぎないとする考え方である。英国で広く見られる帰納主義の立場である。

　社会において慣習法を重視するということは，政府は，会計実務に関して細かい介入を行わないということを意味している。その典型は，真実かつ公正な概観という概念に見ることが出来る。英国の会社法は，第226条5項において，以下のように規定している。

　特別の状況において関連規定への準拠が真実かつ公正な概観の要請と一致しない場合には，取締役は真実かつ公正な概観を提供するに必要な範囲で当該規定から離脱しなければならない。離脱が行われた場合には，その理由及び影響が計算書類に対する注記において示されなければならない。

　この規定は離脱規定とよばれ，会計専門家の経験や知識を重視し，法の規定が硬直的な場合には，むしろ専門家の意見を重視するというものである。これが，明文化された法の規定よりも，慣習化された実務に根ざした専門家の判断を重視するという英国の会計制度である。まさに，慣習法的思考の表われである。

　そして，英国において会社法が真実かつ公正な概観と認める基準となっているものが，上述の会計士によって設定される会計基準である。それには，財務報告基準と，財務報告基準によって代替されていない会計実務基準書が該当する。

近年における展開

　英国では，2012 年に大規模な組織改正が実施される。会計基準設定権限が会計基準審議会から上部の統括組織である財務報告協議会に移管されたのである。これは，IFRS の活用を前提に，国内の会計基準設定のための実働部隊を縮小したものである。同時に財務報告違反審査会も財務報告協議会の監視委員会に移管されている。

　財務報告協議会は，FRS100「財務報告規定の適用（Application of Financial Reporting Requirements）」及び FRS101「開示減免フレームワーク（Reduced Disclosure Framework）」を 2012 年 11 月 22 日に公表し，2015 年までに IFRS の全面採用か，FRS102「英国及びアイルランド共和国で適用される財務報告基準（The Financial Reporting Standard Applicable in the UK and Republic of Ireland）」を選択するように求めたのである。新会計基準適用にあたっては，2015 年に FRS100，FRS101，FRS102 が再度改訂されている。

　英国では上場大企業は IFRS を採用する。それゆえ国内の非上場中小企

業に対し IFRS を採用するか FRS102 を採用するかを求めたのである。なお
FRS101 は，非上場中小企業や外国企業の現地子会社において IFRS を採用す
る際の減免措置を規定したものである。そこでは，キャッシュ・フロー計算書
の作成や時価評価などが減免されている。

　FRS102 は，2013 年 3 月 12 日に公表されたもので，中小企業向け IFRS
(IFRS for SMEs) をベースに英国用に減免措置を規定したものである。その
意味では，IFRS と統合された国内中小企業向け会計基準であるといえる。
その後 2014 年 3 月に FRS103「保険契約 (Insurance Contracts)」，2015 年
3 月に FRS104「期中財務報告 (Interim Financial Reporting)」，2015 年 7 月
に FRS105「零細企業に適用される財務報告基準 (the Financial Reporting
Standard Applicable to the Micro-Entities Regime)」が追加で公表されてい
る。

複雑な英国の会計団体

　英国は，階級社会であるといわれる。そのような階級構造は，会計士が属す
る会計士団体にも見ることが出来る。会計士社会の上層部を形成するのは，
勅許団体である。英国では，格式の高い団体には，国王による Royal Charter
(勅許) が与えられる。現在，6 つの会計士団体に勅許が与えられている。そ
して 6 勅許団体の頂点に君臨するのが，イングランド・ウェールズ勅許会計士
協会である。規模的には，イングランド協会が最大であるが，組織としてはス
コットランド協会が最も古い。これらの会計士協会は，19 世紀の産業革命真っ
只中で結成されていることが理解される。

　The Institute of Chartered Accountants in England and Wales (ICAEW)
　　　1880 (1870) 年設立，130,000 人
　The Association of Chartered Certified Accountants (ACCA)　1939
　　　(1891) 年設立，120,000 人
　The Institute of Chartered Accountants of Scotland (ICAS)　1951 年
　　　(1854) 年設立，20,000 人
　The Institute of Chartered Accountants in Ireland (ICAI)　1888 年設立，

　25,000 人

The Chartered Institute of Management Accountants（CIMA）　1919 年設
　立, 100,000 人

The Chartered Institute of Public Finance and Accountancy（CIPFA）
　1885 年設立, 14,000 人

　英国では，さらにそれ以外にも多くの会計団体が存在し，歴史的に離合集散
を繰り返している。インターネットにホームページをもっている英国の会計団
体で確認出来たものとしては，以下の諸団体があげられる。

The Association of Accounting Technicians（AAT）

The Association of Financial Controllers and Administrators（AFCA）

The Association of International Accountants（AIA）

The Association of Taxation Technicians（ATT）

The Chartered Institute of Internal Auditors（IIA）

The Chartered Institute of Taxation（CIOT）

The Institute of Certified Book-keepers（ICB）

The Institute of Cost and Executive Accountants（ICEA）

The Institute of Financial Accountants（IFA）

　会計士団体は，歴史的にギルドすなわち同業者組合として生成発展してき
た。英国社会では，そのような同業者組合は，さまざまなプロフェッション
（専門職）において見ることが出来る。専門家が専門家として職務を遂行して
いくためには，自ら団体を組織し，入会するための資格要件を整え，必要な教
育や試験を行うとともに，会員相互の情報交換を続けていくことが不可欠であ
るからである。このシステムによってはじめて，高い専門性が維持されるので
ある。そのような専門家団体は，政府や法律とは別に，自らの責任において運
営される。これが，自主規制の原点である。それゆえ，地域ごとあるいは職種
ごとに，さまざまな団体が自主的に組織されることになる。会計を理念的に捉
えると，専門的な判断を要する会計政策と反復技術的な簿記の 2 層に区分され

るが，それに応じるようにイングランド・ウェールズ勅許会計士協会のような
高度な会計政策に関わる団体から，簿記を仕事とする人々の団体まで，さまざ
まなレベルの会計団体が英国には存在する。

　専門家としての会計士の最も重要な役割は，会計監査である。英国では，会
計監査を行うためには，イングランド・ウェールズ勅許会計士協会，勅許公
認会計士協会，スコットランド勅許会計士協会，アイルランド勅許会計士協
会のうちのどれかの勅許団体に所属し，資格を有する職業会計士でなければ
ならない。これらの勅許会計士（CA）は，さらに地方自治体の監査にも，積
極的に携わっている。地方自治体など非営利組織の監査は，VFM（value for
money）監査とよばれている。納税者が支払った税金に対し，それに見合うだ
けの価値あるサービスが効率的に提供されているかどうかを監査するものであ
る。他人から資金を集めて活動を行うときには，それが私企業であれ公的組織
であれ，その結果を第三者によって監査してもらい，開示するという考え方が
英国に定着している。

　英国の会計士は，さらに通常の企業会計や監査以外の領域でも広く活躍して
いる。例えば，貴族など資産家の財産管理や，破綻した会社を管理し残余財産
を効率的に分配する破産管理なども，会計士の重要な仕事である。もちろん，
税務や経営コンサルティング，M&A，コンピューター技術といった業務にも
携わっている。米国を中心に世界的に活躍する巨大会計事務所も，そのほとん
どが英国から発祥したものである。

　英国の会計士制度として注目すべきは，管理会計士勅許協会であろう。この
会計士団体は，6つの勅許団体の1つとして会計基準設定に参加しているが，
そもそもは外部監査とは関係がなく，企業の管理会計，内部会計を対象として
いる。もともとは，1919年3月に原価会計士協会（the Institute of Cost and
Works Accountants, ICWA）として設立され，原価・管理会計士協会（the
Institute of Cost and Management Accountants, ICMA）を経て現在の名称に
なったものである。この協会の主要な会員は，企業それも工場の現場などで原
価計算に携わるアカウンタントである。英国の管理会計は，産業革命にともな
う工場会計（factory accounts）をベースに発展したもので，勅許管理会計士
（Chartered Management Accountant, CMA）は，管理会計の専門家として生

産管理やコンピューター技術において今日重要な役割を果たしている。ちなみに米国には，すでに第2章で見たように，これに相当する組織として管理会計士協会（the Institute of Management Accountants, IMA）が，その資格として公認管理会計士（Certified Management Accountant, CMA）が，存在する。

　そもそも英国では，アカウンタントの概念が極めて広い。日本では会計学ではなく財政学に属するような，政府や地方自治体で予算や決算に携わる人々も自らをアカウンタントであると認識している。そうした人々が所属しているのが，財政・公共会計勅許協会である。要するに，組織の活動を貨幣的に評価する行為に関連するすべての領域が会計なのである。公務員であるか，私企業の経理担当であるか，独立開業しているか，あるいは大学で研究しているかを問わず，彼らはすべて自らをアカウンタントであると認識している。ちなみに英国には，英国会計学会（British Accounting Association, BAA）が結成されている。

コースの機会費用理論

　英国における時価会計理論として注目すべきものに，ロナルド・コース（Ronald H. Coase）の機会費用理論があげられる。コースは，財産権の経済学（コースの定理）や取引費用の経済学の創始者として1991年にノーベル経済学賞を受賞している。その彼が，1930年代後半に機会費用に関する一連の論文を執筆している。そこでの主張は，会計学において意思決定に有用な情報は伝統的な会計学における取引時の取得原価ではなく，経済学的な機会費用（opportunity cost）だということである。すなわち会計上の評価は，その取引に要した実際の支出額ではなく，その取引を行うことによって諦めざるを得なくなった選択肢の中の最も高い価値によって行われるべきだというのである。1930年代の会計学といえば，実際の取引が行われた時の価額を記録する取得原価会計であった。これに対し機会費用は，究極の時価会計である。コースのこの主張は，彼の活動の場が英国のロンドン大学から米国のシカゴ大学へ，会計学から経済学へと移った後も一貫している。

　時価のうち割引現在価値は，将来キャッシュ・フローを資本コストで割り引いたものである。貸借対照表上の各資産の割引現在価値については，IFRSで

は使用価値（value in use）とよばれている。使用とともに，その資産価値が減少するからである。使用価値の考え方は，取得原価から減価償却を行った帳簿上の価値に代えて決算ごとに資産の割引現在価値を再計算するもので，それは制度会計の枠内で機会費用概念を導入したものだというのが，コースの考えである。この使用価値の概念は，近年世界的に制度化が進む事業用固定資産の減損会計の基礎となるもので（例えば IAS36「資産の減損」），減損会計基準の理論化にはコースの機会費用理論が基礎にあったことがわかる。

　このように，英国や米国など英米型会計制度を採用している諸国では，会計学は投資家のためのすなわち市場科学として成立してきた。それゆえ理論的には，法律学ではなく，経済学や財務理論と密接な関係を維持している。IFRSはまさにそのようなコンテクストで設定され，採用されているのである。

第 13 講　ドイツの会計制度

ドイツ会計制度発達史

　日本は，明治維新以降近代化の過程において，ドイツからさまざまな分野で理論や制度を学び，取り入れてきた。とりわけドイツの影響を強く受けたのが，法律制度である。日本は，近代化のモデルを当時のドイツ帝国とし，これもドイツの大学に倣って設立された帝国大学において，憲法をはじめとするドイツの法体系を積極的に摂取していった。ドイツでは，会計学と経営学が一体となって，経営経済学（Betriebswirtschaftslehre, business economics）が成立している。高度経済成長の頃までの日本の大学では，会計や経営の研究を行うことは，ドイツの経営経済理論を研究することを意味した時代があった。

　ドイツにおける近代的な会計制度は，古くは 1794 年に，ドイツ帝国統一の前身であるプロイセン王国において制定されたプロイセン普通国法における商事会社に関する法律規定に見ることが出来る。そこでは，財産目録の作成や，原則となる取得原価評価や必要な評価減などにかかわる評価方法について，明文規定が行われている。その後 1843 年におけるプロイセン株式会社法は，貸借対照表（Bilanz）についての規定を行っている。

　そして1861年の普通ドイツ商法典は，損益計算書（Gewinn- und Verlustrechnung）による配当利益の計算方法や，会計監査の方法などについて規定している。そこでは，任意機関である監査役会によって会計監査が行われるべきであるとされている。また財産目録や貸借対照表を作成する際には，財産はしかるべき価値によって評価するものとされている。すなわち時価評価である。この時価評価規定は，1884年に取得原価評価が明確に規定されるまで存続することになる。ちなみにドイツにおいて準則主義が採用されたのが，1870年のことである。

　そして，1897年のドイツ商法典において，ドイツ会計の鍵概念ともいえる「正規の簿記の諸原則（Grundsätze ordnungsmäßiger Buchführung, GoB）」という用語が導入されている。1931年の商法典では，貸借対照表及び損益計算書の項目区分について詳細な規定がなされるとともに，財務諸表の強制監査が導入されている。その後1937年と，西ドイツとなってからの1965年に，大幅な商法改正が行われている。このように，ドイツの会計制度は，商法の条文規定として発展してきたことがわかる。ドイツにおいて近代的な会計制度が確立された19世紀は，プロイセン主導でドイツの統一がなされていく時期であり，日本は近代化の過程において，まさにその時期のドイツの商法及び会計制度の影響を強く受けている。

　現代のドイツの会計制度は，1985年に財務諸表指令法（Bilanzrichtlinien-Gesetz）が公布され，それとともに商法典（Handelsgesetzbuch, HGB），株式法（Aktiengesetz, AktG），有限会社法（Gesetz betreffend die Gesellschaften mit beschräkter Haftung, GmbHG），開示法（Publizitätgesetz, PublG）など，会計に関連する諸法律が全面改正されて成立したものである。その後，1990年10月3日には，東西両ドイツが統合され，統一ドイツとなったが，旧西ドイツの会計制度がそのまま引き継がれている。

　ちなみにドイツ商法典においては，第3編「商業帳簿（Handelsbücher）」に会計処理に関する明文規定が設けられている。その内容は，以下のようになっている。

　第1章「すべての商人についての規定」（第238条〜第263条）

第2章「資本会社についての補充規定」（第264条～第335条）

第3章「登記済協同組合についての補充規定」（第336条～第339条）

第4章「信用機関についての補充規定」（第340条～第342条）

　第3編第1章は，すべての商人について適用される帳簿記録及び財務諸表に関する一般的な規定である。また第2章でいう資本会社とは，株式会社，株式合資会社，有限会社のことで，コンツェルン会計（連結会計）や会計監査に関する規定もそこに含まれている。

　ドイツは，成文法の国であり，法律における条文規定が重要視される。会計にとって，極めて重要なのが，商法典である。ドイツでは，財務諸表項目に対する具体的な評価規定が商法に存在し，ドイツの会計制度は商法とともに発展してきたといっても，過言ではない。さらに，株式会社に関する追加の会計規定が，株式法において，有限会社に対する追加の会計規定が，有限会社法において，それぞれ明文化されている。そして開示法は，個人企業，合名会社，合資会社などの人的企業のうち一定の大企業に対し，大規模資本会社と同じように情報開示を行うことを要請している。このように，ドイツの会計制度の特徴は，法律によって会計基準が規定されてきたことである。それは，制度会計が法会計として行われてきたということでもある。

正規の簿記の諸原則と基準性の原則

　会計に対して具体的な規定を行っているドイツの商法は，その第252条1項において，以下の6つの原則をあげている。

(1)　貸借対照表同一性の原則

(2)　継続企業の原則

(3)　個別評価の原則

(4)　保守主義の原則

(5)　費用収益期間限定の原則

(6)　評価継続性の原則

　ここで貸借対照表同一性の原則とは，当期の期首貸借対照表と前期の期末貸借対照表における計上価額が同一でなければならないとするものである。継続企業の原則は，会計上企業活動の継続性を仮定する。個別評価の原則とは，資産及び負債は決算日に項目ごとに個別に評価しなければならないとするものである。保守主義の原則は，未実現損失は計上し未実現利益は計上しないことを規定する。費用収益期間限定の原則は，当期の費用収益はその収支時点にかかわらず当期の損益計算書に計上されるべきであるとするものである。評価継続性の原則は，前期の決算財務諸表において適用された評価方法は継続されなければならないとする。そして，これらの原則に基づいて具体的な会計処理規定が展開され，それらの規定に則って財務諸表が作成されるのである。

　ただし，会計が法律に則って行われるとしても，会計に関するすべての規定を明文化することは不可能である。そこで導入されるのが正規の簿記の諸原則という概念である。正規の簿記の諸原則は，「不確定の法概念」であり，実務上必要でありながら法律による規定のない部分を埋め合わせるための概念である。その具体的な内容は，商法などに明文規定のない場合に，裁判所の判例や経営経済学上の理論的研究などに委ねられている。それゆえ，正規の簿記の諸原則は，会計はあくまでも法律に則って行われなければならないとする立場を貫くものであるといえる。法形式ではなく実務を重視する立場からすれば，会計上最も重要なものが，この正規の簿記の諸原則である。なお比較制度論的に見れば，日本でいう「公正なる会計慣行」や米国の「一般に認められた会計原則」，英国の「真実かつ公正な概観」などにある程度対応する概念だといえる。

　ちなみに商法は，債権者保護を目的としている法律である。それゆえ会計に関する規定も，債権者保護のために会社の資本を維持した上で，配当可能利益を算出することを目的としたものになっている。そのような商法の会計規定は，ドイツ企業の資本調達構造とも適合したものだといえる。英米の企業とは異なり，ドイツの企業は，直接金融よりも間接金融を重視してきた。これも，日本企業との類似点である。ドイツの企業は，資本市場よりも銀行との相対関係が強いため，ドイツでは証券取引所の規模も小さく，企業のディスクロージャーは必ずしも積極的なものではない。

　ドイツの会計制度のもう1つの特徴は，税法とも密接な関係があることであ

る。これについてドイツでは，基準性の原則（Maßgeblichkeitprinzip）が採用されている。この原則は，正式には，税務貸借対照表の商事貸借対照表に対する基準性の原則とよばれており，税務目的で作成される財務諸表は，財務報告目的で作成される財務会計上の財務諸表に依拠していなければならないというものである。つまり，税法上許容される会計処理を実施するためには，あらかじめ財務会計において同一の処理を行っておかなければならないのである。

　この基準性の原則は，そのまま理解すれば，税務会計は財務会計を基準にして行われるものだと解せられる。けれども現実には，逆基準性の原則となって機能しているといわれている。何故なら，財務会計上認められている会計処理があったとしても，税法が認めていなければ財務会計においても実施出来ないからである。さらに，税法は公法であり徴税はまさに国家権力の発動そのものであるのに対し，商法は私法であること，財務会計は私経済に属すること，などもその要因だろう。そうした結果，税法による会計の拘束が発生する。ドイツの会計制度は，商法によって詳細に規定されていることに加え，さらにそれを税法が拘束するのである。

　ドイツの会計制度は，第二次世界大戦までオランダやデンマーク，スウェーデン，フィンランドなどの周辺諸国に大きな影響を与えてきた。大陸法やそれに基づくドイツの会計制度は，日本にも強い影響を与えている。日本でも，納税申告書は決算財務諸表を前提とするという確定決算主義をとっており，税務会計と財務会計の同一処理を原則としている。この制度はドイツと同じものであり，日本でも逆基準性の原則が働いている。

IFRS とドイツ会計基準委員会

　ドイツは，1998 年 4 月に商法を改正するとともに，同時に資本調達促進法（Kapitalaufmeerleichterungsgesetz）及び企業領域統制・透明化法（Gesetz zur Kontrolle und Transparenz im Unternehmensbereich）を施行した。IAS 及び IFRS との国際統合を推進するために，国内の法制度を整備したのである。まず資本調達促進法によって，連結財務諸表はドイツ国内においても国際的に認められている会計基準に従って作成することが正式に承認された。その名称から明らかなように，この法律は上場企業に対し，国際資本市場で容易に

資金調達が出来るよう国内外において時価指向の IFRS もしくは米国財務会計基準によって連結財務諸表を作成することを認めたものである。なお税務目的にも使用される単独財務諸表については，採用する連結会計基準を問わず，ドイツの国内基準によることが定められている。

さらに企業領域統制・透明化法は，国際会計基準委員会から国際会計基準審議会への改組に対応するために，国内の会計基準を法律による規定ではなく，常設民営の会計基準設定団体による設定に変更するための法的基礎を与えるためのものであった。この法律によって，ドイツでは，同年にドイツ会計基準委員会（Deutsches Rechnungslegungs Standards Committee, DRSC）が設立されている。これ以降，ドイツの会計基準は，ドイツ会計基準委員会によってドイツ会計基準（Deutscher Rechnungslegungsstandard）という名称で順次作成されていくことになる。この会計基準設定団体は，その名称がドイツ語と英語が混合していることからもわかるように，ドイツの法制度の中で英米的な会計基準自主規制を目指したものである。ドイツ会計基準委員会は，その後同じ大陸型会計制度の国としての日本が同じ問題に対処し，企業会計基準委員会を設立する際のモデルとなる。

こうしてドイツは，20 世紀末に伝統的な大陸型会計制度の枠組から世界標準化された英米型の会計制度に適応すべく大きく舵を切ったのである。そのため 2000 年以降も関係諸法規の整備が進められている。そして 2005 年に，ドイツの上場企業に IFRS が強制適用されるのであるが，これに先立ちフランクフルト証券取引所などドイツ国内の資本市場では，IFRS 及び米国財務会計基準による株式上場が解禁されている。ドイツ国内では，米国の会計基準も受容されているのである。

ドイツでは，2005 年 1 月からの IFRS 強制適用に向けて法整備がなされた。2004 年 12 月に制定された会計改革法（Bilanzrechtsreformgesetz）がそれである。そこでは，IFRS を連結決算において強制適用したとしても，単独決算は，引き続きドイツ会計基準（DRS）で行うことが規定されている。ちなみに EU の上場企業は，IFRS で連結開示を行ったとしても，個別財務諸表を作成しなければならず，その会計基準は IFRS の成否を含め国によって異なっている。

　さらに 2009 年，企業会計基準近代化法（Bilanzrechtsmodernisierungsgese tz）によって，上場企業は，連結決算において IFRS を適用し個別決算においてドイツ会計基準を適用すること，非上場企業は，連結決算を IFRS かどうか会計基準の選択としつつ個別決算はドイツ会計基準とすることが規定された。その際に個別決算における IFRS 作成は任意であるもののそれによるドイツ会計基準作成の免除はないとされた。中小企業への中小企業向け IFRS（IFRS for SMEs）の適用は認められていない。また企業会計基準近代化法によって，財務会計と税務会計の関係性も切断された。このように，ドイツにおける会計基準はすべて法律によって規定されていることが理解される。

ドイツにおける経済監査士

　ドイツにおける会計専門職のうち，英国の勅許会計士（CA）や米国の公認会計士（CPA）に該当する資格が，経済監査士（Wirtschaftsprüfer）である。経済監査士の組織としては，1932 年に経済監査士協会（Institut der Wirtschaftsprüfer, IdW）が設立され，そして 1954 年に，社団法人ドイツ経済監査士協会（Institut der Wirtschaftsprüfer in Deutschland e.V., IdW）となり，現在に至っている。会員数は，約 14,000 人であり，英米の同等の資格保持者と比べると，はるかに少ない。その理由には，ドイツでは株式会社，とりわけ上場企業がそれほど多くないことがあげられる。また名称にも，会計という用語が見られないことに注意すべきである。

　監査対象や監査報告書などについては，商法において詳細に規定されている。監査の対象となる会社は，その規模によって決定されている。それゆえ監査対象は，上場企業というよりも，大企業であるというように解されている。英米のように資本市場に対するディスクロージャーに不可欠なものとして監査を行うという発想は，伝統的にあまり強くなかった。

　英米に存在しながらドイツや日本には存在しない会計の資格として，管理会計士がある。経済監査士のように外部監査を行う際には，資格による制限が必要となるが，企業内部の管理会計については，資格がないと出来ないような領域は存在しない。そのためドイツには管理会計士協会といったものも存在しない。そもそも管理会計士の資格は，転職する際の能力証明という性格が強いた

め，転職しなければそれほど必要とはされない。これもまた，ドイツ的経営と日本的経営との共通点だといえる。

　ドイツや日本では，エンジニアがビジネスの幅広い分野で活躍している。すなわち，原価管理や生産管理，情報管理などの職能を，アカウンタントではなく技術者が担うのである。企業の経営者へのキャリア・パスとしても，技術者がより優位となっている。

シュマーレンバッハの動的貸借対照表論とシュミットの有機的貸借対照表論

　ドイツにおける会計の研究は，経営経済学として行われてきた。この経営経済学は，国民経済学（いわゆる経済学のこと）と対置されるものであり，経営における価値の流れと組織管理の問題を，その研究対象としている。ドイツでは，会計学という独立した学科目はなく，経営経済学の１部門である経営価値計算として会計の研究が行われている。経営経済学は，経営現象を経済学的に分析しようとするものであり，会計研究を不可欠な要素として含むことになるが，経営を研究対象とする分野には，他に労働問題や労使関係を中心に研究する経営社会学が存在する。会計は，経営経済学の部分領域であるから，方法論的には経済理論に基礎付けられていることが理解される。

　ドイツの経営経済学において，会計に最も大きな影響を与えたものをあげるとすれば，それはオイゲン・シュマーレンバッハ（Eugen Schmalenbach）によって提示された動的貸借対照表理論（dynamische Bilanztheorie）であろう。1919年に初版が出版され，その後何度も版が重ねられた。彼の動的貸借対照表理論は，動態論（Dynamik）ともいわれ，取得原価主義会計の基礎理論となっている。

　動態論の基本的考え方は，一致の原則（Grundsatz der Kongruenz）に基づく費用の期間配分である。一致の原則とは，企業が設立されて閉鎖されるまでの全体利益の額は，各期間利益の総和に等しくなるというものである。それゆえ，会計にとって重要な問題は，全体利益をどのように各期間に配分するかということになる。ここに適正なる期間損益計算という考え方が，動態論によって理論的に基礎付けられるのである。シュマーレンバッハにとっては，損益計算書こそが重要な財務表であり，貸借対照表は，損益計算書にいまだ計上され

ざる項目を過渡的にリストアップしておくものにすぎない。例えば，損益計算
書において重要な項目に減価償却費があるが，貸借対照表における有形固定資
産は，いまだ減価償却として費用化されざるものにすぎないと理解されるので
ある。

　ただし，一致の原則が成立するためには，物価の変動がなく，期間配分によ
る利子の問題が発生しないことが条件となっている。すでにのべたように，経
営経済学の研究は，正規の簿記の諸原則を形成するものとして重要な機能を果
たしている。動態論は，取得原価主義によるドイツの制度会計を支えるまさ
に理論的支柱となってきたのである。それは，米国の取得原価主義時代におけ
るペイトンとリトルトンによる『会社会計基準序説』以上のものであった。日
本でも，『動的貸借対照表論』と『会社会計基準序説』は，会計学を学ぶにあ
たって長らく必読文献であった。

　シュマーレンバッハの動的貸借対照表論とともに注目すべきは，フリッ
ツ・シュミット（Fritz Schmidt）の有機的貸借対照表論（Die organische
Bilanz）である。1921 年に出版された同名の著書では，貨幣財すなわち貨幣
性資産と実質財すなわち費用性資産との厳格な区分がなされている。シュミッ
トは，国民経済と経営経済との有機的関係や貸借対照表と損益計算書との有機
性など有機的という概念を基礎に理論を構築する。とりわけシュマーレンバッ
ハが損益計算書のみを重視したのに対し，シュミットは両計算書に同等の重要
性を見出している。貸借対照表においては実質財は市場の再調達価額で評価す
べきであると主張するのである。再調達価額はその後 1966 年に現代時価会計
の嚆矢として米国会計学会の基礎的会計理論で主張されるのは，すでに第 4 章
において見てきたところである。財産の変動額としての企業利益という考え方
は，今日の時価会計の先駆けともいうべきものである。

　ドイツの経営経済学は，第二次世界大戦前までは北欧諸国やベネルクス諸
国にも強い影響力を及ぼしており，そうした国々の研究者はドイツ語で論文
を執筆することが多かった。日本もまた，経営経済学の影響を強く受けた国で
ある。経営経済学は，企業における費用構造を経済学的に分析する原価理論
（Kostentehorie）など，独自の分野を発達させた。けれどもドイツが戦争に負
けて東西に分割され，米国が超大国として台頭するに及んで，ヨーロッパの研

究者はドイツ語ではなく英語で論文を執筆するようになったのである。

第14講　英米型会計制度と大陸型会計制度

市場指向の英米型会計制度

　英米型（Anglo-American）の会計制度は，英国，米国を始め，英国植民地であったアイルランド，カナダ，オーストラリア，ニュージーランド，マレーシア，シンガポール，インド，パキスタン，ナイジェリア，ケニア，南アフリカなどで採用されている。さらに米国の植民地であったフィリピンや，米国の影響の大きいメキシコ，パナマといった国々も，英米型会計制度である。これらの諸国は，法制度として慣習法を特徴とし，成文化された条文は法体系の一部分にすぎないとする英米法を採用している。それゆえ会計制度についても，実務や慣習を重視し，商法や会社法などによって会計基準を詳細に条文規定するという方向性を採らなかった。

　英米型の会計制度において重要な役割を果たすのが，米国の公認会計士（Certified Public Accountant, CPA）や英国の勅許会計士（Chartered Accountant, CA）などの会計のプロフェッションである。彼らは，法律に依存することなく，自主規制として自ら会計基準を作成してきた。法律は法律のプロに，会計は会計のプロに，という訳である。さらにアカウンタントの役割が社会的に広く認知されていて，監査だけではなく，管理会計についても資格や団体が存在する。日本は，第二次世界大戦後戦勝国の米国からさまざまな制度を導入した。その1つが公認会計士による会計監査制度である。

　英米型の会計制度は，企業が，株式を証券取引所に上場したり社債を公募発行したりして，資本市場において資金提供者から直接必要な資金を調達する直接金融を前提として成立している。上場された株式は誰でも購入することが可能であるため，上場企業にとっては，潜在的にはすべての人々が投資家すなわち資金提供者となる。企業がより多くの資金を調達するためには，自社の株式を時価発行し，より高い価格で購入してもらう必要がある。市場取引では需要と供給によって価格が決定されるので，より多くの需要を喚起するためには，

会社の情報を出来る限り提供することによってより多くの投資家を惹き付けなければならない。結局，不特定の第三者に会社の情報を出来るだけ開示することになる。それは，社会に対し広くディスクロージャー（情報開示）を行うということと同義である。

　投資家重視の英米型会計制度の特徴は，一体化した企業グループは連結して決算する連結会計であり，決算時においては市場価格で資産などを再評価する時価会計であり，第3の財務表とよばれるキャッシュ・フロー計算書を作成し開示するキャッシュ・フロー会計である。よりよく企業の実態を反映させるよう，豊富な情報が開示されているのである。そして会計基準は，政府や法律からかなりの自由度をもって会計士による自主規制として設定される。

カナダの会計制度

　世界標準としてのIFRSは，英国で設定されているが，その基準設定プロセスは，米国を模範としたものである。同じような特徴をもった国として，カナダをあげることが出来る。カナダの会計制度は，英国と米国両方の影響を受けている。カナダにおける会計士は，勅許会計士として英国と同じ名称を使用している。カナダにはカナダ勅許会計士協会（the Canadian Institute of Chartered Accountants, CICA）が各州の勅許会計士協会を統括する形で設立され，1951年に現在の組織となっている。さらに会計に関する団体としては，公認管理会計士（Certified Management Accountant, CMA）のカナダ管理会計士協会（the Society of Management Accountants of Canada, SMA）や，会計研究者のカナダ会計学会（the Canadian Academic Accounting Association, CAAA）などが存在する。

　カナダでは，1946年から1967年までの間カナダ勅許会計士協会の内部組織である会計・監査研究委員会（Accounting and Auditing Research Committee, AARC）が「公報（Bulletin）」として会計基準を設定してきた。これは，イングランド・ウェールズ勅許会計士協会の税務・財務関係委員会をモデルにしたものである。それゆえ英国同様，あまり権威を有しなかった。会計・監査研究委員会は，1968年以降従来の公報に代えて『CICAハンドブック』を発行する。その後，会計・監査研究委員会は1973年に会計研究委員

会（Accounting Research Committee, AcRC）と監査基準委員会（Auditing Standards Committee, AuSC）に分割される。そして 1975 年の連邦事業会社法（Canada Business Corporations Act with Regulations, CBCA）がカナダ勅許会計士協会が発行するこの『CICA ハンドブック』に対し一般に認められた会計原則（GAAP）としての法的権威を与えることになる。カナダの会計基準設定団体である会計研究委員会は，英国の組織変更を受ける形で 1991 年に会計基準審議会（Accounting Standards Board, AcSB）に改組される。

　カナダでは，自国の会計基準に加えて米国の会計基準による財務開示が受容されている。カナダ最大の証券取引所は，トロント証券取引所であるが，多くのカナダ企業は同時に米国でも株式上場しているからである。さらに，2005 年の EU における域内上場企業への IFRS 強制適用を受けて，カナダ会計基準審議会は 2006 年 1 月 10 日，2011 年 4 月までには国内の全上場企業に対し IFRS へ移行すべきことを決定した。2011 年以降は，米国で上場しているカナダ企業は引き続き米国財務会計基準の使用が認められるとともに，非上場の企業については，カナダの会計基準と IFRS のどちらかを選択することが可能になる。米国基準を国内で解禁していることはカナダも日本も同じであるが，IFRS に対するアプローチは日加両国で大きな隔たりが存在する。

組織指向の大陸型会計制度

　日本の会計制度は，法制度同様，大陸型（Franco-German）会計制度の典型であるドイツの影響を非常に強く受けてきた。他には，オーストリア，フランス，スイス，ルクセンブルク，イタリア，スペイン，ポルトガル，ノルウェー，スウェーデン，デンマーク，フィンランドなど，主としてヨーロッパ大陸諸国で見られる会計制度の型である。またアルジェリアやカメルーン，コートジボアール，ギニア，モロッコといった旧フランス植民地国は，大なり小なりフランスの会計制度の影響を受けている。これらの諸国は，実定法を特徴とし，慣習よりも成文化された法体系を重視する大陸法の法体系を採用している。それゆえ会計基準についても，さまざまな法律に具体的に規定される。

　法体系の中で会計と密接な関係を持っているのが，商法である。大陸法諸国の商法には会計の計算規定が具体的に条文化されているケースが多い。商法

は，債権者保護を目的とした法律であり，配当可能利益の計算においても，債権者保護のための資本維持が重視される。大陸型会計制度では，会計基準は税法とも一体化している。ドイツには基準性の原則が存在し，日本でも確定決算主義が採用されている。そのためか，企業の観点からするタックス・プランニング（詳しくは第 8 章）のような研究は，大陸型会計制度諸国では蓄積が薄い。

　資金調達形態についても，大陸型の典型であるドイツ企業は，直接金融よりも間接金融を重視してきた。資金提供者から直接資金を調達するのではなく，彼らが預金した資金を銀行から借り入れるという形で間接的に調達するのである。ただし銀行との関係を重要視する経済制度では，投資家重視という発想は定着しにくい。ドイツや日本では，実際に資金を提供してくれるのは銀行なので，銀行に要求される情報を一対一の関係で必要に応じて提出していれば十分だと企業経営者は考えてしまうからである。経済制度としては典型的な中間組織（市場と内部組織の中間形態）であり，資本市場における積極的なディスクロージャーという考え方はなかなか根付かない。商法の会計規定は，銀行との相対関係を重視する企業の資本調達構造に適合したものである。ドイツなどの大陸型会計制度諸国では証券取引所の規模も小さく，会計基準そのものもあまり精緻化されていない。それゆえ英米の国際会計論研究者は，ドイツの会計が秘密主義的であると批判してきた。

　会計制度の特徴について考察すると，ドイツやフランスなどにおける強い取得原価主義指向をあげることが出来る。取得原価による評価は，取引時の価額を継続して使用するものであるため，その根拠が明確であり，操作可能性の低い「硬い」数字である。それゆえ，法的な証拠能力としても優れている。ドイツの商法は，資産評価の原則として取得原価最高価額主義を採用してきた。これは，資産再評価を行うにあたっては，その取得原価を超えてはならないとするものである。さらに税法は，未実現利益に課税する訳にはいかないから，これもまた評価益を発生させるような時価評価には馴染まない。法会計には，取得原価主義が適しているのである。

　大陸型会計制度では，法的実体が重視されるため，企業ごとの単独決算が中心となってきた。財務諸表の中では，キャッシュ・フロー計算書は最近まで制

度化されず，損益計算書が重視されてきた。これらの特徴は，日本の旧来の会計基準にもそのまま該当するものであった。大陸型会計制度を採用する国々では，法律家や官僚の役割が大きくなるため，公認会計士などの職業会計士の数が英米型会計制度諸国と比べ極めて少なくなるという特徴も見られる。大陸型会計制度では，ステークホルダー（利害関係者）重視，間接金融，成分法，官僚主導といったものが制度補完的に支えているのである。

大陸型会計制度の優位性から限界へ

　第二次世界大戦後，大陸型会計制度の国々は，間接金融と労使協調の企業経営によって，高い生産性を誇ってきた。ドイツのユニバーサル・バンクや日本のメイン・バンクの制度のもとで，銀行による厳しい監視を受けながら，経営者と従業員が一体となって結束力の高い経営を実践してきたのである。戦後日本の高度経済成長は，そのような会計制度と表裏一体であった。資本市場における直接金融が重視されないところでは，労働市場の流動性も高くないため，従業員は長く１つの会社で働くことになり，作業内容を熟知するから労働生産性は高くなる。そのような制度が機能するためには，経営者と従業員の間に共通の価値観と利害が存在し，しかもそれがあえて明文化されなくても互いに信頼されていることが大前提である。そしてともすれば内向きとなる経営に対し，資金提供を通じた銀行による監視がなされてきた。

　これに対し，英米型の制度では，資金のみならず労働力や部品・原材料に至るまで，原則としてスポット市場における取引がメインであった。そのような経済システムは近視眼的な短期指向になってしまい，長期的な視野で安定した取引を行う大陸型の経済には競争上極めて不利であると，米国の経済学者などは指摘してきた。戦後長らく英国病に苦しんできた英国と高度経済成長を達成したドイツ（さらには日本）を制度的に比較すれば，こうした主張にも納得出来るものがあった。

　ところが1989年のベルリンの壁崩壊後，高い経済成長率を誇ったドイツや日本の経済が失速してしまう。近年，大陸型会計制度を採用してきた国々は，制度的な限界に直面している。商法や税法は国ごとに制定されており，その適用範囲は国内に限定される。さらに法律は必ず国会において審議された上でな

いと制定や改正が出来ないため，時代の変化にも迅速な対応が出来ない。し
かも前述の基準性の原則は，現実には，逆基準性の原則となって機能してしま
う。こうなると，会計のプロが会計基準を独自に設定することは極めて困難に
なる。ちなみに英米型では，税務会計はそれ自体税法に則って計算されるが，
財務会計との関係性や同一性は前提されない。要するに両者は，互いに独立し
ているのである。

　IFRS を生み出した英米型会計制度では，会計は会計として専門職の自主規
制で実施されている。それゆえ国ごとに法律や他の経済制度が異なったとして
も，各国の会計プロフェッションが了承すれば，それぞれの国の法律に煩わさ
れずに新しい会計問題に迅速に対処することが出来るため，非常にグローバル
化に向いていることがわかる。大陸型の経済制度は，会計制度を含め個々の制
度間の相互補完性が極めて強く，一体化された形でしか機能しないため，法律
や文化など国を超えることが出来ない要素によって，グローバル化のもとでは
経済が拘束されてしまうのである。

グローバル化とドイツ的経営

　ドイツにおける経営や会計の実務的特徴は，まとめてドイツ的経営とよぶこ
とが出来る。ドイツ的経営の最大の特徴は，労使協調主義による共同決定で
あろう。ドイツの企業は，監査役会によって統治されるというコーポレート・
ガバナンスのスタイルを採用している。ドイツでは，1951 年の共同決定法
(Mitbestimmungsgesetz) によって，鉄鋼業及び石炭業において従業員 1,000
人以上の企業は，株主と従業員をそれぞれ代表する同数の監査役と 1 名の中
立の監査役をもって監査役会を構成することが義務付けられた。その際に，株
主・従業員ともに 1 人の代表者は，企業外部の者でなければならない。その後
1976 年には，拡大共同決定法によって，従業員 2,000 人以上の企業すべてに，
共同決定によるコーポレート・ガバナンス・システムが適用されるようになっ
た。そしてそれよりも従業員の少ない企業では，監査役会の 3 分の 1 が従業員
代表となっている。従業員代表が，企業のトップを構成するのである。

　ドイツの企業では，実際の経営執行は，取締役会によって行われる。これを
監督する監査役会は，3 カ月に 1 度招集されなければならず，取締役会のメン

バーを選任したり解任したりする権限をもっている。取締役会は，監査役会に
対し財務計画，投資計画，人事計画などについて報告しなければならない。監
査役会はさらに，取締役員の業務監督権，帳簿閲覧権，調査権をもち，決算書
を監査する責任を負っている。極めて強力な権限である。

　ドイツにおける労使協調主義の思想は，すでに第一次世界大戦後のワイマー
ル共和国期において経済民主化の一環となる産業民主主義として確立されてい
る。それは，労使対等，労使同権を目指したもので，労使対立を基礎として労
使で明確な役割分担が行われている英米型の資本主義とは，方向性が異なるも
のである。そのような経済構造は，フランスにも見られるものであり，ライン
型資本主義とよばれている。これについて，1972年には事業所組織法が施行
され，労働者代表が経営参加と共同決定の権利を持つこと，開示情報を労使で
共有することなどが規定されている。ドイツでは，職場レベルにおいても労使
で経営協議会を設置することが，この法律によって規定されたのである。職場
の労働組合も，この事業所組織法に従うことになった。

　労使協調主義といい，銀行経由の間接金融といい，これらは，経済制度とし
て日本がドイツから受けた影響ないし日独の共通点としてあげられるものであ
る。ただし，日本とドイツが同じ労使協調路線であるとしても，ドイツの共同
決定は，法律に基づき制度化されているのに対し，日本では，企業経営の理念
ないし価値観として定着しているにすぎないという相違がある。ドイツの共同
決定では，従業員が自らの身分はそのままに監査役に就任する。日本は，ドイ
ツほどには成文法指向が強くはないようである。

　ドイツは，第二次世界大戦後積極的な経済開放政策をとり，企業は早くから
グローバル化してきた。そのような企業は，ドイツ国外においては，必ずしも
ドイツ的経営を実践しているわけではない。ドイツ企業も国外では，世界標準
に則った経営を行っているのである。前述の監査役会による共同決定制度も，
法律の強制のないドイツ国外では採用されていない。

EUにおける会計国際統合

　ヨーロッパ連合（EU）は，その前身のヨーロッパ共同体（European
Community, EC）の頃から，域内の会計基準の調和化を積極的に促進してき

た。EU や EC は，会計基準の調和化に向けてさまざまな指令（Directives）を発表してきた。この指令は，EU の法律であり，加盟国は自国の法律にそれを組み込まなければならない。財務開示に関しては，これまでに以下の 4 つの主要な EC 指令が公表されている。

会社法指令第 4 号（1978 年 7 月公表）
中間財務諸表作成指令（1982 年 2 月公表）
会社法指令第 7 号（1983 年 6 月公表）
会社法指令第 8 号（1984 年 4 月公表）

会社法指令第 4 号は，財務諸表の様式と内容を取り扱っており，EC（EU）における一般に認められた会計原則（GAAP）を構成している。そこでは，会社法に基づく財務諸表の比較可能性が重視されている。中間財務諸表作成指令は，会計期間の終了 4 カ月以内に半期の中間財務諸表の開示を求めている。会社法指令第 7 号は，連結財務諸表の作成を取り扱っている。そして会社法指令第 8 号は，法的に要求される監査に携わる専門職について規定している。そこでは，大学を卒業し，かつ会計士の試験に合格することが求められている。これらの指令によって，EU 加盟各国の会計制度の調和化が行われている。

その EU も，会計制度については，英国で作成される IFRS を重視してきた。すでに 2005 年には EU 域内に本社を有するすべての上場企業に IFRS を義務付けるとともに，2011 年までに IFRS に統一するとされた。ただし，IFRS と同等と認められた会計基準は，引き続き EU 域内で使用可能となっている。

さらには，ヨーロッパ会計士連盟（Federation of European Accountants, FEA）などの地域団体も積極的に活動している。それらの地域団体は，地域内における交流を推進し，会計士資格の共通性を高めるとともに，それによって会計の国際的調和化を促進することを目指している。ヨーロッパ会計士連盟は，EU とも密接な連携をとっている。

ただし，EU にはもともとドイツやフランスなど大陸型会計制度の国が多く，英国やアイルランドは途中加盟であったため，EU 内では成文法指向や労

使協調指向が強く見られてきた。例えば労働政策では，EU における大陸法化が進んでいる。1994 年に当時の EC において欧州労使協議会指令が，さらに2002 年には EU 一般労使協議会指令がそれぞれ成立している。これらは，ドイツの事業所組織法において労使協調型の企業経営システムとして制度化されてきた労使協議会を，ヨーロッパ全域において制度として適用するものである。多くの企業が複数の国で活動している現状に対応するためである。

　第二次世界大戦後高い経済成長を達成した大陸型の会計制度にとって，経済とりわけ資本市場のグローバル化の進展は，必然的に英米型会計制度への統合をもたらすものとなった。その際に IFRS は，まさにそのような経済構造においてグローバル経済・市場経済と高い整合性を有する制度となっている。EUは，中欧諸国を加盟させるとともに，ますます大陸内部へと広がりつつある。資本について直接金融－ IFRS へという流れをまい進する EU であるが，労働については労使協調－法制化という方向が強化されている。その意味では，最大の人口と最強の経済を有するドイツの動向は，EU 全体の方向性に反映されるということが出来る。

第5章の参考文献

ミシェル・アルベール『資本主義対資本主義』小池はるひ訳，竹内書店新社，1996 年。

D・アレキサンダー，C・ノウブズ『欧州財務会計』小津稚加子・山口佳子訳，白桃書房，1998 年。

ASC『イギリス会計基準書（第 2 版）』田中弘・原光世訳，中央経済社，1994 年。

ASB『イギリス財務報告基準』田中弘・原光世訳，中央経済社，1994 年。

江澤修司『英国の新会計制度―在英日経企業における IFRS ベースの決算実務―』中央経済社，2014 年。

河﨑照行編『会計制度のパラダイムシフト―経済社会の変化が与える影響―』中央経済社，2019 年。

イアン・グリフィス『クリエイティブ・アカウンティング』近田典行他訳，東洋経済新報社，2001 年。

ロナルド・H・コース『企業・市場・法』宮沢健一他訳，東洋経済新報社，1992 年。

齊野純子『イギリス会計基準設定の研究』同文舘出版，2006 年。

佐藤誠二『会計国際化と資本市場統合』森山書店，2001 年。

エ・シュマーレンバッハ『動的貸借対照表論（12 版）』土岐政蔵訳，森山書店，1959 年。

杉本徳栄『国際会計の実像―会計基準のコンバージェンスと IFRSs アドプション―』同文舘出版，2017 年。

鈴木義夫『ドイツ会計制度改革論』森山書店，2000 年。

千葉準一『英国近代会計制度』中央経済社，1991 年。

ピーター・テーラー，スチュアート・ターリー『イギリス会計規制論』染谷恭次郎監訳，森山書店，1991 年。

平松一夫，德賀芳弘編『会計基準の国際的統一』中央経済社，2005 年。

J・ベェトケ，H-J・キルシュ，S・ティーレ『ドイツ連結会計論』佐藤博明監訳，森山書店，2002 年。

ゲルハルト・G・ミューラー，ヘレン・ガーノン，ゲアリー・ミーク『国際会計入門（第 4 版)』野村健太郎・平松一夫監訳，中央経済社，1999 年。
向伊知郎『カナダ会計制度研究』税務経理協会，1998 年。
山浦久司『英国株式会社会計制度論』白桃書房，1993 年。
山本昌弘『会計制度の経済学』日本評論社，2006 年。
山本昌弘『株とは何か—市場・投資・企業を読み解く—』講談社メチエ，2011 年。

第 II 部

国際経営財務論

第6章

経営財務の基礎理論

第6章のテーマ

　第Ⅱ部では，国際経営財務に関わる実践的な諸問題を取り扱う。第6章は，国際経営財務の基礎理論として，財務理論に依拠したバリュエーション（企業価値評価）のアプローチを中心に，伝統的に企業分析として外部の投資家による財務諸表分析に関わる問題や，管理会計における業績評価会計として企業内部の業績評価に関わる問題などを取り扱う。

　本章では，第1講において，割引キャッシュ・フローの概念及びキャッシュ・フローによる企業価値評価について取り上げる。これらが国際経営財務の基礎をなすからである。そこでは，割引キャッシュ・フローを活用した投資決定技法とともに，EVAやCFROIによる一元的な企業価値評価方法について考察する。その後第2講において，キャッシュ・フローではなく会計上の利益による伝統的な投資決定や企業分析・業績評価の技法を取り上げる。そして第3講において，近年注目される財務情報以外の情報を活用した多元的な企業評価について取り上げる。本章のテーマは，どのような評価技法をどう活用すべきかを理解することである。

第1講　経営財務総論

割引キャッシュ・フローによる投資決定

　企業の経済活動はキャッシュ・フローをベースに行われている。利益は会計計算上の儲けにすぎず，利益とキャッシュ・フローの間にはタイム・ラグが存在する。利益に比べると，キャッシュ・フローの方が客観的である。さらに本章で述べるように，理論上キャッシュ・フローの方が応用範囲が広いことも，その有用性の大きな要因である。今日ではキャッシュ・フローは，財務会計・管理会計・経営財務など財務全般における共通の指標となっている。

　キャッシュ・フロー情報が最も活用されるのが，投資決定である。投資決定とは，いくつかの代替案の中から最も企業価値を高めるような投資プロジェクトを採択する意思決定を行うことである。そうした意思決定を行う際の基準は，当初の資本投入額を上回るリターン（キャッシュ・インフロー）を，その後の事業展開によって獲得することである。そのためには，評価の基準と手続を明確化・客観化するとともに，すべての投資プロジェクトを相互に比較可能なように，厳密に定量化しなければならない。第1講で論ずる投資決定の原理は，国際経営財務において海外進出の財務意思決定を行う際にも，第7章で論じる為替リスクや第8章で論じる国際税務などの影響があるものの，全く同じものである。

　投資プロジェクトの評価は，割引キャッシュ・フロー（discounted cash flow, DCF）法によって行われる。割引キャッシュ・フロー法は，投資プロジェクトがもたらす将来のキャッシュ・フローを予測し，それらをすべて現在の価値に換算して評価することによって，どのプロジェクトを採択すべきかを決定するものである。これが，財務理論の原理原則である。例えば事業資産への投資の場合は，その事業がもたらす営業キャッシュ・フロー情報を使用する。以下に説明するように，割引キャッシュ・フロー法は，厳密な基礎理論に裏付けられたものであり，実務において伝統的に使用されてきた会計利益法よりもさまざまな点で優位性がある。投資決定においては，割引キャッシュ・フ

ローを使用することが世界標準として定着しているのである。それゆえ，合理的に意思決定を行うためには，その技法をよく理解し，活用しなければならない。

　将来のキャッシュ・フローを現在の価値に割り引く際には，その割引率を決める必要がある。将来キャッシュ・フローの割引計算に使用される割引率，それこそが資本コストである。資本コストは，調達した資本に対して支払うべき金利すなわちコストのことである。貸借対照表の貸方側は資本の調達構造を示しているが，どのような形態であれ，調達した資本には必ず資本コストがかかる。これに対し貸借対照表の借方側である資産は，調達した資本の具体的な運用形態を表している。それゆえ，それぞれの資産がもたらす将来のキャッシュ・フローを，負担すべき資本コストで割り引くことによって，借方と貸方がリンクされるのである。この考え方は，第1章で取り上げた公正価値とりわけ IFRS 概念フレームワークの使用価値及び履行価値と同じものである。

　投資プロジェクトは，その効果が長期間に及ぶため，時間の流れを考慮してその収益性を評価しなければならない。割引キャッシュ・フロー法は，時間経過による価値の変化を考慮するために，意思決定のための情報として極めて有用性が高い。完全競争市場では，需要と供給の交点で価格が決定されるのであるが，そのことは同時に，割引現在価値がそうやって決定される価格に等しくなるようにその割引率である資本コストが調整されることを意味している。

(a)　純現在価値法

　割引キャッシュ・フローを利用した投資プロジェクトの評価技法には，資本コストの利用方法によって，純現在価値（net present value, NPV）法と内部収益率（internal rate of return, IRR）法がある。純現在価値法は，将来のキャッシュ・フローを資本コストで割り引いて求められる現在価値から初期投資額を差し引いた純額すなわち純現在価値（NPV）を計算することによって，投資プロジェクトの採算を評価するものである。ここで注意すべきは，割引キャッシュ・フローの計算では，すべて税引後のデータを使用するということである。分子となるキャッシュ・フロー，分母にくる資本コスト，両方ともにである。これは，税支出自体がキャッシュ・アウトフローとして現金の流出を

ともなうものであるため，それを差し引いた純営業キャッシュ・フローを予測するとともに，税引後資本コストで割り引くということである。

　そこで，純現在価値法による投資プロジェクトの評価方法を取り上げる。対象となる投資プロジェクトが第 j 期にもたらすキャッシュ・インフローを E_j，割引利子率（＝資本コスト）を i，プロジェクトの現在価値を V とすると，そのプロジェクトの現在価値は，E_1 から E_n までをそれぞれ割引計算した価値の総和となるので，

$$V = \sum_{t=1}^{n} \frac{E_t}{(1 + i)^t} \quad\cdots\cdots\cdots\cdots\cdots\cdots\cdots\cdots\cdots\cdots\cdots\cdots\cdots\cdots\cdots\cdots\cdots (6.1)$$

として求められる。そして純現在価値 NPV は，将来キャッシュ・フローの割引現在価値から初期投資額を控除した純額であるから，プロジェクトに必要な初期支出を C_0 とすると，

$$NPV = V - C_0 \quad\cdots\cdots\cdots\cdots\cdots\cdots\cdots\cdots\cdots\cdots\cdots\cdots\cdots\cdots\cdots\cdots\cdots\cdots (6.2)$$

として求められる。(6.2) 式が正であれば，その投資プロジェクトを実行することによって，純現在価値の分だけ企業の価値が増加することがわかる。それゆえ計算結果が，

$$NPV = V - C_0 > 0$$

となることが，純現在価値法において投資プロジェクトを採用するときの基準となる。ちなみに理論的には割引現在価値 V はプロジェクトの時価であり，初期支出 C_0 はプロジェクトの取得原価でもあるから，両者の差額となる純現在価値は，時価評価によって付加される価値であるともいえる。

　この純現在価値法は，理論上最も合理的な方法である。割引現在価値 V や純現在価値 NPV は，さまざまな財務上の意思決定に応用されている。純現在価値法には，加法性や分割性があり，個別の資産についても，企業全体につい

ても，適用可能であるという特徴をもっている。今日では大企業を中心に，こ
の純現在価値法が日本企業にも定着している。

　(b)　内部収益率法

　割引キャッシュ・フローを利用した投資プロジェクトの評価技法には，他に
内部収益率法がある。この計算方法は，将来のキャッシュ・フローを現在に割
り引く際に，その現在価値を初期投資額に等しくなるようにする割引率（内部
収益率）を算出するものである。純現在価値法が，割引率に資本コストを導入
しそれを固定して計算を行うのに対し，内部収益率法では，割引率そのものを
算出するという違いがある。そして，純現在価値法では算出される割引現在価
値と初期投資額を比較するのに対し，内部収益率法では算出される内部収益率
と資本コストを比較し，前者が後者を超えていれば，その投資プロジェクトを
採用する。

　いま，評価の対象となる投資プロジェクトの第 j 期のキャッシュ・インフ
ローを E_j，内部収益率を x，初期支出を C_0 とすると，内部収益率法による投
資評価では，

$$C_0 = \sum_{t=1}^{n} \frac{E_t}{(1+x)^t} \quad\cdots\cdots\cdots\cdots\cdots\cdots\cdots\cdots\cdots\cdots\cdots\cdots\cdots \text{(6.3)}$$

となるような内部収益率を計算することになる。そして資本コスト r に対して，

$$x > r$$

となる投資プロジェクトを採択する。そのような投資プロジェクトは，資本コ
ストを上回る収益率を上げているからである。(6.3) 式を (6.1) 式と比較する
と，両者は一見類似しているが，内部収益率法の計算式には資本コストが必要
とされていないことが理解される。

　この内部収益率法，欧米の実務では，実は純現在価値法よりも広く利用され
ている。それは，純現在価値法と内部収益率法を比較すると，前者では計算結

果が何円というような金額で計算結果が表示されるのに対し，後者では何％という比率で表示されるからである。次節で取り上げるように，実務ではさまざまな財務比率を使用している。実務家は，そのような比率表示に馴染んでおり，内部収益率法による表示の方が投資プロジェクトの収益性がより実感をもって理解されるのであろう。しかもその比率は，次節で取り上げる ROE のような伝統的財務指標などとも簡単に比較することが出来る。

　ただし，注意しなければならないことは，伝統的な財務比率分析に利用される諸指標は，キャッシュ・フロー・ベースのものではなく，内部収益率との間に理論的な整合性はないという点である。しかも内部収益率法は，収益率という一見すると便利そうな情報を提供してくれるが，それには，純現在価値法のような単純な加法性や分割性が存在しないという欠点がある。もしも投資プロジェクトの財務比率を知りたいのであれば，むしろ期間損益計算を基礎とする会計利益率法（第2講）を，純現在価値法に併用する方が有用である。

(c)　継続価値

　財務理論的にいえば，純現在価値法を採用するとき，将来において獲得されるキャッシュ・フローをすべて予測した上で資本コストによって割引計算を行うべきであるが，10 年，20 年先のキャッシュ・フローを正確に予測することは，実務上は困難である。日本企業において，割引キャッシュ・フロー法が広く定着してこなかった理由の1つも，ここにある。しかもその計算式は，複雑である。

　それゆえ欧米の実務では，理論を踏まえながら，純現在価値法を実用化する方法が開発されてきた。その1つは，一定期間についてキャッシュ・フローを予測し，そこから先はある条件のもとに継続価値（perpetual value）として簡略化する方法である。継続価値とは，予測期間以降のキャッシュ・フローの予測期間終了時点における割引現在価値のことである。この継続価値を利用して，5 年程度のキャッシュ・フロー予測を行い，投資決定するケースが一般的である。なお投資プロジェクトの継続価値は，予測期間翌期のキャッシュ・フローを資本コストで収益還元（すなわち割算）することによって求められる。その際に，予測期間最終期以降のキャッシュ・フローに一定の成長率が期待さ

れるのであれば，資本コストからその永久成長率を減じた値で収益還元を行う。この永久成長率には，市場成長率やマクロの経済成長率などの指標を使用することが多いようである。

そこでいま，当初の予測期間を5年とすると，5年後の期末における継続価値は，5年後のキャッシュ・フローに「1プラス永久成長率」をかけて求められる6年後のキャッシュ・フローを，資本コストと永久成長率の差で除したものとなる。それゆえ，キャッシュ・フローの永久成長率を g とすると，投資プロジェクトの現在価値を求める前述の（6.1）式は，5年間のキャッシュ・フローの割引現在価値と5年後の継続価値の割引現在価値を加えたものになるから，

$$V = \sum_{t=1}^{5} \frac{E_t}{(1+i)^t} + \frac{E_5 (1+g)}{(i-g)(1+i)^5} \cdots\cdots\cdots\cdots\cdots\cdots\cdots\cdots\cdots (6.4)$$

というように書き改めることが出来る。

(d)　加重平均資本コスト

さらに，純現在価値法における割引利子率 i には，加重平均資本コスト（weighted average cost of capital, WACC）を使用することが，実務上一般化している。加重平均資本コストとは，負債と株主資本で異なる資本コストを，資本構成に応じて加重平均したものである。その算出式は，以下のようになる。

$$WACC = \frac{D}{D+E} \times r_D (1-T) + \frac{E}{D+E} \times r_E \cdots\cdots\cdots\cdots\cdots\cdots (6.5)$$

ここで，負債の価値を D，負債の資本コストを r_D，法人税率を T，株主資本の価値を E，株主資本の資本コストを r_E とする。その際，負債，株主資本とも時価評価する（株主資本については株式時価総額を使用する）ことが好ましいが，簿価でも大きく資本構成が変動しない場合には，簿価比率を使用してもかまわない。

　ちなみに，r_E は株主の必要収益率であり，上場企業であれば，資本資産評価モデル（capital asset pricing model, CAPM）を利用して求めることが出来る。資本資産評価モデルは，現代ポートフォリオ理論の１つであるが，その基本公式は，以下に示される。

$$r_E = r_F + \beta \, (r_M - r_F) \cdots\cdots\cdots\cdots\cdots\cdots\cdots\cdots\cdots\cdots\cdots\cdots (6.6)$$

　なお，r_F は無リスク資産の確定利子率，r_M は市場ポートフォリオの期待収益率すなわち市場全体に分散投資したときの期待収益率である。β は株式のベータ値とよばれるもので，市場ポートフォリオの期待収益率の変動に対する当該株式の感応度を示している。ベータ値が１であれば，その株式は市場と同じように変動し，１より大きければ市場以上に，小さければ市場以下に変動する。(6.6) 式の右辺は，リスクのない利子率と市場の影響を受けるリスク部分から成立しており，市場リスクの高い株式ほどその期待収益率が高くなることがわかる。計算の基礎となる無リスクの利子率には，長期国債の利回りを利用する。ベータ値については，今後の予測値を計算することが好ましいが，シンクタンクなどによって過去の値が公表されているので，それを使用することも多いようである。

　また，非上場企業などで，株主資本コストの測定に資本資産評価モデルを利用出来ない場合には，無リスク利子率に5％程度リスク・プレミアムを加算して株主資本コストとすることが，欧米の実務では一般的になっている。そして，負債の資本コストは，企業が負債で資金調達する場合の平均的な利子率を使用する。代替策として，無リスク利子率に1.5％程度加算して計算することもある。また日本では，実務において資本コストを利用する際に，5％として計算している企業が多いようである。

　繰り返しになるが，(6.4) 式 (6.5) 式ともに，税引後のデータを使用する。そうすると，負債の利子は税務会計上損金扱いされて非課税となるため，(6.5) 式における税引後で見た負債の資本コストは，法人税がかからない分だけ低くなっていることが理解される。これを，負債の節税効果という。これに対して，株主資本のコストは，そもそも企業のリスクを最終的に株主がとるこ

とによるリスク・プレミアムが加算されるだけではなく，法人税率がかかってしまうため，極めて高くつくものなのである。これを見ても，株主資本の資本コストを正確に把握することがいかに重要であるかがわかるだろう。

　ちなみに，第 4 章で取り上げた米国の財務会計概念書第 7 号では，本章のように単一の見積キャッシュ・フローをリスク修正した資本コストで割り引くのではなく，リスクを織り込んだ期待キャッシュ・フローをリスク・フリーの確定した利子率で割り引くというアプローチを採用している。理論上，両者は等価である。

キャッシュ・フローによる企業価値評価

　財務理論上は，総資産の現在価値として求められる企業価値から，負債の価値（有利子負債の額）を引いたものが株主価値（shareholder value）である。株主価値は，株主の取分すなわち純資産の現在価値を示している。負債の価値を所与とすると，世界標準となっている株主重視の経営は，企業価値を最大化することによって達成されるものであることが理解される。したがって企業が追求すべき戦略目標は，将来のフリー・キャッシュ・フローを最大化することである。

(a)　EVA

　1990 年代に入ると，キャッシュ・フロー計算書の普及とも相まって，新たなキャッシュ・フロー指標が使用されるようになる。その代表例が，経済付加価値（economic value added, EVA）である。EVA はキャッシュ・フローを利用した評価指標であり，外部の企業分析にも内部の業績評価にも利用出来る応用範囲の極めて広いものである。この時期以降，新しいキャッシュ・フロー指標を活用して企業の価値を一元的に測定しようとする試みは，valuation（企業価値評価）とよばれるようになる。企業価値評価が伝統的な企業分析や業績評価と異なるのは，前者は厳密な理論体系（通常は財務理論）に基礎付けられた厳密な体系を有していること，それゆえ一元的な指標のみで広範な実務に適用可能であること，などである。企業価値評価のための一元的指標は，外部からの分析でも内部の業績評価目的でも使用可能であり，企業内部で価値向上の

努力がなされると，外部の資本市場でそのまま反映されるというメリットを有している。

　EVA は，米国の Stern Stewart 社によって開発され，同社の登録商標となっているものである。この指標は，内部の業績評価にも外部の企業評価にも利用出来，応用範囲が極めて広い。EVA は，個別のプロジェクトであれ連結企業グループ全体であれ，ある事業の投下資本にかかる資本コストの金額を計算し，その事業によって得られるキャッシュ・フローがこの資本コストの金額をどれだけ上回っているかを測定することによって，一定期間の経済活動で創出した経済的な付加価値を求めようとするものである。それゆえ，たとえ会計上利益が出たとしても，資本コストをカバーするだけのキャッシュ・フローが得られなければ，そのような事業は企業にとって付加価値を生み出していないことが明確化される。EVA の計算は，以下の（6.7）式によって行われる。

$$\text{EVA} = \text{NOPAT} - 資本コスト額 \cdots\cdots\cdots\cdots\cdots\cdots\cdots\cdots\cdots (6.7)$$

　ここで NOPAT とは，税引後営業純利益（net operating profit after tax）のことであり，キャッシュ・フロー・ベースで測定されるので，キャッシュ・フロー利益または経済利益ともいわれる。発生主義会計による利益ではないことに注意が必要である。なお NOPAT における net の意味は，減価償却が足し戻されていないことを示すもので，EVA の計算においては，減価償却分が再投資されるという前提が置かれている。これは，フリー・キャッシュ・フローの計算において営業キャッシュ・フローから差し引かれる減価償却額と設備投資額が等しいというケースである。しかも EVA 算出の基礎になる NOPAT は，税引後のデータである。金額指標である EVA には，個別の資産やプロジェクトごとに計算された価値を足し合わせると，企業全体の価値が求められるというメリットがある。

　ここで，NOPAT÷投下資本で算出される投下資本収益率を ROCE（return on capital employed），資本コストを r，投下資本額を C とすると，（6.7）式は，さらに以下のように展開出来る。

$$\mathrm{EVA} = (\mathrm{ROCE} - r)\ C \cdots\cdots\cdots\cdots\cdots\cdots\cdots\cdots\cdots\cdots\cdots\cdots\cdots\cdots\ (6.8)$$

　実務上，資本コストには前項で論じた投資決定用の加重平均資本コスト（(6.5) 式）が使用されるケースが多い。

　(6.8) 式は，企業経営において EVA を増加させるためには，3つの選択肢が存在することを示している。まず，さらなる投資を行うことによって，C を増大させる方法である。既存事業の拡大を行ってもいいし，資本コストを上回るリターンの新規事業があれば，そちらに投資してもいい。導入期や成長期にあたるケースである。次に，既存の投下資本のもとで，投下資本の収益性すなわち ROCE を上げて事業を効率化する方法がある。成熟期にある事業で追加投資が必要でないケースが，これに該当する。そして第3の方法は，ROCE が資本コストを下回るとき，つまり (6.8) 式においてカッコの中がマイナスのときには，逆に投下資本額 C を減らすことによって，EVA の向上が達成される。衰退期における退出事業である。このように，EVA は，製品のライフサイクルと整合的な指標であることがわかる。これは縮小戦略であるが，第2の方法を含め両者とも広い意味でリストラクチャリングであり，日本では多くの企業や事業がこの状態に置かれている。

　EVA は，第10章で取り上げる製品・事業戦略と整合的な指標であり，企業の戦略策定に有用であることがわかる。FCF，EVA，CFROI などのキャッシュ・フロー指標において，どのような項目を計算に含めるかは，企業によって，また研究者によって異なっている。これは，次節で取り上げる伝統的な会計指標についても同じである。

(b)　MVA

　EVA との関連で，重要な概念として，MVA（market value added）がある。MVA は市場付加価値のことであり，企業の市場価値と投下資本すなわち企業資産の取得原価との差額として求められる。企業の市場価値とは，総資産の時価のことであり，将来フリー・キャッシュ・フローの割引現在価値として算出される企業価値のことである。理論的にいえば，MVA は，将来 EVA を

資本コストで現在に割り引いた割引現在価値に一致する。企業価値と投下資本の差額とは，企業の純現在価値のことでもあるから，MVA と企業の純現在価値は理論的に等価であることが理解出来る（厳密にいえば，NOPAT の前提である減価償却分が継続的に再投資されるという条件で，この等価関係が成立する）。企業価値評価の指標として開発された EVA であるが，それは投資決定の主要技法である純現在価値法と，考え方としては全く同じものである。

　このように EVA の概念は，伝統的な利益数値のみに頼っていた企業の業績評価を，市場での評価に結び付けることによって，より理論的かつ厳密にするものである。しかも経営者のインセンティブ・システムとしても，EVA に基づく報酬システムは，ストック・オプションの制度や株主の関心事である MVA などと論理整合的である。さらに EVA は，新規投資についてだけではなく，資本コストを下回る事業のリストラクチャリングにも応用出来るというメリットをもっている。それゆえ EVA は，経営財務理論や経営戦略理論と極めて整合性の高い，応用範囲の広い業績評価指標であることがわかる。

(c)　CFROI

　投資決定においては，キャッシュ・フロー情報を活用した方法に純現在価値法と内部収益率法が存在する。純現在価値法は，将来の予測キャッシュ・フローを資本コストで割り引いて求められる現在価値がどれだけ初期投資額を上回っているかという純額を求めるものであり，内部収益率法は，将来の予測キャッシュ・フローの現在価値が初期投資額に等しくなるような割引率を算出し，それがどれだけ資本コストを上回っているかを比較するものである。両者を比較すると，純現在価値法の計算結果は金額で算出されるのに対し，内部収益率法ではパーセントで算出されるという相違が存在する。理論的には前者が最適であるとされるが，欧米の実務では後者がより選好されている。企業の実務家は，投資プロジェクトの収益性が金額で表示される純現在価値法よりも，内部収益率法による％表示により慣れ親しんでいるのである。上述の EVA と CFROI を比較すると，その違いは，業績評価指標を金額として算出するか比率として計算するかにあることが理解出来る。

　CFROI には，いくつかのバリエーションがあり，Holt Value Associates 社

のように将来キャッシュ・フローの予測を前提とした上で割引計算によって
CFROI を算出するものや，単期の業績だけで CFROI を算出するものなどが
存在する。ここで，単期のモデルを考察すると，

$$\text{CFROI} = \text{OCFAT} \div 投下資本 \cdots\cdots\cdots\cdots\cdots\cdots\cdots\cdots\cdots (6.9)$$
$$ただし$$
$$\text{OCFAT} = \text{NOPAT} + 減価償却 + その他調整項目$$

となる。ちなみに (6.9) 式の OCFAT（operating cash flow after taxes）は，
税引後営業キャッシュ・フローのことである。キャッシュ・フロー計算書が
作成される場合には，純営業キャッシュ・フローが利用出来る。期間業績と
して測定されるこの CFROI が，税引後の加重平均資本コストを上回っていれ
ば，その事業は，企業価値の創出に貢献していることがわかる。投資決定に
おける内部収益率法と同じ考え方である。ただし，EVA における NOPAT と
CFROI における OCFAT を比較すると，後者ではその他調整項目を除くと，
減価償却が足し戻されている点が大きな相違点となっている。ちなみに，各期
の CFROI が将来的に一定であれば，Holt Value Associates 社の多期間割引モ
デルと等しくなる。

　ここで注目すべきは，CFROI のモデルも，税引後のキャッシュ・フロー
（キャッシュ・フロー計算書における純営業キャッシュ・フロー）を基礎にし
て構築されていることである。このように，企業価値評価においては，すべて
税引後でデータ処理されている点に注意が必要である。

　財務会計においてキャッシュ・フロー計算書が制度化されると，企業分析
にキャッシュ・フロー指標が広く利用されるようになった。さらに欧米諸国
を中心に世界標準となったキャッシュ・フロー指標は，この間の財務理論の発
展ともあいまって，一元的に企業価値を求めるための重要な指標となったので
ある。すでに企業内部においても戦略的な意思決定（投資決定など）はキャッ
シュ・フロー・ベースで行うべきであるとされていたから，業績評価の指標と
してキャッシュ・フローを活用することは，当然の展開だったのである。

⑷ トービンのQとQレシオ

時価やキャッシュ・フローを活用した評価指標として，トービンのQが経済学や財務理論でよく使用される。これはノーベル経済学賞を受賞したジェームズ・トービン（James Tobin）が考案したもので，負債と株主資本それぞれの時価を足したものを総資産の時価で除した指標である。貸借対照表の右側と左側をそれぞれ時価で評価しその比率をとったものである。総資産は，土地や建物などの会計項目を個別に時価評価して合計したもので，すべての資産市場，資本市場が効率的であれば，「負債の時価＋株主資本の時価＝総資産の時価」となり，トービンのQは1になる。トービンのQが1であることが，財務理論における分析の出発点である。ただし，個々の資産市場における時価評価の集計が負債市場と株式市場で正しく反映されるとは限らない。それゆえトービンのQが1を切る場合には，株式が過小評価されていると考えられるのである。

このトービンのQには，負債が含まれているので，株式だけの指標として活用できるように修正されたのが，Qレシオである。Qレシオは，株式時価総額を，総資産から負債を差し引いた純資産の時価で除したものである。これも分母分子が時価で評価されるため，理論的には1で均衡する。1980年代後半のバブル経済時には株式投資の指標としてQレシオがよく使用された。当時株価が高騰したのであるが，同じ株式をQレシオで評価すると依然として1より小さかったため，株価はまだまだ上昇すると予測されたのである。

当時高株価でありながら，低Qレシオが算出されたのには理由があった。バブル経済時には，株価が2倍になったのであるが，6大都市市街地価は3倍以上に値上がりした。地価の値上がりは，Qレシオ計算上分母の純資産額を膨張させる。不動産市場が株式市場よりも急速に上昇したためにQレシオが相対的に低止まりしていたのである。結果としてQレシオはバブルを煽る役割を果たしてしまった。ここでも比率指標を使いこなす際の困難さが表れている。

そもそも貸借対照表上の資産をすべて時価で再評価することは困難である。Qレシオの算定でも市街地価などによって外挿的に推計されたにすぎない。それだけ資産市場の時価評価は困難で，数値の信頼性が低下する。

(e)　EV/EBITDA 倍率

EV/EBITDA 倍率は，企業の時価である企業価値（economic value, EV）をキャッシュ・フローたる金利税償却前利益（earnings before interests, taxes, depreciation and amortization, EBITDA）で除して求められる時価指標である。通常は，キャッシュ・フロー計算書の純営業キャッシュ・フローに税支出を足し戻して金利税償却前利益（EBITDA）を計算するが，損益計算書の営業利益に減価償却等を加える簡便法が使用されることもある。EBITDA は，キャッシュ利益ともよばれ，課税当局や債権者，株主など企業の利害関係者に分配が行われるときのキャッシュ・フロー上の原資となるものである。すなわち，1会計期間における利害関係者の請求可能限度額である。企業価値については，総資産の時価を使用することが理論上は好ましいが，実務上は株式時価総額に有利子負債を加えて算出されることが多い。

EV/EBITDA 倍率 ＝ 企業価値 ÷ 金利税償却前利益
　　ただし
企業価値 ＝ 有利子負債 ＋ 株式時価総額
金利税償却前利益 ＝ 純営業キャッシュ・フロー ＋ 税支出額

EV/EBITDA 倍率の意味するところは，ある時点における企業の現在価値すなわち時価が直近の会計年度に獲得されたキャッシュ・フローの何倍を付けているかということである。この指標は，EV 倍率とも EBITDA 倍率とも略されるが，その値が高いということは，将来にわたってより多くのキャッシュ・フローがもたらされる（すなわち企業の収益性が向上する）と期待されていることを意味している。EV/EBITDA 倍率は，減価償却を足し戻すため，産業構造の影響が少ない分析指標であるといわれている。さらに国ごとの相違が大きい金利と税を足し戻すため，国際比較を行う上でも有効である。

　企業価値は，将来キャッシュ・フローの割引現在価値である。EBITDA は税引前のキャッシュ・フローであるから，EV/EBITDA 倍率は，分母・分子の間で整合性のある指標である。この倍率が高いほど，その企業は効率的に資源を利用して経営を行っていると考えられる。EV/EBITDA 倍率は，税率や

産業構造，会計処理方法の影響が少なく，国際比較に最適な分析指標であると
いわれている。

本書第Ⅱ部の構成

　本書第Ⅰ部では，公正価値概念を基礎にして，国際会計とりわけ IFRS の諸
問題を取り上げてきた。本書第Ⅱ部では，本節で取り上げた割引現在価値概念
を基礎にして，国際経営財務の諸問題を取り扱う。以下，本章第2講では，伝
統的な会計利益を活用した投資決定やその後の業績評価さらには企業分析の問
題を取り上げる。そして第3講では，IFRS からさらに発展している統合報告
を活用した ESG 投資について多元的評価の観点から取り上げる。そこでは，
同じく多元的な評価技法であるバランスト・スコアカードにも触れる。グロー
バル企業を有効に管理運営していくためには，こうした技法の理解が不可欠で
ある。

　第7章では，外貨換算会計制度を踏まえた上で，為替リスクと国際資金を管
理するための技法を国際資金調達として検討する。第4講で外貨換算会計を取
り上げ，第5講で国際経営財務の重要問題である円建及び外貨建による国際
資金調達を取り上げる。そして第6講において為替リスク管理やグローバル・
キャッシュ・マネジメントなどのリスク管理問題を考察する。

　そして第8章では，グローバル企業に固有の問題として国際税務を取り扱
う。そこでは，近年の世界的枠組である BEPS について論じたのち，その主
要な制度であるタックス・ヘイブン対策税制を第7講で論じる。第8講では，
国際税務において最も重要な論点である移転価格税制を取り上げる。第9講で
は，外国税額控除制度や過少資本税制などの国際課税制度について概説する。
国際税務と外国為替は，研究上は別領域であるが，グローバル企業の実務にお
いては，統合された形で実践されていることに注意が必要である。

　第9章は，海外進出のための財務意思決定問題を取り扱う。それは，国際的
M&A と海外直接投資に関わる国際資本予算である。第10講において，海外
進出の形態について考察し，そのための意思決定プロセスについて，第11講
において情報利用の観点から検討する。

　最後の第10章では，企業のグローバル戦略について論じる。第12講におい

て企業のグローバル事業戦略，グローバル組織戦略，及びグローバル化プロセスを考察する。その後国際経営財務の各論として国際管理会計問題を取り上げる。国際管理会計としては，国際的な意思決定会計と業績評価会計が存在する。第13講において国際意思決定会計として計画プロセスが，第14講において国際業績評価会計として評価システムの設計が，それぞれ重要なテーマとなる。

第2講　伝統的な投資決定と企業分析

利益に基づく投資決定

企業外部の者がその企業へ投資を行うとき，会計情報を分析し，意思決定に活用する。その場合には，投資家は，公表財務諸表を利用することになる。これを一般に企業分析というが，企業分析においては，いくつかの財務指標を利用する。企業分析は原則として財務諸表を発行する単位である。通常は連結財務諸表であるから，連結グループ単位での分析となる。セグメント情報や単体の財務諸表が開示されている場合には，そうした単位での分析も可能である。企業分析は公表された財務情報を基礎とするため，その分析に限界がある。また企業分析では，株価や株式時価総額などの市場データが頻繁に使用される。

財務指標は，比率表示による指標と金額表示による指標に分類することが出来る。比率表示による指標は，割算によって求められるものであるが，分子の数値が分母の数値より小さい場合は，百分率（単位は%）で，大きい場合は，倍率（単位は倍）で表示するのが一般的である。投資決定技法の例としては，内部収益率法や会計利益率法における投資の収益性比率があげられる。比率表示のメリットは，異なる評価対象間での比較が容易であることである。例えば利益率10％の事業部は，3％の事業部よりも業績がいいことは明らかである。これに対し金額表示では，10単位の利益を上げた事業部が3単位の事業部よりも業績がいいかどうかは，一概にはいえない。そのためにどれだけの資源を投入したかに依存するからである。それゆえ，金額の変化率をとったりすることもある。金額表示の業績指標（投資決定では，純現在価値法）は，分割可能

性や加法性があるので，個々の評価単位の業績をすべて足し合わせると，企業全体の業績が算出されるというメリットがある。

比率指標を使用する際には，分母・分子の整合性に注意する必要がある。伝統的な利益数値は，取引時の取得原価で評価される資産や売上などとの整合性が高い。一方時価会計の指標は，キャッシュ・フローや市場価値（株式時価総額など）との整合性が高い。逆に，あえて性質の異なる分母・分子で算出される指標も存在する。同じ性質であれば1になるものを，そこからのかい離を問題にする倍率系の指標にこの傾向が見られる。

キャッシュ・フロー計算書が制度化される以前，企業の投資決定においては会計利益（accrual accounting）法が多用されてきた。会計利益法は，キャッシュ・フローの割引計算を基礎とするものではなく，より概算的な利益を使用するものである。ただし，公表された財務諸表の分析において開発された伝統的な財務指標との整合性が高いというメリットを有している。

(a) 会計利益率法

会計利益法には，会計利益率（accounting rate of return, ARR）法と回収期間（payback）法がある。会計利益率法は，ある期間の会計上の利益率がどれだけかを計算し，一定の利益率を超えている投資プロジェクトを採用するものである。

いま，評価の対象となる投資プロジェクトがもたらす毎期の平均利益を$\bar{E}$，初期支出をC_0，利益率をxとすると，会計利益率法の基本的な計算式は，

$$x = \frac{\bar{E}}{C_0} \quad\quad\quad (6.10)$$

として与えられる。この（6.10）式は，次項で事後の財務指標として論じる投資利益率（return on investment, ROI）と同じものである。個々の投資プロジェクトであれ，事業部全体であれ，ある投下資本の単位をとって，それがどれだけの利益を上げているかを測定しようとするものである。

この会計利益率法が，どれだけ概算的なものかを見てみよう。内部収益率法の計算式である前述の（6.3）式において，

$$E_1 = E_2 = E_3 = \cdots = E_n, \ \text{かつ}, \ t = \infty$$

となれば，その計算内容が会計利益率法の計算式である（6.10）式に等しくなることがわかる。これは，投下資本の時間的経過による回収が考慮されず，毎期のキャッシュ・インフローが安定していて平均的な会計利益に代替されるときにのみ，内部収益率法が会計利益率法によって代替されうるということである。これまで多くの日本企業は，割引キャッシュ・フロー法ではなく，会計利益法によって投資の意思決定を行ってきた。けれどもそのような意思決定は，極めて特殊なケースにおいてのみ該当することを忘れてはならない。

(b)　回収期間法

　回収期間法は，毎期の利益を合計していくと，何期で初期投資である費用を回収することが出来るかを計算するものである。回収期間法による投資プロジェクトの回収期間の計算は，第 j 期の利益を E_j，初期支出を C_0 とすると，

$$C_0 = \sum_{t=1}^{n} E_t \cdots\cdots\cdots\cdots\cdots\cdots\cdots\cdots\cdots\cdots\cdots\cdots\cdots\cdots\cdots\cdots (6.11)$$

となるような n を求めることによって行われる。簡略化のためには，会計利益率法のように，1期間の平均利益を基礎にすることも出来る。

　この回収期間法は，日本企業でも欧米企業でも，投資決定の技法としては最も普及している。ただし，日本企業ではメインの技法として使用されているのに対し，欧米企業では副次的な技法として，割引キャッシュ・フロー法と併用されているという大きな違いがある。しかも，欧米では，将来の利益に対して割引キャッシュ・フローと同様の割引計算を行った割引回収期間法が一般的である。資本コストによる割引計算は，伝統的な損益計算に基づく利益に対して行うことも可能ではあるが，利益の測定には費用収益対応の原則によって期間配分がなされるという問題がある。そのため，そのような操作を行わないキャッシュ・フローの方が，より割引計算にフィットしたものである。

　ここで，前述の内部収益率法の計算式である（6.3）式を，回収期間法の計

算式である（6.11）式と比較してみると，（6.3）式において内部収益率 x が 0 に近付けば，その計算結果が回収期間法の計算式である（6.11）式に近似することがわかる。それが意味するところは，こうである。すなわち資本コストが極めて低い場合には，プロジェクトの収益性はそれほど重要ではなくなり，その回収期間のみが重視される。これは，まさに高度経済成長以来バブル経済崩壊に至るまで多くの日本企業がとってきたアプローチである。日本では，他の先進諸国に較べると利子率が低く，しかも株主資本は配当しなければ資本コストがかからないという誤解がこれに重なり，資本コストが無視ないし軽視されてきた。それゆえ銀行借入によって調達した資金に対する返済計画だけが重要になったのである。投資決定において重要なのは，出来るだけ早く資金を返済することによって次から次へと新しい投資を実施していくことではなく，収益性の高い投資を効率的に実施して企業価値を高めることなのである。

　ちなみに，海外投資を行う場合，通常は3年で黒字転換，5年で初期支出の回収（もしくは累積赤字の解消）を，この技法による投資プロジェクトの採用基準としている日本企業が多いようである。ただし，何年で初期投資を回収するかについて，厳密な理論的基準が存在するわけではない。これは，会計利益率法において投資プロジェクトが何％を超えたらそれでいいかという理論的基準が存在しないのと同じである。回収期間法であれ，会計利益率法であれ，会計利益法はあくまでも概算的な評価方法にすぎないことを忘れてはならない。

　会計利益法のメリットは，発生主義に基づく他の財務会計や業績評価会計のシステムと整合的な技法であることである。ただしそのメリットは，金利や税金，減価償却など割引キャッシュ・フローの重要な構成要素となる項目を考慮しないことによって得られるものである。技法間の整合性の問題は，企業の意思決定をすべてキャッシュ・フローによって行うことで解決することが出来る。

利益に基づく企業分析

　企業分析のための指標は，米国で開発されたものが多い。ちなみに，外部の専門的なアナリストによって本格的な財務分析が行われるようになったのは，1960年代のことである。この時期の米国は，第三次 M&A ブームに沸いてお

り，複合的な事業に多角化展開する多くのコングロマリット企業の形成期にあたっていた。この時期によく利用されるようになった指標が，株主資本利益率（return on equity, ROE）であり，1株あたり純利益（earnings per share, EPS）である。1株あたり純利益は，企業の税引後の連結純利益を発行済株式数で除したもので，キャッシュ・フロー計算書が制度化される以前には，これが配当原資になるとされていた。そこで，これまでに普及してきたいくつかの伝統的な会計指標を見てみよう。

(a)　ROE

株主資本利益率は，株主資本が稼ぎ出す利益の比率である。ROE の計算は，通常以下の式で行われる。

ROE ＝ 当期純利益 ÷ 期末株主資本

分母には期末の株主資本額をとることが多いが，期首と期末の平均値（期中平均）を使用することもある。米国には，ROE が20％を超える優良企業が多く存在する。世界標準からすれば，ROE は，10％以上であることが必要である。他の条件が一定であれば，ROE は高ければ高いほど，その企業の業績が好調であるといえる。今日，ROE を経営指標として重視する日本企業が増加している。

分子となる当期純利益は，株主総会を経て配当されるか内部留保される。急成長の企業には投資機会が豊富にあり，無配当で内部留保がすべて再投資に使用されることがある。ROE は，利益の処分方法に関わらず，早かれ遅かれ株主に報いられると期待される比率を示している。投資家にとってみれば，投資対象となる企業の ROE を株式以外の金融商品の投資利回りと比較することも容易である。ROE は，単純でわかりやすい財務指標である。

企業の ROE を高めるためには，多様な方法が存在する。まず本業の収益力を高める方法である。売上高が一定でも，付加価値を高めたりコスト削減を行うことによって，売上に占める利益の割合が増える。収益力の指標として売上高利益率（＝当期利益÷売上高）があるが，資産や売上高といった企業の事業

規模が一定であれば，この売上高利益率を高めれば，ROE が上昇する。効率化や合理化による戦略である。

　また売上高利益率が一定でも，資産を増やさずに売上高（収益）そのものを増やすことができれば，その結果として利益が増えるから，ROE が向上する。企業規模拡大を伴わなければ株主資本は一定であるから，そこで売上高株主資本比率を高める戦略である。

　分子を上げるのではなく，分母を下げることも，ROE を高める方法である。成熟産業などで発行済株式数が多くかつ有効な投資機会が少ない場合には，内部留保資金を活用して自社株式の買入消却を行えば，株主資本が小さくなり，結果として ROE が上昇する。その意味で，自社株買いは重要な情報である。会計上 ROE が向上するのみならず，市場流通株式が減少し株価が上昇するからである。

　さらに，株主資本は一定でも，負債を増やして株主資本比率（＝株主資本÷（負債＋株主資本））を下げることによっても，ROE は上昇する。企業の利益は，貸借対照表の資産全体を活用することによって獲得される。その資産の調達源泉は，すべてが株主資本であるとは限らない。株主資本を増やさずとも負債によって資金調達し，資産を増加させれば，そこから生み出される利益の総額が増える。このとき，株主資本は不変であるから，計算上 ROE は向上するのである。これを負債のレバレッジ（てこ）効果という。いま，赤字決算が続き債務超過寸前の企業があったとする。その企業がリストラを断行して黒字回帰すると，資本構成はほとんど負債であるから，ROE は極めて高くなるというのが，それである。負債のレバレッジ効果は，業績の良いときは正にてこが効くが，悪くなるとそのまま逆方向に作用する。そもそも，株主資本比率を低めることによって ROE が高まるのは，負債増加による倒産リスクの高まりを株主資本が引き受けることによる代償である。それゆえ財務分析で ROE を使用するときには，必ず株主リスクを株主資本比率でチェックする必要がある。

　ROE を使用する際には，その企業の営業年数も要注意である。期末の値をとろうが期中平均をとろうが，分母となる株主資本には，出資として株主から払い込まれた資本金と事業によって蓄積された過去の内部留保利益が含まれている。営業年数が長くなると成長率は鈍化するが，過去の急成長期の利益が分

母に蓄積されているため，それに見合うだけの当期利益の成長を維持し続けない限り EOE は傾向的に低下する。成熟産業と新興産業では，分母の蓄積が異なるのである。

さらに時価会計では，未実現の評価益はその期の当期利益には含まれず，株主資本にチャージされることが多い。そうすると日本のように依然として取得原価指向の強い会計制度のもとでは，傾向として ROE の分母が小さくなることにも要注意である。日本でも ROE の重要性が認識されつつある。他の条件が一定であれば，ROE は高ければ高いほど好ましい。ポイントは，他の条件の影響をよく吟味することである。

この指標は，公表財務諸表から計算可能なので企業分析において使用されてきたが，企業のトップ・マネジメントの評価指標として利用されることもある。もしも業績評価が ROE で行われ，それによって報償が決定されるならば，経営者には負債のレバレッジ効果を活用するというインセンティブが働くであろう。そのため，分析指標として株主資本収益率を使用する際には，株主資本比率を併用して株主資本の水準をチェックする必要がある。

(b)　ROI

ROI（return on investment）は，投下資本利益率または投資利益率とよばれている業績指標である。投下資本に対する利益の比率として計算される。ROE と ROI を比較すると，前者では分母に株主資本を使用するのに対し，後者では，さまざまな単位をとりうるというメリットがある。また投下資本の源泉が負債であるか株主資本であるかも，通常は問題にされない。業績評価会計では投資プロジェクトの ROI，事業部の ROI，工場の ROI など多様な投下資本利益率が計算される。また分子についても，ROE では税引後の純利益，ROI では税引前の経常利益を使用することが多いようである。ROI が管理会計のための指標だからであろう。ROI の計算式は，通常以下のようになる。

ROI ＝ 経常利益 ÷ 投下資本

投下資本には，その事業のために調達された資本，すなわち借入金や社債，

株主資本などの合計額をとる。分母の資本構成（すなわち負債による調達部分）を分子に反映させるには，分子に経常利益だけではなく投下資本に対する支払利息を加算することが好ましい。

　ROI は，投資決定における会計利益率法と同じものである。どちらも，投下資本額に対する 1 期間のリターンを問題にするからである。それゆえ投資決定を会計利益率法で行い，業績評価に ROI を使用すれば，管理会計システムとして意思決定と業績評価の整合性が維持されることになる。これが，従来ほとんどの日本企業が採用してきたシステムである。個別事業の ROI を向上させていけば，企業全体の ROE も上昇することになる。

　前述の ROI（投資利益率）の計算において，経常利益に支払利息を加えると，分子はよりキャッシュ・フロー・ベースに近づくが，それにさらに減価償却を加算し，税引後で評価すると完全なキャッシュ・フローとなる。ROIの分子を，会計上の利益ではなく，キャッシュ・フローで計算する投下資本キャッシュ・フロー比率を，キャッシュ・フロー ROI または略して CFROI とよぶ。CFROI は，キャッシュ・フロー・ベースで比率指標を活用しようとするものである。期間業績として測定されるこの CFROI が資本コストを上回っていれば，その事業は，企業価値の創出に貢献していることがわかる。この考え方は，投資決定における内部収益率法と同じものである。

⒞　PER と PCFR

　外部投資家による企業分析では，分析にあたって株価を使用することが多い。株価は，容易に入手可能なデータであり，なおかつ資本市場が効率的であれば，企業の業績を合理的に反映した価格付けがなされるからである。将来において企業の業績が現在よりも向上すると市場で期待されれば，株価はそれを織り込んであらかじめ上昇する。株価と利益の関係を表す指標には，株価収益倍率（price earnings ratio, PER）がある。株価収益倍率は以下のようにして求められる。

　PER ＝ 株価 ÷ EPS

　これは，株価を1株あたり純利益（EPS）で除したものであるが，株式時価総額（＝株価×発行済株式数）を当期純利益で除して求めることも出来る。
　PERは，将来の期待を反映した株価が直近の利益の何倍になっているかを表示したものである。将来と過去の比率ということが出来る。それゆえPERが高いということは，将来その企業の利益が向上するという期待のもとに，現行の利益水準よりも株価が高くなっていることを意味している。ただしPERには，ROE同様企業価値に対する負債の影響が考慮されていないという問題が存在する。それゆえPERは，株主資本と負債を包括した時価評価指標へと拡張する必要がある。
　株価キャッシュ・フロー倍率（price cash flow ratio, PCFR）は，PERの純利益ではなく，キャッシュ・フローと株価との関係を分析するものである。PCFRは，以下のようにして計算される。

PCFR ＝ 株価 ÷ 1株あたり（純営業）キャッシュ・フロー

　あるいは，株式時価総額をキャッシュ・フローで除して求めてもよい。計算にキャッシュ・フローを使う理由は，株主の最終的な取分が利益ではなくキャッシュ・フローから捻出されるからである。業績好調の日本企業では，株価キャッシュ・フロー倍率は30倍を超える。逆に業績低迷企業では，PCFRが10倍未満のケースが多い。PER・PCFRともに，分子となる株価は，あくまでも将来の期待に基づいて形成される。環境やハイテクなど高い将来性が期待される分野の企業は，現在の業績とは関係なく株価がはね上がることがある。PERやPCFRの高い企業には，それぞれなんらかの大きな期待が込められているはずである。
　財務指標にキャッシュ・フローを使用するメリットとして，産業間の相違が解消され，より客観性が高まることがあげられる。利益計算では減価償却が費用として減算されるため，資本装備率の高い業種の企業や事業単位は，なかなか利益が出ないからである。ちなみに，財務比率分析を行う際に注意しなければならないことは，分子がマイナスであってもかまわないが，分母がマイナスになると，意味のある財務比率が求められないということである。PERや

PCFR が，これに該当する。キャッシュ・フローは，利益に比べると減価償却などが足し戻されるため，マイナスになりにくいということも計算上有用である。キャッシュ・フローがマイナスということは，手持ちの現金がどんどん減っているということであり，企業の資金がいずれショートしてしまう。不況期には利益を出せない日本企業が多くなるが，それでもキャッシュ・フローがマイナスになることは少ない。そのような場合には，PER よりも PCFR が有効な指標となる。

　資本市場の分析においては，もともと PER が使用されていたが，ROE と同様負債レバレッジの問題が考慮されていないこと，株価という時価指標を取得原価主義で測定される純利益で除しており分母・分子に整合性がないこと，などの欠点をもっていた。それゆえ，PER のこのような欠点を補うために，前節で取り上げた EV/EBITDA 倍率が開発されたのである。

　(d)　PBR

　PBR は，株価が 1 株あたりの株主資本簿価の何倍になっているかを計算した指標である。あるいは，株価に発行済株式数を乗じた株式時価総額を株主資本で除してもかまわない。資本市場がそれに対応する企業会計上の資本簿価の何倍をつけているかを示している。株式投資では，PBR だけで投資判断がなされることは少なく，PER に対する補助的な指標として使用されることが多い。不況期で利益の出ない企業は PER の計算が不可能になるため，そのような場合には，PBR によって投資判断がなされるのである。

　　PBR ＝ 株式時価総額 ÷ 株主資本
　　　　＝ 株価 ÷ 1 株あたり株主資本簿価

　株式時価総額は，企業の純資産の時価を表している。これに対し，貸借対照表の株主資本の部は，原則として取得原価主義に基づく過去の蓄積を表示している。

　将来において企業のキャッシュ・フローが増加すると投資家に期待されれば，株価はそれを織り込んであらかじめ上昇するため，PBR の高い企業は，

将来の成長が見込まれる。ただし企業の将来性を完全に予見することは不可能であるから，成長機会を有しながら多くの投資家に気付かれていない場合には，PBR が低く出る。そのため投資家の間では，将来性が評価できるにもかかわらず低 PBR に留まっている株式は買いであるといわれている。株式を低い順にスクリーニングし，その中に将来性が評価できる企業があったとするならば，今のうちに買っておけば，いずれ値上がりするだろうという訳である。

　PBR は，市場が下げ局面にある場合に，下げ止まりの判断基準としても使用される。PBR が1倍を切ると，帳簿上の価額が時価を下回るのであるから，むしろ解散して資産を切り売りした方が株主は儲かる。それゆえ債務超過などの心配が全くない企業の PBR が1を切るという状態が長く続くことは考えられず，その手前で下げ止まるだろうという訳である。株価や株式時価総額は，企業の純資産の時価を表している。これに対し，貸借対照表の株主資本の部は，原則として取得原価主義に基づく過去の蓄積を表示している。もしも PBR が1を切った状態が続くのであれば，その企業のキャッシュ・フローが将来的に先細ると考えられている。資産が慢性的に減損状態にあるからである。

　PBR は，株主資本に関する時価と簿価の比率であるから，取得原価評価の色彩が強い会計制度においては分母が相対的に小さくなるため，計算上倍率は高くなる。低すぎる PBR は倒産リスクとなるものの，企業の収益性と PBR の間にはむしろ負の相関関係があるといわれている。さらに PBR でも，ROE や PER 同様，負債の影響が考慮されていないという問題が残る。現実の市場はつねに効率的である訳ではなく（もしもそうであれば Q レシオはつねに1になる），財務指標も会計基準に代表される制度のあり方に影響を受ける。実は，そうした資本市場と会計制度との摩擦の大きさを示しているのが，PBRなのである。

　以上に論じた ROE，ROI，PER，PBR は，すべて発生主義会計による期間損益情報を基礎として計算される指標である。企業における業績評価や外部の投資家による企業分析では，他にもさまざまな会計指標が利用されることがある。それらの多くは，上記の4指標と同様に，損益計算書情報をもとにして計算されるものである。そうした指標に共通する限界は，計算に使用されている

利益が業績を正確に表示したものではないという点にある。しかも，資本コストやリスク，時間の価値といった財務分析上重要な要素がすべて無視されている。伝統的な財務指標は概算的なものにすぎず，より厳密な業績評価指標が開発されている今日では，投資決定における会計利益法と同様，せいぜい副次的な指標として併用されるべきである。

第3講　多元的な評価指標

BSC

近年，企業評価の領域においては，EVA や CFROI に代表される一元的なキャッシュ・フロー指標によるシステム化を追求するアプローチとともに，多元的な指標によって総合的に評価しようとするアプローチが並存している。そもそも両者は，論理的には異なる体系を指向するものである。一元的な企業評価は，企業は株主（stockholders）だけのものであるという企業観に基づくものであり，多元的な企業評価は，企業はさまざまな利害関係者（stakeholders）に関わるものであるという企業観を反映したものであるということを忘れてはならない。後者の代表例となるのが，ロバート・キャプラン（Robert S. Kaplan）とデビッド・ノートン（David P. Norton）によって開発されたバランスト・スコアカード（Balanced Scorecard, BSC）である。

BSC は抽象的な概念であることが多い企業の戦略やビジョンをより具体的かつ定量的な指標に整合的に分割していくためのシステムとして開発された。企業の戦略は，4つの視点に分解される。通常は，財務の視点，顧客の視点，業務プロセスの視点，学習と成長の視点の4つが採用される。このように複数の視点が採用されるのは，企業には株主以外に顧客，サプライヤー，従業員などさまざまな利害関係者が存在するため，株主の利害だけを重視すると他の利害関係者の利害を損ねてしまい，かえって財務業績が阻害されかねないからである。当初，BSC のモデルは，株主のための財務の視点，顧客のための顧客の視点，サプライヤーのための業務プロセスの視点，従業員のための学習と成長の視点という4つの視点について，うまくバランスを取ることを強調してい

た。

　その後 BSC 研究は，4 つの視点間に因果関係が存在することを発見する。そこでは，学習と成長の視点が先行指標，業務プロセスと顧客の視点が中間指標，財務の視点が結果（遅行）指標とされる。それゆえ BSC は，まず従業員の学習と成長を促進し彼らの満足度や習熟度を高めることが出来れば，すなわち学習と成長の視点からの得点を高めることが出来れば，業務プロセスが効率化し質の高い製品やサービスが提供され（業務プロセスの視点），それによって顧客の満足度も向上する（顧客の視点）と考えるのである。そして財務業績は，そうした各視点による評価の向上の結果としてのみ達成されるというのが，BSC 系のモデルである。

　企業の戦略は，通常 4 つに区分される視点ごとに，戦略目標に分解される。財務の視点における戦略目標，顧客の視点における戦略目標，業務プロセスの視点における戦略目標，学習と成長の視点における戦略目標という形にである。これによって，個々の視点ごとに達成すべき戦略目標が具体化される。視点が異なれば，達成すべき戦略目標も異なるからである。そして，それらの戦略目標を達成するにあたって最も重要となる要因すなわち重要成功要因が決定される。重要成功要因とは，それを実現ないし向上させることによって最もよく戦略目標が達成される要因である。

　重要成功要因が決まると，それを数字によって測定するための業績評価指標が決まる。ただし重要成功要因は，場合によっては 1 つの戦略目標（例えば財務の視点の戦略目標）に対して複数存在することもある。その場合には測定すべき重要成功要因の数だけ業績評価指標が採用されることになる。通常は 1 つの視点に対し 2 から 4 程度の業績評価指標が採用されている。このような形で抽象的概念的な戦略は具体的な業績評価指標に落とし込まれていくのである。業績評価指標が決まると，達成すべき数値目標すなわちターゲットが決定される。そしてそのターゲットを実現するために最適なアクション・プランが導き出されることになる。このように，企業の戦略は，視点⇒戦略目標⇒重要成功要因⇒業績評価指標⇒ターゲット（数値目標）⇒アクション・プラン（実行計画）と分解され，具体化されていくのである。

　BSC は，従来バラバラに展開されてきた戦略と業績評価を有機的に接続し，

整合的な管理システムとしたものである。その特徴は，多様な利害関係者を前提にそれぞれの利害関係者に対応する複数の視点を採用し，さらにそれらを複数の業績評価指標で測定するというまさに多元的な評価システムである。

BSC の業績評価指標

　BSC の４つの視点は，個々の企業における重要成功要因に対応する形で業績評価指標に分解される。それぞれの視点においては，何を，何時，誰が，何のために，どの程度，どのように測定するのかによって業績評価指標は異なってくる。例えば財務の指標においては，収益性，安定性，成長性，生産性など企業にとって重要な要因に応じて採用されるべき指標が決定される。さらに収益性においても，本章で取り上げたさまざまな指標が使用可能である。一般に，その企業が置かれている産業の成熟度が財務の視点における重要成功要因及び業績評価指標に影響を及ぼすといわれている。例えば，成長段階の産業及び企業では成長性が重視されるのに対し，維持・安定期では収益性の利益指標，収穫・成熟期ではキャッシュ・フロー指標が有効であるといわれている。

　財務の指標を向上させるべき顧客の視点では，顧客をどのようにセグメント化するべきかによって指標が異なってくる。例えば市場占有率なのか，顧客定着率なのか，新規顧客獲得率なのかといった点である。財務の視点における指標同様，金額と比率による指標が考えられる。さらに顧客数など人数や苦情件数などそれ以外の数字が業績評価指標になることもある。繰り返しになるが，それらはすべて企業の戦略から論理的に導き出されるものである。

　顧客の指標を向上させるための業務プロセスの視点は，研究開発に関わるイノベーション，製造工程に関わるオペレーション，販売後のアフターサービスに区分される。そして重要なプロセスに応じた業績評価指標が決定されていく。ここでは，新製品開発数，在庫回転率，返品率などの指標があげられる。原材料納入業者の利害も，ここで評価される。

　そして業務プロセスの指標を向上させるのが学習と成長の視点であり，そこでは，従業員の知識レベルを向上させることが重要になる。いわゆるナレッジ・マネジメント（知識経営）である。それには従業員満足度，従業員定着率，欠勤率，資格取得数など考えられる。このように，ストラテジック・コント

ロールとしての BSC では，企業が長期的に発展していくための原点が，投資にではなく従業員に置かれていることが特徴的である。

　さらに必要に応じて，第5，第6の視点を採用する企業も存在する。例えばリコーは，上記4つの視点に加えて環境の視点を導入している。

　このように，BSC は，多元的な指標を使用することによって企業の業績を評価しようとするものである。この BSC は，事業部やスタッフ部門など部門単位で構築することも可能であるし，個々の従業員にまで分解することも可能である。そして責任単位ごとに採用すべき指標やそのウエイト付けが決められる。その際には，部門間及び階層間での戦略マップの整合性が図られなければならない。一般に，上級経営者ほど財務の視点における指標の比重が高くなり，現場やスタッフ部門では逆に顧客や業務プロセスの指標が高くなる。業績評価にあたっては，個々の指標ごとの目標達成度が分析され，それらにウエイト付けを行った上で，総合得点が導出されるのである。

BSC を活用した企業評価

　BSC は本来，企業内部における経営管理のための技法であったが，外部からの企業評価においても注目されてきた。例えば三上他（2003）は，『週刊東洋経済』において同社が有するさまざまなデータを活用して BSC による企業の総合評価に取り組んでいる。また BSC の名称を冠していないものの，筆者も加わった電機連合総合研究センター（1999）も，労働組合である電機連合の労使関係データと東洋経済新報社の財務データを活用して企業の総合評価を「良い会社」という名称で取り組んだものである。東洋経済新報社の『CSR 企業総覧』や，『週刊東洋経済』の「信頼される会社ランキング」は，そうした同社の多元的な企業評価の流れを汲むものである。

　BSC 系のモデルは，まず従業員の学習と成長を強調する。カネからではなくヒトから入るのである。ここでいう成長とは，言うまでもなく組織の成長のことである。それが企業を取り巻くステイクホルダーであるサプライヤーや顧客の満足度やコミットメントを高め，長期的に財務業績に結び付いていくというものである。社会性・企業統治・雇用からなる社会責任因子は，学習と成長の視点をさらに拡張したものだからである。求められるのは，CSR を強化

する学習と成長なのである。BSC のモデルでは，企業が長期的に発展してい
くための原動力が，投資にではなく人材開発に置かれていることが特徴的であ
る。

統合報告書に基づく ESG 投資

　株式投資は，対象となる企業のリスクとリターンを考慮して純粋に経済活動
として実施する。これに対し，社会的責任投資（SRI）として投資先企業の活
動内容をよく吟味した上で，社会的かつ倫理的に好ましい企業を厳選して投資
することが行われてきた。SRI は，米国で発展してきた考え方である。タバコ
産業やアルコール産業，好ましくない労使関係，環境破壊，ギャンブル産業な
どに該当する企業をスクリーニングしてあらかじめ投資対象から除外するので
ある。このソーシャル・スクリーンには，倫理的に好ましくない産業や企業を
投資対象から除外するネガティブ・スクリーンと，環境問題に積極的に取り組
んでいたり障がいや人種などによってハンディキャップを負わされている人々
を優先的に雇用していたりといった企業を育てるために重点的に投資するポ
ジティブ・スクリーンが存在する。カリフォルニア州公務員年金基金は，1990
年代以降公益性を重視しソーシャル・スクリーンに基づく年金運用を実践して
いる。

　SRI は，そうした投資に特化したファンドとして運用される。米国などで
は，SRI ファンドは一般的なインデックス・ファンドと比較しても遜色のない
パフォーマンスをあげている。それぞれの SRI ファンドは，ポートフォリオ
の構成に独自の社会的責任の基準を有しており，それに共感する投資家が投資
する。SRI の基礎には，企業は単に経済的利益を追求するだけではなく，よき
企業市民として社会的な責任を果たすべきであるという CSR（企業の社会的
責任）の考え方があることはいうまでもない。CSR を果たしている企業が，
SRI の対象となるのである。

　この SRI が 20 世紀前半の米国に端を発するものであるのに対し，2006 年に
設置された国連責任投資原則（UNPRI）によって促進された考え方に，ESG
投資がある。UNPRI の事務所は，ロンドンに置かれている。ESG 投資とは，
環境（environment），社会（society），ガバナンス（governance）の 3 つの

要素を重視して投資先を決定するものである。投資家に向けて企業は，毎年アニュアルレポートを発行している。近年では財務情報のみならず，さまざまな企業活動を網羅している。それをさらに拡張して，より包括的な資本概念のもとで非財務情報を含め投資家への開示情報の魅力度を高めようとするのが，統合報告である。換言すれば，ESG投資を積極的に受け入れるためには，企業は財務業績のみならずCSRについても実践し，その両方を統合報告書として開示すべきだということである。したがって，統合報告の進展によって，そこに含まれるCSRについても大きく変化することになる。

　ESG投資のうちの環境については，エネルギー使用量やCO2排出量の削減，化学物質の管理，自然及び生物多様性の保護などに積極的に取り組むとともに，それを情報開示している会社が投資の対象となる。環境会計にも積極的なヨーロッパのESG投資では，原発関連企業が投資対象外とされている。次にESGの社会投資としては，ワーク・ライフ・バランスの支援，人権問題への対応，地域社会での活動・貢献などが重要な要因となる。

　ESG投資におけるガバナンスでは，コンプライアンスのあり方，社外取締役の独立性，経営の透明性，情報開示，資本効率への意識などが重要になる。EUではドイツが，共同決定制度によって会社の最高意思決定機関である監査役会に株主代表とともに従業員代表を選出することを義務付けてきた。この制度は必ずしもEU域内で普及している訳ではないが，今日の企業統治は，監督機関と執行機関を分離することによって，その機能が強化されつつある。監督機関はドイツの監査役や米国の社外取締役に代表され，特定の利害に偏らない公平なスタンスが求められるのに対し，執行機関はドイツの取締役や米国の執行役が該当し，CEOに典型的なようにプロフェッショナルとしての高いマネジメント・スキルが要求される。統合報告によってESG投資を推進するためには，CSR活動が詳細に開示されなければならない。

第６章の参考文献

青木茂男編『要説経営分析（5訂版）』森山書店，2016年。

上野清貴『公正価値会計と評価・測定―FCF会計，EVA会計，リアル・オプション会計の特質と機能の究明―』中央経済社，2005年。

上野清貴『公正価値会計の構想―APV会計，EVA会計，CFROI会計，リアル・オプション会計の統合に向けて―』中央経済社，2006年。

大津広一『戦略思考で読み解く経営分析入門―12 の重要指標をケーススタディで理解する―』ダイヤモンド社，2009 年。

ロバート・S・キャプラン，デビッド・P・ノートン『バランス・スコアカード―新しい経営指標による企業変革―』吉川武男訳，生産性出版，1997 年。

ロバート・S・キャプラン，デビッド・P・ノートン『キャプランとノートンの戦略バランスト・スコアカード』櫻井通晴監訳，東洋経済新報社，2001 年。

ロバート・S・キャプラン，デビッド・P・ノートン『BSC によるシナジー戦略―組織のアラインメントに向けて―』櫻井通晴・伊藤和憲監訳，ランダムハウス講談社，2007 年。

ロバート・S・キャプラン，デビッド・P・ノートン『バランスト・スコアカードによる戦略実行のプレミアム―競争優位のための戦略と業務活動とのリンケージ―』櫻井通晴・伊藤和憲監訳，東洋経済新報社，2009 年。

ロバート・S・キャプラン，デビッド・P・ノートン『戦略マップ―バランスト・スコアカードによる戦略策定・実行のフレームワーク― (復刻版)』櫻井通晴他監訳，東洋経済新報社，2014 年。

ジョエル・M・スターン，ジョン・S・シーリー，アーヴィン・ロス『EVA』日本経済新報社，2002 年。

スターン・スチュワート社『EVA による価値創造経営』伊藤邦雄訳，ダイヤモンド社，2001 年。

G・ベネット・スチュワート, III『EVA 創造の経営（正）（続）』河田剛他訳，東洋経済新報社, 1998 年，2002 年。

電機連合総合研究センター『良い会社 悪い会社』東洋経済新報社，1999 年。

奈良沙織『企業評価論入門』中央経済社，2019 年。

K・G・パレブ，V・L・バーナード，P・M・ヒーリー『企業分析入門（第 2 版）』斎藤静樹監訳，東京大学出版会，2001 年。

マッキンゼー・アンド・カンパニー『企業価値評価（第 6 版）（上）（下）』本田桂子監訳，ダイヤモンド社，2016 年。

バートレイ・J・マデン『CFROI』福島毅他訳，エコノミスト社，2001 年。

三上直行，丸山尚文，長谷川高宏「バランスト・スコアカードで読み解く成長会社の条件」『週刊東洋経済』2003 年 9 月 6 日号，30-51 ページ。

ロジャー・W・ミルズ『SVA』前田俊一訳，東洋経済新報社，2002 年。

山本昌弘『戦略的投資決定の経営学』文眞堂，1998 年。

山本昌弘『多元的評価と国際会計の理論』文眞堂，2002 年。

山本昌弘『株とは何か―市場・投資・企業を読み解く―』講談社メチエ，2011 年。

山本昌弘監『指標とランキングでわかる！本当のホワイト企業の見つけ方』東洋経済新報社, 2014 年。

山本昌弘，東洋経済新報社財務・企業評価チーム編『実証会計学で考える企業価値と株価―本当にいい会社の見分け方―』東洋経済新報社，2009 年。

第 7 章

国際資金調達と為替リスク管理

第7章のテーマ

　第 7 章は，外国為替リスクの管理に関わる諸問題を取り扱う。まず会計リスクの処理方法として，外貨換算会計を取り上げる。続いて国際的な資金調達とその際に必要となる財務開示について説明する。海外直接投資や国際的 M&A を実行するには，そのための資金が必要であり，国際資金調達の問題は，国際経営財務の中心問題となっている。続いて，1998 年に改正された外国為替法の理解に努めるとともに，それが企業財務に及ぼす効果を説明する。そして外国為替法によって解禁された外国為替リスクの管理方法を活用したグローバル・キャッシュ・マネジメントについて説明する。本章では，為替リスクにはどのようなものがあり，それをどうやって管理すればよいかについて理解を深めることが重要なテーマとなる。

第4講　外貨換算会計

決算日レート法

　グローバル企業は，世界中で活動を行うため，複数の通貨を同時に取り扱うことになる。それゆえ，通貨間の交換の問題が発生する。これを外国為替，略して外為という。このうち会計に関わるリスクを取り扱う外貨換算会計は，在外子会社や在外支店など在外事業体の財務諸表を，本社の財務諸表の表示通貨にいかに変換するかという外貨建財務諸表の換算問題と，本社などが有する外貨建の債権及び債務を決算時に会計上いかに換算するかという外貨建債権・債務の処理問題という2つの問題を取り扱う。そもそも財務諸表は，単一の通貨で表示される。それゆえ異なる通貨で表示された財務情報は単一通貨に換算されなければならない。今日財務報告の主流になっている連結会計では，国内・国外を問わず親会社が支配する会社すべてを連結対象とするため，連結財務諸表の作成にあたって外貨換算会計が極めて重要になってくる。外貨建財務諸表であれ，外貨建債権・債務であれ，財務諸表上の諸項目をどの時点の為替レートによって換算するかによって，外貨換算会計にはいくつかの方法が存在する。

　外貨換算会計の外貨建財務諸表の換算において最もシンプルな方法は，すべての資産及び負債の項目を決算日の為替レートで換算する方法である。これを，決算日レート（closing rate, current rate, CR）法という。ただし外貨建財務諸表の資本項目については，当該会社が現地で存続する限りその資本が活用され本国通貨に換金される可能性が低いため，どのような外貨換算方法であっても出資が行われたときの取引日レート（historical rate, HR）で換算が行われる。それゆえ決算日レート法では，負債全項目とそれに相当する資産部分は同じ方向に為替が動きその影響が相殺されるので，総資産から負債を差し引いた純資産（借方）部分が為替変動の影響を受けるため，取引日レートで据え置かれる株主資本（貸方）との間に為替レート変動による換算差損益が生じることになる。

　損益計算書項目である費用・収益の換算については，決算日レートを使う
ケースや，取引日レートを使うケース，期中平均レートを使うケースなどがあ
る。こちらは貸借対照表と異なり通常 1 年間の取引のみを対象にしておりこの
間の為替変動が比較的小さいということから，取引日や期中平均が使われるこ
ともあるのである。

　この決算日レート法は，19 世紀において当時世界中に植民地を有していた
英国の勅許会計士によって，英国企業の海外支店に対する会計処理として使用
されていた方法である。すべての会計項目を決算日レートで換算するため，簡
便ではあるが，計算上最も外貨換算差損益が大きくなる処理法でもある。

流動・非流動法

　決算日レート法に次いで，両対戦間期に一般的になった方法が，流動・非流
動（current-noncurrent）法とよばれる換算方法である。米国で 1920 年代か
ら主張されており，1931 年に米国会計士協会公報第 92 号，1934 年に同第 117
号，1939 年に米国会計手続委員会（CAP）による会計研究公報（ARB）第 4
号，そして 1953 年に同じく ARB43 として，歴史的に支持されてきたもので
ある。ただし，今日では使われていない。

　流動・非流動法は，外貨建財務諸表のうち貸借対照表の資産と負債を，会計
上流動か固定かによって区分する。そして流動資産及び流動負債項目につい
ては，決算日レートを適用し，固定資産及び固定負債項目については，取引日
レートを適用する。例えば，現金，有価証券，売掛金，棚卸資産，前払費用な
どの会計項目に決算日レートが適用され，有形固定資産や繰延資産などの会計
項目が取引日レートで換算される。負債については，買掛金が決算日レート，
長期の社債は取引日レートということになる。また費用・収益については，
（当該年度内の）取引日レートまたは期中平均レートで換算するが，外貨換算
上の整合性を維持するために，減価償却費は，元の減価償却資産に適用されて
いる換算レートで費用化することに注意が必要である（繰延資産の費用化につ
いても同じ）。

　流動・非流動法は，為替レートの変動が激しいときに，決済期日の近い短期
の流動性項目を決算日レートで換算し，それについてのみ（取引日と決算日の

間の）外貨換算差損益を認識するものである。ただし流動性項目と非流動性項目は，そもそもは財務諸表の開示目的のための分類基準である。これをそのまま外貨換算目的に使用すると，同じ属性の会計項目（例えば，前払費用と長期前払費用）であっても，異なる換算レートが適用されてしまうという問題が発生する。また1年間の損益を取り扱う損益計算書において，数十年前の取引日レートで換算される減価償却費が混在するといった問題も含んでいる。

この流動・非流動法は，すぐには実現されない長期の貸借対照表項目について取引日の為替レートを維持することによって為替変動の影響を避けるとともに，すぐに実現されるであろう短期項目については決算日レートで換算して換算差損益を認識するものである。その考え方は会計学上の保守主義に基づくものであるが，為替変動の大小と会計上の長期・短期は，そもそも全く別のものである。

貨幣・非貨幣法

第二次世界大戦後の 1965 年に，米国会計原則審議会（APB）によって会計原則審議会意見書（APBO）第 6 号として採用されたのが，貨幣・非貨幣（monetary-nonmonetary）法である。これは，外貨建貸借対照表の資産を貨幣性か否かによって区分し，それぞれに異なる換算レートを適用する方法である。容易に換金されキャッシュ・フローに転換される資産（現金や売掛金）については，決算日レートを適用し，それ以外の資産はすべて取引日レートで換算するものである。ただし負債については，期間の長短に関わらず貨幣による支払義務を負うものは，為替リスクの観点からすべて決算日レートで換算する。前受収益のような期間損益計算上の繰延項目は，取引日レートを維持することになる。費用・収益は，（当該年度内の）取引日レートまたは期中平均レートで換算するが，非貨幣性資産の費用化及び非貨幣性負債の収益化には，もとの資産・負債計上時の為替レートを使用することになる。

貨幣・非貨幣法は，為替レート変動の影響を直接受ける貨幣性の資産と負債について，決算時における回収可能額及び返済必要額を見積もるために，決算日レートを適用するというものである。それ以外の資産と負債は，当該資産及び負債の取得時ないし発生時の価額で測定されるので，これに合わせるために

当初の取引日レートを損益計算書においても使用するのである。

　貨幣・非貨幣法は，キャッシュ・フローに直接影響する項目のみを決算日レート法で換算するため，最も外貨換算差損益が小さくなる換算方法である。流動・非流動法と貨幣・非貨幣法を比較すると，一般に，流動・非流動法では有価証券や棚卸資産など流動性の高い資産サイドに為替変動の影響が出るのに対し，貨幣・非貨幣法では支払義務のある負債をすべて決算日で換算するため会計上為替変動の影響が負債側に出る。しかも，棚卸資産に低価法が適用される場合には，決算時の時価による評価替を行う際に外貨換算も決算日レートに変更されるべきであるが，市場価格による再評価を行いながら換算レートは前年度以前の資産取得時の取引日レートが適用されるという矛盾が発生してしまう。

　貨幣・非貨幣法は，会計上最も為替変動の影響を受けにくい方法であったが，そうした問題点ゆえにすでに過去の外貨換算技法となっている。

テンポラル法

　テンポラル（temporal）法は，1975年に米国財務会計基準審議会（FASB）によって，SFAS8「外貨建取引及び外貨表示財務諸表の換算に関する会計処理（Accounting for the Translation of Foreign Currency Transactions and Foreign Currency Financial Statements）」の中で採用された方法である。テンポラル法は，貨幣・非貨幣法をベースにしながらその欠点を克服するために開発された外貨換算方法である。この方法は属性法ともよばれ，会計項目を属性によって区分し，それによって適用する換算レートを決定するものである。貨幣・非貨幣法同様に現金や債権・債務などの貨幣性項目に加えて，低価法による棚卸資産など決算日または将来の価格で評価されている時価会計項目についても，決算日レートで換算を行うのである。これに対し，有形固定資産など過去の価格で評価されている会計項目には，当初の取引日レートを適用する。そして費用・収益は，取引日レートまたは期中平均レートを用いるが，費用性資産の費用化や収益性負債の収益化は，貨幣・非貨幣法と同様の処理を行う。

　テンポラル法は，貨幣・非貨幣法の考え方をさらに進め，非貨幣性の資産と負債に対し，市場性があって決算日に時価評価を行う会計項目に再評価時の

為替レートである決算日レートを適用し，取得原価を維持する原価評価の会計項目にその取引が行われたときの為替レートである取引日レートを適用するものである。これによって，会計項目の評価と外貨への換算を一体として整合的に処理することが出来る。つまり，外貨建で測定したときの基準を，換算後の価額にもそのまま反映させようとするものである。テンポラル法によって，流動・非流動法や貨幣・非貨幣法に生じていた問題が解消されることになる。

　すでにこれまでの諸章において見てきたように，会計制度には，時価指向が強くなっている。外貨換算会計において，テンポラル法を採用したとしても，会計項目がすべて時価評価になれば，それは，決算日レート法と同じものになる。そのような傾向は，米国をはじめ世界的に見ることが出来る。

SFAS52「外貨換算」

　米国では，1981年にSFAS52「外貨換算（Foreign Currency Translation）」が採用され，上述のSFAS8は廃止されている。SFAS52は，外貨換算会計を行うにあたって，まず機能通貨（functional currency）という概念を導入する。機能通貨とは，事業を行っている経済環境の通貨単位である。それゆえ在外事業体の機能通貨の選択は，キャッシュ・フロー，販売価格，販売市場，支出，資金調達，親子会社間取引の諸要素が，親会社から自立し現地化しているか，それとも親会社に依存するものであるかを考慮して決めるべきであるとされている。

　そこで，米国企業の連結対象となっているマレーシア子会社のケースを考えてみよう。まずAのケースとして，米国の親会社との取引がそれほどなく，販売価格やそのための費用もマレーシア・リンギット建で決定され，キャッシュ・フローもマレーシア・リンギット建である場合には，マレーシア子会社の機能通貨はマレーシア・リンギットということになる。一方Bのケースとして，米国親会社との取引が現地での経済活動のほとんどを占め，資金調達なども親会社から米ドル建で行っている場合には，マレーシア子会社の機能通貨は米ドルとなる。

　SFAS52が機能通貨という概念を導入するのは，換算（translation）と再測定（remeasurement）を区分するためである。通常は，現地通貨（local currency）＝機能通貨となるので，機能通貨から報告通貨（reporting currency）への変換のみを換算とよび，現地通貨と異なる機能通貨を使用している場合の機能通貨への変換を再測定とよぶことによって，両者を厳密に区別している。原則は，機能通貨から報告通貨への換算であり，再測定はあくまで例外とされている。報告通貨は，親会社の財務諸表の表示単位であり，通常米ドルが念頭に置かれている。

　上記の事例でいえば，マレーシア・リンギットをマレーシア子会社の機能通貨としている場合に，連結決算のために，米ドル建に変換するのが，換算である。このＡのケースでは，現地通貨と機能通貨は一致しているので，再測定は不要である。これに対し，米ドルをマレーシア子会社の機能通貨としている場合が想定される。そこで現地のマレーシア・リンギット建取引を会計処理する際に米ドル建に変換するのが，再測定である。このＢのケースでは，機能通貨と報告通貨が一致しているので，通常換算の問題は発生しない。

　さらに，マレーシア子会社がシンガポールにある地域統括本部の管理下にあり，その地域統括本部のある国の通貨（ここでは，シンガポール・ドル）を機能通貨とすることがある。これをＣのケースとすると，その場合には，マレーシア子会社にとって現地通貨と機能通貨と報告通貨がすべて異なったものになる。それゆえマレーシア子会社は，現地通貨であるマレーシア・リンギット建で行った取引をまず再測定によって機能通貨であるシンガポール・ドルに変換して会計処理し，そこからさらに決算時に換算によって米ドルに変換するという2度の変換を行わなければならなくなる。

　SFAS52は，外貨換算会計の適用対象となる在外事業体を，原則処理となる自己完結型（self-contained）の事業体と例外処理となる親会社延長型の事業体に分類する。自己完結型の事業体とは，キャッシュ・フローが主として現地通貨で，親会社のキャッシュ・フローに直接影響しないものである。現地法人として設立されている外国子会社などが，これに該当する。自己完結型の事業体では，現地通貨を機能通貨とし，決算日レート法によって親会社の報告通貨への「換算」を行うこととしている。

　これに対し，親会社延長型の事業体とは，キャッシュ・フローが親会社への送金に容易に利用出来，親会社のキャッシュ・フローに直接影響しうるもので

あり，実質的に親会社の事業の一部となっているケースである。在外支店など
が，これに該当するであろう。親会社延長型の事業では，親会社の報告通貨を
機能通貨として使用し，現地通貨から機能通貨へテンポラル法によって「再測
定」を行うこととしている。ちなみに費用・収益の損益項目については，米国
財務会計基準は決算日レート法・テンポラル法ともに，取引日レートまたは期
中平均レートを使用することとしている。

このように，SFAS52 は，在外子会社のような独立性の強い事業に，現地通
貨を機能通貨に用いて決算日レート法による換算をさせ，親会社延長型の事業
には，親会社と同じ機能通貨を使用することを条件に例外的にテンポラル法を
許容している。ただしそこでは，機能通貨という概念を軸に，換算と再測定と
いう全く異なるロジックによって両方法が規定されていることに注意が必要で
ある。SFAS52 は，難解な会計基準ではあるが，換算と再測定を厳密に区別す
ることによって，例外規定となる再測定を原則規定である換算から除外し，外
貨換算の方法としては決算日レート法を原則とした。

IAS21「外国為替レート変動の影響」

米国の SFAS52 は，他の会計基準にも影響を与えている。SFAS52 の公表
から 2 年後の 1983 年には，国際会計基準委員会が，IAS21「外国為替レート
変動の影響（The Effects of Changes in Foreign Exchange Rates）」を公表し
ている。IAS21 は，その後 1993 年に改訂され，米国基準と同じように，原則
処理となる在外事業体には決算日レート法を適用するとし，報告企業すなわち
親会社の業務と不可分である場合にのみ例外処理としてテンポラル法を認め
た。その後 2003 年 12 月及び 2005 年 12 月に，国際会計基準審議会によってさ
らに IAS21 は改定されている。

現行の IAS21 は，米国基準と同じように機能通貨という概念を導入してい
る。IAS21 がいう機能通貨とは，企業が事業活動を営む主要な経済環境の通貨
であり，そこでは，本国の親会社か，在外子会社か，在外関連会社か，在外支
店かを一切問うていない。つまり，それぞれの会計単位における測定通貨のこ
とである。IAS21 における機能通貨の決定方法には，以下のものがあげられ
る。

(a)　財貨及び役務の販売価格に大きく影響を与える通貨

(b)　競争力及び規制が財貨と役務の販売価格を主に決定することになる国の通貨

(c)　労務費，材料費や財貨や役務を提供するためのその他の原価に主に影響を与える通貨

(d)　財務活動により資金が創出されるときの通貨

(e)　営業活動からの受取金額が通常，留保される通貨

　これらの要因は，本国の親会社であれ（その場合には機能通貨＝報告通貨となる），外国の事業体であれ，機能通貨を決定する際に適用されるものである。IAS21 は，さらに在外事業体において現地通貨を機能通貨とする際の指標として，以下のものを追加している。

(a)　報告企業から相当程度の自主性をもって活動している。

(b)　報告企業との取引が事業活動の中で高い割合を占めていない。

(c)　報告企業のキャッシュ・フローに直接影響を与えず，すぐに送金出来るようになっていない。

(d)　報告企業が活用出来る資金がなくても，既存のそして通常予定される債務の返済に十分である。

　これらの場合には，現地通貨が現地在外事業体の機能通貨となる。なおここでいう報告企業とは，本国の親会社のことである。

　そこで，在外事業体において，現地での会計における機能通貨と本国の親会社における報告通貨が異なる場合には，機能通貨から報告通貨への換算が必要になる。これが前述の A 及び C のケースであるが，通常のグローバル企業では現地通貨＝現地事業体の機能通貨という A のケースが圧倒的である。これらの場合には，在外事業体の財務諸表項目の換算は，資産・負債は決算日レートで，収益・費用は原則として取引日レートで換算する（国際会計基準は取引日レートの近似法として期中平均レートの採用も認めているが，信頼性が低いとしている）。

　ただし，在外事業体の財務諸表が超インフレ経済下にある通貨で報告されている場合には，損益項目にも決算日レートを使用する。そして換算差額は，貸借対照表上に株主持分として計上するのである。これは，米国基準における在外事業体財務諸表の原則的な変換方法である「決算日レート法による換算」に該当する。

　さらに，機能通貨以外の通貨建取引（いわゆる外貨建取引）の機能通貨への換算，すなわち米国基準の在外事業体財務諸表の変換における例外処理としての「テンポラル法による再測定」に該当する場合であるが，それには，以下の3つのパターンを想定している。

(a)　外貨建の貨幣性項目は，決算日レートによって換算される。
(b)　外貨建の取得原価で測定されている非貨幣性項目は，取引日レートによって換算される。
(c)　外貨建の公正価値（時価）で測定されている非貨幣性項目は，公正価値決定時の為替レート（通常は決算日レート）で換算される。

　なおこれらの場合には，換算によって生じた差損益は，すべてその期の損益に算入される。この処理方法は，米国基準や旧来の国際会計基準における，テンポラル法の適用と全く同じである（上記Bのケース）。ちなみに(c)のパターンには，以前に減損処理された資産などが該当する。

　最新のIAS21は，より一貫した外貨建取引処理基準の構築を目指している。米国基準と同じように機能通貨概念を導入することによって，両会計基準がほぼ完全に統合されたことが理解出来る。

換算差損益の処理

　ところで，どのような外貨換算方法を採用しても，資本項目が取引日レートで換算されるため，会計上換算差損益が発生する。換算差損益の会計処理は，本国主義によるか現地主義によるかによって，決められる。本国主義とは，在外事業体の行った取引を本国の親会社の行った外貨建取引であるとみなす考え方である。本国主義では，換算差損益は親会社の損益計算に含められる。これ

に対し現地主義は，在外事業体の現地における財務諸表を尊重する考え方で，その場合換算差損益は，親会社のキャッシュ・フローに影響を与えないので，親会社の損益計算から除外され，貸借対照表上に株主持分として処理される。包括利益が導入された現在では，その他の包括利益として処理されている。

　外貨建財務諸表に関する上述の外貨換算諸法のうち，本国主義の考え方をとっているのが，測定方法と換算方法を一致（時価なら決算日レート，取得原価なら取引日レート）させるテンポラル法である。それゆえに，米国基準はじめ世界的に，親会社と密接不可分な在外事業体に対しテンポラル法を認めているのである。そこでは，在外事業体が行った現地通貨建取引は，次項で説明する親会社本体による外貨建取引と同じであるとみなされるのである。

　一方，現地主義の考え方をとっているものが，現地の財務諸表をすべて決算日で換算しようとする決算日レート法である。

　現在の米国基準では ASC830 において，換算差損益は，原則となる決算日レート法では，その他の包括利益における換算調整額として貸借対照表の資本の部の累積換算調整額（cumulative translation adjustments）に毎期累積され，在外事業体が売却されるまで繰り越される。未実現の包括利益である。一方テンポラル法では，換算差損益は，本国主義に基づいて連結決算における当期利益の計算に含められる。

　ちなみに日本では，1995 年 5 月に，企業会計審議会による「外貨建取引等会計処理基準」が在外事業体の外貨建財務諸表の換算について大幅に改訂されている。従来は，取得原価主義指向の強い修正テンポラル法が採用されていたのであるが，改訂された処理基準では，在外事業体を在外子会社と在外支店に区分し，在外子会社には現地主義によって決算日レート法を，在外支店には本国主義によってテンポラル法を，それぞれ適用することとしている。なお費用及び収益の換算については，米国基準などとは異なり，期中平均レートもしくは決算日レートを適用することとしている。そして在外子会社の換算差損益は，外貨換算調整額として親会社の資本の部に，在外支店の換算差損益は当期損益に，それぞれ算入された。その後，包括利益の導入に伴い，日本でも為替調整額は，その他の包括利益として開示されることになった。

　日本の会計基準は，一見したところ，米国基準などと同じもののように思わ

れるが，その分類が法形式上現地法人であるか，本国の支店であるかによっている。米国基準では，在外事業体の実態を問題にしており，現地法人か在外支店かを問うてはいない。

外貨建債権・債務の処理

国外に連結対象子会社や支店をもっていない場合でも，本社が自ら外貨建取引を行うことがある。国内子会社や国内支店の外貨建取引も，これに含められる。本社の外貨建取引の会計問題は，主として決算時に外貨建債権・債務の残高をどのように自国通貨に換算するかというものである。機能通貨概念を導入した米国では，この問題も外貨建取引の機能通貨への再測定問題として処理される。これは，前述Ｃのケースにおいて，シンガポール・ドルを会計上の機能通貨としている子会社がマレーシア・リンギット建の取引をシンガポール・ドルに変換するのと同じ考え方である。

現行のIAS21も，機能通貨によって，本国の親会社における外貨建債権・債務の換算問題を取り扱っている。すなわち，前記のテンポラル法における外貨建貨幣性項目の決算日レート換算・当期損益算入という規定に基づき，米国基準と同じように，外貨建債権・債務の処理方法を，機能通貨概念によって論理的に包摂するのである。

今日では，米国基準であれ，IAS21であれ，外貨建金銭債権・債務の会計処理は，原則としてすべて決算日レートによる換算を義務付けている。これは，長期であれ短期であれ，外貨建の債権や債務は，市場によって評価することが可能な金銭項目だからである。厳密にいえば，テンポラル法に基づく決算日レートの適用であるが，要するに時価評価が可能な金融商品は決算日レートで換算し，当期純利益に直入するということである。

日本の会計処理基準は，従来は外貨建長期金銭債権・債務と外貨建短期金銭債権・債務に区分し，前者は取引日レートで，後者は決算日レートでそれぞれ換算することとしてきた。これは，米国で第二次世界大戦前に適用された前述の流動・非流動法と同じである。この外貨建債権・債務の処理についても，2000年4月から外貨建取引等会計処理基準が改訂され，長期・短期に関係なく，米国財務会計基準やIAS21と同じように，原則として決算日レートで換

算するように改められた（ただし親会社単独財務諸表における子会社への投資
は子会社側の資本が取引日レートで換算されるため，本社サイドでも取引日
レートを使用）。これは，同時に導入された「金融商品に係る会計基準」にお
ける金融商品の時価評価との整合性を図るためである。日本の外貨換算会計基
準には，機能通貨という概念は存在しない。

　このように見てくると，在外事業体の財務諸表の換算，親会社の外貨建取引
の会計処理ともに，決算日レートで行うことが，世界的に標準化していること
が理解される。外貨建債権・債務の決算日における換算差損益は，テンポラル
法による決算日レート換算の考え方に基づき，すべてその期の損益として認識
される。

第5講　国際資金調達

市場における資金調達

　企業はグローバル戦略を遂行するために，海外直接投資や国際的M&Aを
行う訳であるが，そのような資本投資には，巨額の資金が必要となる。通常の
設備投資であれば，内部留保で賄うことも可能であろうが，海外進出を行う場
合には，あらためて長期資金を調達しなければならないことが多い。また日
常の事業活動においても，仕入や決済などのために当座の運転資金が追加で必
要になることがある。企業の資金調達は，会計上貸借対照表の貸方に関わるも
のである。さらにそれをキャッシュ・フロー・ベースで捉えるならば，キャッ
シュ・フロー計算書の財務キャッシュ・フローの部分でもある。

　企業の資金調達は，調達した資金の返済期限が1年未満の短期かそれ以上の
長期かによって，短期資金と長期資金に区別して行われる。株式発行による資
金調達には返済期限がないので，短期と長期で区別されるのは，負債による
調達資金である。調達される資金は，具体的な資産として運用されることを
あらかじめ前提にしている。それゆえ，調達資金の長短は，資産運用による
キャッシュ・インフローの形態と出来るだけ一致していることが好ましい。
短期資金は，会計上流動負債として分類されるものであるから，流動資産とし

て使用されるべきである。具体的には，企業の運転資金が短期資金によって調達される。それに対して長期資金は，株式を除くと，会計上は原則として固定負債（長期負債の満期が1年未満に迫っているケースは，流動負債）に分類される。それゆえ，固定資産取得のために調達されるべきである。すなわち長期資金は，資本投資に利用されるべきものである。海外直接投資や国際的M&Aのための資金が，これに該当する。

　そこで，長短の資金の調達構造であるが，それには企業が市場を通じて多くの資金提供者から直接調達する直接金融方式と，銀行などの金融機関が資金提供者から調達した資金を企業が借り入れる間接金融方式がある。前者の直接金融中心の資金調達は，英米型ともよばれるもので，アングロ・サクソン諸国の企業が採用している。企業が直接金融によって資金調達を行う場合には，証券市場においてなんらかの有価証券を発行することになる。このうち，短期資金を調達するときに発行されるのが，コマーシャル・ペーパー（commercial paper, CP）である。これは，優良企業が無担保で発行する流通性のある融通手形のことである。また長期資金を調達するために発行されるのが，株式や社債である。長期資金調達目的の有価証券が発行される市場が，資本市場である。英米型の資金調達で最も典型的なものは，この資本市場における資金の調達である。

　資金調達構造において間接金融重視のものは，大陸型とよばれる。このタイプの資金調達では，銀行からの借入金による調達がメインとなる。大陸型の資金調達構造をとってきた典型的な国としてあげられるのが，ドイツと日本である。両国に共通するのが，メインバンク・システムである。ドイツは，ユニバーサル・バンク制度をとっており，銀行が証券業務を兼ねているため，企業のメイン・バンクとなる銀行は，資金の融資だけではなく，株式の発行についても面倒を見るという総合的なサービスを企業に提供している。間接金融は，銀行との1対1の相対取引となるため，企業は投資家に広く情報開示を行うというよりは，銀行によるチェックを意識した経営を行うようになる。ただしドイツにおいても，すでに第5章で考察したように，資金調達の直接金融化は着実に進展している。このように，短期債券を含めた直接金融による資金調達は，世界的な潮流になりつつある。その流れは，通貨の統合，情報技術の

発展，会計基準の国際統合などによって資本市場が統合されていくことによって，ますます加速される傾向にある。

　証券市場における資金調達では，基本的に誰でも，発行される有価証券を購入することが出来る。その意味では，すべての人々が潜在的な投資家となる。コマーシャル・ペーパーであれ，社債であれ，株式であれ，証券を発行する側の企業は，自社の業績や財務的安全性についてその内容を広く開示する必要がある。この開示情報として最も重要なものが，財務諸表であることはいうまでもない。企業が倒産すれば，株式のみならず，無担保のコマーシャル・ペーパーや社債も，価値がなくなってしまう。債務不履行になった無担保債券には，保証がないからである。そこでそのような債券の信用度について，独立した第三者による格付が行われることになる。市場においては，リスクとリターンは見合っている。債券格付の高い企業は，倒産可能性も低く低リスクであるから，低い金利で社債を発行することが可能になる。逆に倒産可能性の高い企業は，それを開示した上で，高いリターンを投資家に提供することになる。このような債券の格付は，民間の格付会社によって専門的に行われるが，Standard and Poor's（SP）や Moody's といった伝統のある米国の格付会社によるものが，市場での信用力が高い。

円建短期資金

　日本企業が国際的に資金調達を行う場合に，多くの選択肢が存在する。調達すべき資金が短期資金であるか，長期資金であるか，さらには円建で行うか，外貨建で行うかによって調達方法が異なる。それらを組み合わせると，円建の短期資金，外貨建の短期資金，円建の長期資金，外貨建の長期資金の4種類の資金調達方法がある。さらにそれぞれの資金には，何種類かの調達方法が存在する。それゆえ，資金の目的に応じた機動的な調達を行うことが重要である。さらにデリバティブを駆使すれば，さまざまな資金調達方法を開発することが出来る。

　まず，円建短期資金であるが，日本国内のみにおいて活動を行っている企業にとっても，円建短期資金の調達や管理は，つねに重要な問題である。運転資金がショートしたら，債務不履行になり倒産に追い込まれてしまうからであ

る。通常は，日本の銀行から借入金として借り入れるか，国内でコマーシャル・ペーパーを発行することになる。

　国際的な資金調達方法として，ユーロ市場におけるユーロ円借入を加えることが出来る。世界には，取引構造がグローバル化している金融市場が存在する。例えば，ユーロ市場である。ユーロ市場とは，ある国の通貨で表示された金融取引がその通貨の発行国以外で行われる市場のことである。ユーロ市場の置かれる場所が必ずしもヨーロッパに限定される必要はない。ユーロ市場は，1950年代後半にロンドンにおいて米ドル建の預金が増加したことに始まる。その後他のヨーロッパ諸国，例えばパリにおける英国ポンド取引，ルクセンブルクにおける（旧）ドイツ・マルク取引，ロンドンにおける日本円取引と市場が広がった。さらに香港やシンガポールなどの非ヨーロッパ地域にも，ユーロ市場が開設されている。

　ユーロ市場の特徴は，取引の通貨単位の発行国以外の場所における市場であるから，通貨発行当局の規制からかなりの程度免れていることである。ユーロ市場というと，通常はユーロ・カレンシー（通貨）市場を意味するが，それ以外にユーロ円などでの社債や国債の発行を行うユーロ証券市場がある。ユーロ市場は，通貨単位のユーロとは全く別物である。ユーロ円借入は，海外に所在する金融機関がユーロ円市場で調達した資金を日本企業が借り入れるもので，日本の銀行の在外支店を通じたユーロ円借入が一般的なケースである。主として日常の運転資金に利用される円建短期資金であるが，国際金融市場に目を向けることによって，選択肢が増えることがわかる。

外貨建短期資金

　外貨建短期資金調達の一般的なケースは，日本企業が日本の銀行から外貨建の借入を行うものである。ユーロ円借入を含めた外貨による銀行借入を，インパクト・ローン（impact loan）という。貸出銀行は，ユーロ市場を利用して調達することも可能である。例えば，米ドルを調達するときに，米国外のユーロ・ドル市場で調達するというものである。外貨建であれ，ユーロ円建であれ，銀行借入で資金を調達するときに，企業の借入金利は，銀行がユーロ円市場などの国際金融市場で資金を調達するときの基準貸出金利に一定の利ざや

（スプレッド）を上乗せして決められる。

　また，海外でコマーシャル・ペーパーを発行することによっても，外貨建短期資金を調達することが出来る。コマーシャル・ペーパーは，市場金利をベースにして多額の資金を調達することが出来るというメリットがある。発行されたコマーシャル・ペーパーは，裏書きなしで自由に流通することになる。なお無担保の手形であるから，発行に際しては社債などの長期債券格付と同様に，Standard and Poor's 及び Moody's の両格付会社から短期債券格付を取得することになる。コマーシャル・ペーパーは，日本の親会社が発行するケースと，親会社保証で現地の子会社が発行するケースがある。

　これまで，外貨建資金の調達は，日本政府の外国為替管理政策によって厳しく規制されていた。それゆえコマーシャル・ペーパーのような海外市場取引を除くと，日本の金融機関から借り入れるしか方法がなかった。けれども次節で論じるように，改正された外国為替法により日本企業は国内外で自由に外貨建資金調達が出来るようになり，外貨建短期資金調達の選択肢が大幅に増えたのである。

円建長期資金

　円建の長期資金の調達も，円建短期資金と同様，国内におけるものと国外におけるものに区分出来る。国内における円建長期資金の調達には，長期の銀行借入や，上述した資本市場における株式や社債の発行などが該当する。これは，財務理論の教科書などで論じられている一般的な資本調達問題である。国際的な円建長期資金の調達としては，国内におけるもの（銀行長期借入，社債発行，株式発行など）に加えて，長期ユーロ円借入とユーロ円債発行があげられる。長期ユーロ円借入は，長期のユーロ円市場における金利が適用されるユーロ円での資金調達の長期版である。またユーロ円債は，円建の社債を日本国外で発行するものである。政府の規制などにより，円建債であっても，国内よりも国外の方が発行条件が有利なことがある。

外貨建長期資金

　外貨建長期資金は，国内における円建長期資金の調達と同様に，多くの選択

肢が存在する資金である。外貨建長期資金も，長期の借入金，株式，社債に分類される。借入による外貨建資金の調達としては，銀行からの長期インパクト・ローンによる借入がある。長期のユーロ・ドル借入など，ユーロ・カレンシー市場を通じた外貨借入も行われる。

　グローバル企業は，国単位で個々の事業の収益性を最大化する必要がなく，世界的に事業の最適配分を行い税引後の純利益最大化を図ることができる。そのようなグローバル事業展開を遂行するためには，日本円のみならず進出先に応じた通貨（外貨）で資金を調達するとともに，その使途を有効に管理していくことが不可欠である。外貨資金には，すでに営業している外国企業を買収したり新たに在外子会社を設立するために必要な長期目的の資金と，その後現地での日常業務（原材料の取引や給与の支払など）に必要な短期目的の資金に区分される。外貨建長期資金の調達方法として近年重要度が増してきているのが，外国の証券取引所などの国際資本市場における直接金融である。

　国際資本市場における外貨建長期資金調達の方法には，株式の上場と社債の公募に大別できる。株式発行によって外貨建資金を調達する場合には，進出先国の証券取引所に親会社の株式を上場することになる。海外では，株式を直接発行するかわりに，株式預託証券（depositary receipt, DR）を発行する。株式預託証券は，預託銀行によって保管されている本国株式の所有権を示す有価証券で，現地通貨建で発行されるので，現地の上場企業の株式と同じように流通する。株主の権利行使や配当の受取は，預託銀行によって代行される。株式預託証券のうち，ニューヨーク証券取引所など米国で発行される預託証券をADR といい，ロンドンなど欧州におけるものを EDR という。

　外貨建資金の調達方法として近年注目されているのが，MTN プログラムの活用である。MTN は，無担保の中期社債である。例えば米国では，証券取引委員会（SEC）に登録し財務開示（財務諸表や格付取得）を行えば，通常270日から10年の満期で株式上場と同じように一般の投資家に対し公募発行ができる。投資家が限定されている私募や発行に際し銀行保証が付いているケースでは，これらの手続は不要である。この MTN について，あらかじめ引受証券会社との間で包括契約を結んで柔軟な資金調達を可能にしたものが，MTN プログラムである。設定された社債発行総額内であれば，その都度目論見書を発

行したり格付を取得する必要がなくなるのみならず，通貨や償還期限などを毎回変えることもできる。

　MTN プログラムは，低コストで機動的な資金調達を可能にする。国際資本市場における長期資金の調達や第 6 講で取り上げるターゲット・バランスなどによる短期資金の調達とうまく組み合わせることによって，国際ビジネスは目的に応じた財務戦略を構築しなければならない。ちなみに米国では，満期が270 日以内のものは，コマーシャル・ペーパーとなる。日本企業はまた，1980年代にスイス・フラン建の社債を多く発行したが，EU では IFRS による財務開示が重要になる。

　さらに，国際的な巨大プロジェクトを行うときに実施する長期資金調達方法として，プロジェクト・ファイナンスがある。プロジェクト・ファイナンスは，あるプロジェクトを行うときに，そのプロジェクトの資産及び契約上の権利を担保とし，プロジェクトが将来生み出すと予測されるキャッシュ・フローを返済原資とする負債金融の形態である。通常の資金調達では，借手企業の財務内容や信用力が基礎となるが，プロジェクト・ファイナンスでは，当該プロジェクトの計画内容を分析することによって融資が行われる。それゆえ，前者では企業資産全体が資金調達のリスクをとるのに対し，後者ではリスクは個別プロジェクトに限定され，借手企業全体に及ぶことはない。プロジェクト・ファイナンスは，国際的な巨大プロジェクト，例えば油田開発や発展途上国のインフラ整備などで活用されている。英仏海峡トンネルも，このプロジェクト・ファイナンスによって国際的に資金調達されている。このように，プロジェクト・ファイナンスも国際金融市場で資金調達されることが多い。

　なお，海外の資本市場，とりわけ株式市場の活用方法には，本国の親会社本体を現地の証券取引所に外国銘柄として上場するケースと，現地のグループ企業をその国の証券取引所に上場するケースが考えられる。日本企業は，これまで国内においては，グループ内の関連会社を親会社とは別に上場させていくという戦略をとってきた。これに対し米国の IBM 社などは，現地法人を完全子会社とし，親会社を連結ベースで世界中の証券取引所に上場するという戦略をとってきている。

第6講　為替リスク管理

取引リスク

　変動相場制のもとでは，為替レートが変動することによって，企業など経済主体の活動が影響を受ける。そのような，為替変動によって影響を受けるような状態にあることを，エクスポージャー（exposure）という。このエクスポージャーの大きさが，為替リスクである。企業は為替リスクをうまく管理しないと，エクスポージャーによってせっかく本業であげた業績があっという間に目減りしてしまう。為替リスクには，取引リスク，経済リスク，会計リスクの3種類がある。取引リスクは，自国通貨以外の通貨で取引を行う場合に，契約から決済までに為替レートが変動することによって，実際のキャッシュ・フローに影響が出るリスクのことである。通常，為替リスクといえば，この取引リスクを意味する。変動相場制では，日々為替レートが変動するため，外貨建で取引の契約を行うと，決済時には，契約時と為替レートが異なることが多い。その意味では，通貨が異なる国際的な取引は，リスク管理を行わないと，すべて取引エクスポージャーになる。

　取引リスクを管理し減少させる方法は，取引を為替変動のエクスポージャーに晒されないように，リスク・ヘッジすることである。例えば，取引の契約時に為替予約を行って，決済時のレートを予め決定しておく方法がある。近年ではデリバティブの一種である通貨オプション（ある通貨を決められた為替レートで交換出来る権利）によって行われることが多い。あるいは，国際的な取引を自国通貨建で行うことによっても，取引エクスポージャーを回避することが出来る。

経済リスク

　経済リスクとは，企業の価値が，為替レートの変動によって影響を受ける大きさのことである。経済リスクは，短期的には企業の資金の流動性に，長期的には企業の経営活動や財務構造全般に影響を及ぼすものである。為替レートの

変動は，企業のキャッシュ・フローと資本コストの両方に影響を与える。経済リスクのある状態を，事業エクスポージャーまたは経済エクスポージャーというが，グローバルに活動している企業にとって，海外の事業はほとんどすべて事業エクスポージャーになるといえる。

　為替リスクとしては，取引リスクが個別の取引に関わるのに対し，経済リスクは企業活動全般に関わるものである。ただし，短期的な企業資金の国際的流動性すなわち国際運転資金は，個々の国際取引の取引リスクを管理することによって確保されるものであるから，取引リスクと経済リスクは密接に関連している。1998 年の外国為替法以後は，日本国内における外貨建取引が可能になっているので，製品を海外にドル建で輸出する場合には，国内における部品の調達を米ドル建で行うと，取引リスクが相殺され，為替リスクの事業エクスポージャーも減少する。

会計リスク

　会計リスクは，決算時点において特定の通貨表示で財務諸表を作成する際，その通貨に換算するときに発生する計算上のリスクである。決算時における外貨建債権・債務の残高が，取引日の為替レートとは異なる決算日レートによって換算されると，会計上為替変動による換算差損益が出る。このように，決算日の為替レートで換算される財務諸表上の項目が，会計エクスポージャーに晒されている為替リスクが会計リスクである。

　会計リスクとして重要なものは，グローバル・グループ全体で連結決算を行う際，在外子会社の現地通貨建財務諸表を本国通貨建に換算するときに発生する計算上のリスクである。そのような外貨換算リスクは，キャッシュ・フローの増減を伴わない。ただし外貨建債権・債務の残高が決済されると，それらは当然取引リスクとなるものである。また，在外支店の財務諸表項目を本国の通貨に換算するときにも，会計リスクが発生する。

　さらに在外拠点がなくても，親会社や国内の子会社ないし国内支店が外貨建取引を行い，外貨建債権・債務が決算時に残っていれば，そうした外貨建取引の本国通貨への換算問題が発生する。在外事業体の外貨建財務諸表や，本社など国内の事業体による外貨建取引に関連して発生する会計リスクを処理するた

めには，第4講で説明した外貨換算会計を行うことになる。すでに見てきたように，最も会計リスクの大きな決算日レート法では，純資産部分全体が会計エクスポージャーとなる。

外国為替管理法の歴史

　現在のような変動相場制のもとでは，グローバル企業は外国為替のリスク管理をしっかり行わないと，本業において苦労して獲得したリターンが，為替の変動によってあっという間に目減りしてしまう。日本企業が直面する外国為替リスクの管理問題は，外国為替管理法によって規定されてきた。そして1998年4月に外国為替管理法が大幅に改正されている。香港やシンガポールへ移っていた外国為替取引を日本に呼び戻し，東京国際金融市場を再活性化するとともに，個人資産1,200兆円の海外流出を防ぐためである。この改正された外国為替法はまた，日本企業がグローバル展開を行っていく上で，さまざまな可能性を与える画期的なものである。

　第二次世界大戦に敗れ，国富の大半を消尽し荒廃した日本経済の復興と発展を目的として，1949年12月1日に「外国為替及び外国貿易管理法」，いわゆる外国為替管理法（外為法）が成立した。1947年に英国で成立した為替管理法をモデルとして作られたこの法律は，対外取引に対して国家権力による規制を加えることによって，外国貿易の振興，国際収支の均衡，通貨の安定，外貨資金の有効活用などを政策的に図ろうとするものであった。1949年外国為替管理法の基本的立場は，「原則禁止」であった。現在からすれば考えられないことであるが，法律や政令で特別に認められた場合を除いて，外国へ向けた支払，対外債権，海外不動産の取得など，ほとんどすべての国際的な経済行為が禁止されていた。

　その後，1980年12月1日に「管理法の一部を改正する法律」が制定され，外国為替管理法が改正された。この1980年外国為替管理法の主旨は，それまで「原則禁止」であった基本的立場を，「原則自由」に改めようとするものであった。その背景には，日本からの輸出が急増し，諸外国との間で生じていた貿易摩擦があった。それゆえ，閉鎖的な印象の極めて強かった旧法を，より自由な法律に改める必要があったのである。ただしこの外国為替管理法も，事前

許可制をとっており，さまざまな規制すなわち行政指導の余地を残していた。その意味では，「原則自由・例外規制」というべきもので，しかも例外の部分がかなりの広範囲に及んでいたのである。

1980 年外国為替管理法において，政府の事前許可が必要な領域には，次のものがあった。まず特殊決済とよばれるもので，対外的な債権・債務を相殺して差額のみを決済する交互計算を行うためには，主務大臣の許可が必要であった。また，ため払いも許可制であった。すなわち，日本国内から海外居住者へ送金を行うときに，許可を受けた外国為替公認銀行を通じて送金しなければならなかったのである。さらにため受けといって，輸出業者などの輸出代金の取り立ても，外国為替公認銀行が行っていた。

以上の規制に加えて，国際経営財務上影響の大きかった規制項目に，「資本取引」があった。それまでの原則禁止を改めるにあたって，新たに導入された概念である。資本取引として注意すべきは，居住者の海外預金が許可制であったのと，対外貸付や対外直接投資が，審査付事前届出制であったことである。日本企業が海外直接投資を行うときには，必ず大蔵大臣（現財務大臣）にこの審査付事前届出を行わなければならなかった。届出制といいながら，審査が付いていたのである。

外国為替法の特徴

現在の法律は，「外国為替及び外国貿易法」として 1997 年 5 月 16 日に可決され，1998 年 4 月 1 日から施行されているものである。最大の変化は，法律名から管理の文字が削除され，いわゆる外国為替管理法から外国為替法になったことである。これによって，名実ともに原則自由となった。改正された外国為替法の主要なポイントは，外国為替業務の自由化，内外資本取引の自由化，電子マネーの支払手段化，許可・届出制度の廃止などである。

まず，外国為替業務の自由化であるが，それまで外国為替業務を行うためには，外国為替公認銀行として大蔵大臣の許可を必要とするいわゆるため銀主義がとられていた。ため銀主義が廃止され，ため受け・ため払い規制もなくなるとともに，外国為替業務へ一般企業などの参入が可能になったのである。また両替商の免許も，同時に廃止されている。その結果，外国為替やその決済に関

連する業務については，海外の金融機関を直接利用することが可能になった。

　外国為替業務の自由化に関連して，指定証券会社制度も，廃止されている。指定証券制度とは，居住者・非居住者間の証券取引に携わる証券会社には，大蔵大臣の指定が必要であったものである。そのため国内の投資家は，外貨証券を購入するためには，かならず指定証券会社を通さなければならなかった。要するに，外国為替公認銀行の証券会社版であった。指定証券会社制度の廃止によって，日本企業は，資金の調達や運用，さらにはM&Aのための資本投資などに関わる海外証券取引が自由に行えるようになった。

　内外資本取引の自由化も，インパクトの大きいものである。これによって，海外預金の保有が自由になった。居住者間の外貨決済や，居住者間の外貨建債権売買も自由化された。それまでは，日本国内における取引は，必ず円建で行わなければならなかったのである。その結果，外貨建預金や外貨建投資信託が増加している。さらに，特殊決済が自由化されるとともに，ため受け・ため払いの必要がなくなった。海外での決済や外貨建決済が，自由に行えるようになったのである。ただし，200万円以上の海外送金には，税務当局への事後報告義務がある。

　そして，外国為替取引における支払手段として，電子マネーが加えられたことも，大きな変化である。電子マネーの研究はかなり進んでおり，実際の取引でも普及しつつある。さらに，インターネットを利用すれば，電子マネーは世界中で自由に使用出来るようになる。

　以上のように，「管理」の文字のとれた外国為替法は，それまでの許可・届出制度から事後報告制度へと，全般的に大きく改正されていることが理解出来る。ただし，自由な取引が認められているのは，平常時であって，依然として有事規制が行われうることを，付け加えておかなければならないだろう。この外国為替法以降，日本における外資系金融機関のプレゼンスが急速に上昇している。

　1998年外国為替法は，日本企業の財務活動にどのような効果をもたらすものであろうか。まず企業や個人の外国為替取引が自由化され，外貨決済が自由化されたことにより，国内外における外貨建取引が自由に行えるようになったことがあげられる。外貨建短期資金は，外国為替公認銀行からインパクト・

ローンとして借り入れられてきた。外国為替法によって，日本企業は，日本の銀行を通さずに，国内でも自由に外貨建資金を調達出来るようになったのである。海外の銀行や証券会社とも自由に取引が出来るようになり，日本企業は，必要に応じて24時間いつでもどこででも，金融取引を行うことが可能になった。しかもユーロ円債を含めた外貨建債券も，事後報告だけで自由に発行することが出来るようになっている。それゆえ，間接金融から直接金融へと，銀行を通さない外貨建資金調達が増加している。

　海外直接投資の自由化は，企業のグローバル戦略遂行を極めて自由にするものである。それまでの審査付事前届出制は，業種によっては所轄官庁による審査に時間を要することも少なくなかった。国際的 M&A を行うときは，すばやい意思決定を行わないと，先に他国の企業に買収されてしまう可能性も低くない。今回の改正によって，海外での資金の調達も，その運用としての資本投資も，国内の手続に煩わされず機動的に実施することが出来るようになった。これによって日本企業は，外国企業と互角の条件で競争出来るようになったのである。同時に，外国企業の日本企業に対する国際的 M&A も増加している。

　さらに，特殊決済の自由化によって，次項で解説するネッティングなどさまざまな為替リスク管理技法が使えるようになった。加えて海外口座が自由化され，企業は，海外に金融子会社を作って，そこで資金を集中的に管理することが可能になる。これらの領域は，1980年外国為替管理法において，事前の許可が必要であったもののかなりの程度自由化されていたのではあるが，今回の改正により，許可なしで自由に実施出来るようになった。

　外国為替法への改正によって，規制だらけであった国内の金融・資本市場と海外の金融・資本市場の壁が取り払われ，ようやく両者が一体化したのである。金融取引は，世界標準へ収斂する傾向があり，外国為替法は，その意味では，世界の流れを後追いしたにすぎず，遅きに失した感も否めないが，日本企業の国際経営財務活動に極めて大きなフリー・ハンドを与えてくれたことは確かである。

ネッティングとマルチ・ネッティング

　外国為替法は，為替リスクを管理するために，さまざまな技法を活用するこ

とを可能にした。為替リスク管理上規制の少なかった欧米企業は，取引リスクや経済リスクを管理するために，すでに多くの技法を開発している。まず取引リスクを管理する基本的な技法に，ネッティング（netting）がある。ネッティングとは，一定期間における債権・債務関係を一括して精算し，その差額についてのみ資金を授受する決済方法である。債権と債務を相殺し，ネットである純額のみを決済しようというものである。ネッティングは，1980年外国為替管理法で解禁されたが，事前の許可を必要としていた。

　そこで例として，いま日本のグループ本社が米国の子会社へ部品を輸出し，現地で生産を行って，その完成品を輸入しているとしよう。従来の外国為替管理法では，原則として日本のグループ本社は，部品輸出の代金を全額海外子会社から回収するとともに，それと併行して完成品輸入の代金を海外子会社に送金しなければならなかった。ネッティングは，両者間の債権と債務を相殺し差額だけを決済するものであるから，日本本社の輸出額が輸入額よりも多ければ，海外子会社がその差額を日本本社に支払うことになる。このようにネッティングは，2者間で差額決済し，債権の多い側は送金を行う必要がなくなるから，送金の手間や手数料を省くことが出来る。それによって，為替リスクに晒される取引エクスポージャーも，ネッティングされる部分だけに減らすことが可能になる。

　このネッティングの技法は，2者間からさらに多者間へと拡張することが出来る。複数当事者間で同時に行うネッティングを，マルチ・ネッティングという。グローバル企業は，世界中に生産・物流・販売などの拠点をもっている。ヨーロッパや東南アジアなどの地域では，それぞれの拠点が異なる国に置かれていることが多く，地域内で国境を超えたグループ企業間の取引が活発に行われている。そのような取引は，日本のグループ本社を介さないものであるから，本社との間で1対1のネッティングを行うのではなく，地域ごとに一括して集中決済を行った方が，より効率的である。

　マルチ・ネッティングは，日本本社において世界レベルで実施してもよいが，第10章で取り上げるように世界のいくつかの拠点に地域統括本部が設置されている場合には，地域内の各グループ企業が取り扱う通貨の類似性が高いため，地域ごとに行うのが通例のようである。

グローバル・キャッシュ・マネジメント

　ネッティングは，主として取引リスクの管理技法であるが，地域統括本部に金融子会社を設置し，地域内のグループ企業間での取引をマルチ・ネッティングするとともに，その金融子会社によって為替や資金を集中管理すれば，経済リスク全般を管理することが出来るので，極めて効率的になる。このように，外国為替における取引リスクと経済リスクを総合的に管理するのが，グローバル・キャッシュ・マネジメント（global cash management, GCM）である。グローバル・キャッシュ・マネジメントは，外国為替法によって可能になった新しいアプローチで，グローバルに資金の管理を行うものである。

　グローバル・キャッシュ・マネジメントの技法には，ゼロ・バランスや，ターゲット・バランスがある。これらは，企業グループ各社の預金口座にある資金を特定の預金口座に送金し，各口座の残高（バランス）をゼロないし一定額（ターゲット）に維持することによって，為替リスクを回避しようとするものである。企業は，各支店や営業所ごとに独自に預金口座を開設していることが多い。その結果，口座ごとに残高があると，資金が分散してしまい，非効率になる。そのため，支店などに分散している資金を1カ所に集中させて管理するのである。グローバル・キャッシュ・マネジメントでは，これを国境を超えて実施する。ターゲット・バランスの場合，海外子会社や海外支店の口座残高が一定額を超えれば，それを金融子会社などの口座へ送金し，一定額を切れば，それを維持するために逆方向の送金が行われる。これによって，為替リスクの一括管理が可能になる。

　さらに，プーリングという技法がある。これは，取引銀行にマスター・アカウントを開設し，グループ企業の資金の過不足を，銀行とマスター・アカウントとの間で調整するものである。プーリング対象となるグループ各社は，マスター・アカウントに自らの口座を開設する。そして必要な残高を維持するために，マスター・アカウントと各口座との間で資金の振替が行われる。そしてマスター・アカウントが残高不足になった場合には融資を，残高余剰になった場合には資金運用を，取引銀行が実施する。プーリングのための資金の取引は，すべてコンピューターを介して，オンライン上で行われる。企業は，マスター・アカウントを管理することによって，すべての資金（及びその為替リ

スク）をチェックすることが出来るのである。このようなきめ細かい資金の管理も，外国為替法に改正されてようやく実施出来るようになった。それゆえ，企業のグローバル・キャッシュ・マネジメントに対するサービスのノウハウや情報システムの提案は，外資系金融機関の方がはるかに蓄積しているようである。

　ところで，ネッティングやマルチ・ネッティングを実施しても，最終的な差額部分は，送金による決済を行わなければならない。この決済機能は，銀行の業務である。そこで規制の少ない海外の小さな銀行を買収すれば，名実ともに社内銀行をもつことになり，決済業務を含めたすべての為替リスク管理をグローバル・グループ内部で行うことが可能になる。ただしそこまでいかなくても，海外の金融子会社によってマルチ・ネッティングやプーリングなどによる資金の残高管理を行うことが出来れば，為替リスクはかなり低減出来る。

　以上のように，外国為替法は，日本企業が為替リスク管理のための諸技法を実践することを可能にした。それは，個別の取引リスクを管理するだけではなく，企業活動全般にわたる経済リスクを管理するグローバル・キャッシュ・マネジメントへと発展させることが可能である。企業がこのグローバル・キャッシュ・マネジメントを実践するためには，国際的な情報システムの整備が不可欠である。

　近年外貨換算会計の主流となっている決算日レート法は，現地主義や時価主義の考え方に合った会計処理方法であるが，同時に，為替リスク管理上会計エクスポージャーを増大させる方法でもある。それゆえ企業は，会計リスクを減少させるために，取引リスクや経済リスクを含めたトータルな為替リスク管理すなわちグローバル・キャッシュ・マネジメントを実践する必要がある。いま，決算時において外貨建債権と外貨建債務の額が同じであれば，会計リスクは相殺される。それゆえ，外国為替の取引リスクを管理するときには，出来るだけ債権と債務の金額や決済日をマッチングさせ，会計リスクを減少させるように工夫する必要がある。

第7章の参考文献

J・L・イートウェル，L・J・テイラー『金融グローバル化の危機』岩本武和他訳，岩波書店，2001 年。

犬飼重仁他『グローバル経営と新しい企業金融の原理原則』リックテレコム，2000 年。
井上定子『外貨換算会計の研究』千倉書房，2010 年。
井上達男『アメリカ外貨換算会計論（増補改訂版）』同文舘，1998 年。
岡部武『グローバル CMS 導入ガイド（第 2 版）』中央経済社，2017 年。
小野武美『企業会計の政治経済学』白桃書房，1996 年。
小野武美『外貨換算会計』新世社，1998 年。
佐和周『海外進出企業の資金・為替管理 Q&A―調達から投資・かいしゅう・還元まで―』中央経済社，
　　2014 年。
白木俊彦『外貨換算会計の国際的調和』中央経済社，1995 年。
中條誠一『ゼミナール為替リスク管理（新版）』有斐閣，1999 年。
西山茂『キャッシュマネジメント入門―企業グループの見える化―』東洋経済新報社，2013 年。
廿日出芳郎『国際ビジネスファイナンス（新版）』日本評論社，2003 年。
香港上海銀行東京支店編『アジアのキャッシュマネジメント』東洋経済新報社，2003 年。
嶺輝子『外貨換算会計の研究（増補改訂版）』多賀出版，1998 年。
王忠毅『日系多国籍企業の財務戦略と取引費用』九州大学出版会，2002 年。

国際税務とBEPS

第8章のテーマ

第8章は，近年重要性が高まってきている国際税務についての諸問題を取り扱う。国際課税として主要な制度には，タックス・ヘイブン対策税制，過少資本税制，移転価格税制，外国税額控除制度などがある。本章では，それらの国際課税制度について解説する。その際に，BEPSとして国際的な税務基準の設定に向けて制度が整備されていることに注意が必要である。

本章では，第7講において国際課税の基礎概念を説明し，重要な国際課税制度としてのタックス・ヘイブン対策税制を取り上げる。その際には，OECD租税委員会やBEPS行動計画についても取り上げる。続いて第8講において，米国及び日本の移転価格税制を検討する。企業価値に与える影響では，この移転価格税制が最も大きい。そして第9講において，過少資本税制と外国税額控除について考察する。そこでは，資本輸出の中立性か資本輸入の中立性かが問題となる。

第7講　国際課税の制度

国際所得課税

　企業は，経済活動を行うにあたって，さまざまなインフラストラクチャーを利用している。そのようなインフラストラクチャーは，政府によって公共財として提供されることが多い。それゆえインフラ提供者である政府は，個人や企業などの公共財利用者に対し，その対価として課税を行うのである。企業活動に対する課税としては，法人税のように，企業の所得に対する課税が一般的である。ここでいう所得とは，企業活動によって獲得された純収入額で，財務会計上の利益と同様に，発生主義に基づいて算出されるものである。利益が収益から費用を差し引いた純額として求められるように，所得は益金から損金を差し引くことによって求められる。

　課税の前提には，各国の主権としての課税権がある。どの国の政府も，自らの国内における個人や企業の経済活動に対し，排他的かつ強制的な課税権を有している。ところが今日では，経済活動がグローバル化し，国境を超える取引が急増している。それゆえ，世界レベルで課税制度の標準化への需要が高まっている。国際課税の対象となる国際取引には，国際的な商品取引である貿易，国際金融，直接投資とポートフォリオ投資の両方による国際投資，ライセンス契約などによる国際技術取引，国際サービス取引などが含まれる。国際取引に対し，双方の政府が独自に課税すると二重課税になってしまい，グローバルな経済活動が税によって阻害されてしまう。と同時に，課税対象となるすべての経済活動は，必ずどこかで一度適正な課税がなされなければならず，脱税もしくは二重非課税は許されるべきではない。それゆえ国際取引に対する課税については，政府間の相互協力が必要になる。したがって国際課税の目的は，適正な課税の実行であるということが出来る。

　国際税務は，広義には国際取引における課税問題をその対象とする。そのうち重要な国際課税制度には，国境を超えて活動する企業の所得計算に関するものが多い。タックス・ヘイブン（tax haven）対策税制，移転価格（transfer pricing）税制，過少資本（thin capitalization）税制，外国税額控除（foreign tax credit）制度などである。ちなみに，タックス・ヘイブンとは，税の逃避地のことであり，そのような逃避地に恣意的な資本逃避がなされることによって租税回避が起きないようにするために導入されている制度が，本講で取り上げるタックス・ヘイブン対策税制である。移転価格税制は，国境を超えた所得の配分が適正に行われることを目的とし，また過少資本税制は，国際的な資本調達が恣意的に行われないよう是正するために導入されている税制である。外国税額控除制度は，所得の二重課税の排除を目的としている税制である。

国際課税制度の鍵概念

(a) 源泉地国・居住地国

国際税務は，国内における法人所得を計算する税務会計とは異なる側面をもっている。そのため，国際税務を実践するにあたっては，いくつかの重要な概念を理解しておく必要がある。国際税務においてまず重要となるのが，源泉地国（source country）と居住地国（residence country）の区別である。源泉地国とは，所得源泉のある国であり，居住地国とは，納税義務者の所在国のことである。国際税務とは，課税当局にとっても，課税対象の企業にとっても，つまるところ源泉地国課税と居住地国課税の調整の問題であるといえる。両国で税率が異なっていれば，なおさら問題である。世界的に見れば，源泉地国における課税を優先し，居住地国において二重課税にならないように調整するという傾向にある。

(b) 恒久的施設

源泉地国と居住地国の二重課税が問題になるものに，在外支店などの事業所得がある。在外支店や駐在員事務所は，会計上も法律上も本国の本社の1部分である。けれども進出先国において，現地政府が提供するインフラストラクチャーを利用する。そこで，国際課税を明確に行うために導入される概念が，恒久的施設（permanent establishment, PE）である。OECD模範租税条約の第7条には，本支店間の課税問題が規定されており，恒久的施設を有する場合には，独立した企業とみなして課税を行うとしている。これを独立企業原則と

いう。恒久的施設とは，ある国に本社を置く企業の進出先国における拠点が定置化されており，そこで事業活動を営むためにさまざまな設備が設置されているものをいう。

　この恒久的施設が存在することが，進出先国の政府によって課税される要件である。それゆえ，「恒久的施設のないところ事業所得の課税なし」といわれている。源泉地国において，恒久的施設を有するものとして課税がなされた場合には，居住地国において，二重課税にならないよう調整が行われる。ちなみに，在外子会社は進出先国において現地法人として設立されるので，この問題とは直接関連しない。

(c)　独立企業間取引

　また独立企業間取引（arm's length transaction）も，国際税務上重要な概念である。英米諸国においては，arm's length という言葉は，日常的に使用されている。文字通りの意味は，「腕の長さだけ距離を置いた」ということで，そこから派生して親密すぎない独立した関係を表すときに使用される。独立企業間という訳語は堅苦しい感じがするが，その意味するところは，系列やグループなど特定の利害関係にはないということである。この考え方は，個人主義を旨とする英米諸国の社会的価値観に根ざしたものである。何故これが国際税務において重要であるかというと，国際税務上の操作は，独立企業間ではなされないような取引（ないし会計処理）をあえて行うことによって実行されるからである。したがって，グループ内の取引であっても，客観的に見て独立した企業間のものと同じであれば，問題は発生しない。つまり，課税当局が個々の企業に対し税務操作を行っているかどうかについての判断基準となるのが，この独立企業間取引なのである。OECD 模範租税条約は第9条で，関連企業間において独立企業間基準に従って利益を配分するよう規定している。

　以上のように，国際課税制度は，広義には国際取引に対する課税を対象にするが，その中で国際企業税務として重要なものが，国際的に獲得された所得に対する課税である。以下の諸節で取り上げる国際的な課税所得の計算は，源泉地国か居住地国かの区別，恒久的施設を有しているかどうかの要件，独立企業

間取引からかい離していないかどうかの評価などによって具体的に行われるのである。なお，みなし課税は，さまざまな税務領域で行われるものであるが，恒久的施設の考え方に見られるように，とりわけ国際税務において遂行されるものであることに注意が必要である。そして，みなし課税を行うときの判断基準となるのが，独立企業間取引である。

租税法律主義

　近代民主主義国家においては，租税法律主義の観点から，課税は必ず法律に則って行われる。租税は，強制的に徴収されるものであるから，その賦課や徴収は必ず国民の代表である国会の議決する法律に拠らなければならないとされるのである。この租税法律主義によって，ときの権力者による恣意的な課税が防止される。ちなみに財務会計についていえば，英米型のように法律から独立したものと，大陸型のように法律に条文規定を有するものがあるが，どちらの会計制度であっても，税務会計は必ず法律（租税法）の規定に則って実践される。

　国際税務の対象となる国際取引に対する課税についても，国際租税法によって規定がなされている。国際租税法を構成するものには，国内法における規定，租税条約，国際法がある。

(a)　国内法

　国内法は，通常国内の経済活動に対する課税について規定しているものであるが，それと区別される対象として，国際課税に関する規定をもっている。例えば，日本の法人税法は，第 2 条において，当該法人税法の施行地を「国内」，施行地域外を「国外」と規定するとともに，国内に本店または主たる事務所を有する法人を「内国法人」，それ以外の法人を「外国法人」と規定して，第 3 条以下の条文を展開している。そして第 2 編（第 21 条－第 137 条）「内国法人の納税義務」において，日本企業（外国企業の日本法人を含む）の納税義務について詳細に規定するとともに，続く第 3 編（第 138 条－第 147 条）「外国法人の納税義務」において，外国法人についての規定を設けている。日本では，国際課税については，租税特別措置法がさまざまな規定を有している。

(b)　租税条約

　租税条約には，2 国間のものと多国間のものが存在する。経済活動がグロー
バル化している今日では，2 国間の租税条約といえども，他の租税条約とそ
の内容が調和している必要がある。そこで，租税条約を締結する際に国際
的な模範となるような条約のモデルが，国際機関によって開発されている。
それが，経済開発協力機構（OECD）による「OECD 模範租税条約（Model
Convention with Respect to Taxes on Income and on Capital）」と国際連
合（UN）による「国連先進国－開発途上国間模範租税条約（United Nations
Model Convention for Tax Treaties between Developed and Developing
Countries）」である。OECD 模範租税条約は，1963 年に採択され，1977 年に
その改訂版が作成され，1992 年以降定期的に改訂が続けられている。OECD
模範租税条約は，OECD 加盟国間で締結される租税条約の模範となっている。
また国連模範租税条約は，1979 年 12 月に採択され 1980 年に発表されたもの
で，こちらは先進国と開発途上国との間で租税条約を締結する際のモデルと
なっている。

　OECD 模範租税条約や国連模範租税条約の IFRS との違いは，IFRS は実際
に世界中の上場企業でそのまま適用されているのに対し，これらの模範租税条
約はあくまでも具体的な条約を結ぶ際のたたき台であるという点である。

　これらの模範租税条約は，租税条約締結時において外国税額控除制度を設け
ることを義務付けている。国際課税における問題は，課税取引が実施された源
泉地国と納税義務者が所在する居住地国が異なる際に，いかに二重課税になら
ないように調整するかにある。通常は，租税条約によって源泉地国に課税優先
権を与え，居住地国ですでに支払った税額を控除することによって調整し，二
重課税を回避する（本章第 9 講参照）。

(c)　国際法

　さらに国際法として重要なものに，ウィーン条約がある。これは，本国外に
おける外交官の免税や主権免税を規定したものである。主権免税とは，政府活
動などの主権行為が本国外でなされるときに，源泉地国の政府は相手の主権を
尊重し，課税を行わないとするものである。また各国の政府は，自国の個人及

び法人よりも他国の個人及び法人を税務上不利に扱ってはならないとする差別的課税の禁止も，国際公法上の原則となっている。

　以上のように，国際的な課税についても，国内課税と同じように租税法律主義が貫かれていることがわかる。課税主権の適正な行使は，国内課税であれ，国際課税であれ，必ず法律に則って行われるのである。それゆえグローバル企業は，各国の内国租税法や国際租税条約をよく理解し，ことに対処する必要がある。

税務報告を推進するOECD租税委員会

　企業報告として，財務報告と並んで重要になってきているのが，税務報告である。ただし，税務については国ごとの体系に相違が大きいこと，各国の課税当局への報告（申告）のみが重視されてきたことなどから，情報開示という視点からはほとんど論じられてこなかった。ところが21世紀に入り，経済開発協力機構（OECD）の尽力によって，国際税務基準とも呼ばれる世界標準化された基準作りが急展開するとともに，企業に積極的な開示が求められてきている。それが，BEPS行動計画である。そもそもESG投資において適正な納税は重要な要素であるから，世界標準化された税務報告の推進は，CSRの観点からも好ましいことである。ここで，BEPS（Base Erosion and Profit Shifting）とは，直訳すれば「税源浸食と利益移転」のことで，タックス・ヘイブンに実体のないペーパー・カンパニーを設立し，グループ内取引の価格（移転価格という）を恣意的に操作し，意図的に利益移転を行うなどの意図的な行為によって，課税当局の税源浸食がなされる問題のことである。

　企業は自由に国境を超えられるが，課税当局はその調査権限が自国内に限られるので，脱税や二重課税を避けるためにも，政府間の情報交換が不可欠である。そのため，課税に関してさまざまなレベルで政府間の常置協議機関が設置されている。なかでも積極的な活動を行っているのが，OECD租税委員会（the OECD Committee on Fiscal Affairs）である。OECD租税委員会は，各国政府の課税当局の代表が定期的に集まって情報交換を行う場であるとともに，世界の政府や企業に向けての提言も行っている。そこでは，前述の

OECD 模範租税条約の改訂，各国の租税制度の分析や統計，多国籍企業に対する課税のあり方などについて検討を行っている。

　OECD 租税委員会は，より具体的に税務のルールを作成しており，OECD 模範租税条約や OECD 移転価格ガイドラインなどを設定している。その目的は，arm's length な国際課税制度の維持である。

タックス・ヘイブン対策税制

　OECD 租税委員会は，外国税額控除制度とともに，タックス・ヘイブン対策税制についても強化している。タックス・ヘイブンとは，所得課税が全くないか，あったとしても税率が著しく低い国（ないし地域）をいい，基本的には規制が緩く経済インフラも整備されていない。タックス・ヘイブンの種類には，所得課税のない無税国，税率の低い低税率国，国外源泉の所得に対し無税ないし低率課税の国外所得軽課税国，一定の会社または経済活動に特典を与える租税特典国などがある。グローバル企業は，そうしたタックス・ヘイブンにペーパー・カンパニーを設立し，そこに利益を恣意的に移転することで租税回避する。タックス・ヘイブン対策税制は，タックス・ヘイブンに置かれた実体のない子会社の所得を親会社（または所有者個人）の所得に合算して，親会社の居住地国において課税するものが一般的である。親会社の所得として，本国でみなし課税を行う制度である。

　OECD は 2000 年に「有害な税の競争」報告書を発行し，悪質なタックス・ヘイブンについてブラックリストを公開する。それが，下記の計 35 カ国・地域である。

　カリブ地域
　① アンチグア・バーブーダ（英連邦），② グレナダ（英連邦），③ セントクリストファー・ネイビス（英連邦），④ セントビンセント・グレナディーン（英連邦），⑤ セントルシア（英連邦），⑥ ドミニカ（英連邦），⑦ バハマ（英連邦），⑧ バルバドス（英連邦），⑨ ベリーズ（英連邦），⑩ アンギラ（英連邦），⑪ タークス＆カイコス（英国），⑫ モントラセト（英領），⑬ 英領バージン諸島（英領），⑭ 米領バージン諸島，⑮ アルバ（オランダ），

⑯ アンティル（蘭領），⑰ パナマ

太平洋地域

⑱ サモア（英連邦），⑲ トンガ（英連邦），⑳ ナウル（英連邦），㉑ バヌアツ（英連邦），㉒ クック諸島（ニュージーランド自由連合），㉓ ニウェ（ニュージーランド自由連合），㉔ マーシャル諸島

ヨーロッパ

㉕ ジブラルタル（英領），㉖ ガーンジー（英王室属領），㉗ マン島（英王室属領），㉘ ジャージー（英王室属領），㉙ アンドラ，㉚ リヒテンシュタイン，㉛ モナコ

その他

㉜ セーシェル，㉝ バーレーン，㉞ モルディブ，㉟ リベリア

　タックス・ヘイブンの共通点として，情報交換を妨害する法制，透明性の欠如，企業などの実質的行動の非要求，があげられる。タックス・ヘイブンを利用した事業形態には，リベリアやパナマに船籍を置く，便宜置籍船がよく知られているが，企業にとってより一般的に有用なのは，金融子会社や地域統括会社に対する租税特典国である。金融子会社に特典を与えている国として，オランダ，ルクセンブルク，スイス，英国などが，地域統括会社に特典を与えている国として，ベルギー，フランス，ドイツ，モナコ，オランダ，スイス，英国，シンガポールなどがあげられる。さらに，銀行子会社，自家保険会社，販売会社，ライセンシング会社，不動産会社など，国によってさまざまな経済活動に特典を与えているケースがある。

　ほとんどのタックス・ヘイブンは，先進諸国と租税条約を締結しておらず，国際的な情報交換制度が機能しない。それゆえ各国の課税当局は，情報の収集に苦慮することになるし，タックス・ヘイブンを利用する企業には，秘密保持機能が確保されることになる。この秘密保持が企業にとってタックス・ヘイブンを利用する大きな誘因となっている。

　タックス・ヘイブン対策税制は，まず1962年に米国で導入されている。米国の内国歳入法（Internal Revenue Code）は，被支配外国法人（controlled foreign corporation, CFC）における特定の所得に対し，それを米国の親会社の所得とみなして課税を行ったのである。被支配外国法人とは，発行済議決権株式の10％以上を保有する米国株主が，全議決株式の50％超を保有する外国法人である。つまり，過半数の株式を米国の個人ないし法人に所有されている外国企業のことである。

　同様の税制は，1970年代から1980年代にかけて世界の先進国で導入されている。カナダは1971年に所得税法で，ドイツは1972年に国際取引課税法で，フランスは1980年に財政法で，そして英国は1984年に財政法で，それぞれタックス・ヘイブン対策税制を制定している。米国の税制とほぼ同じように，被支配外国法人がその対象となっている。

BEPS 行動計画策定の経緯

　BEPS プロジェクトは，2009年4月に英国のゴードン・ブラウン（James Gordon Brown）首相がタックス・ヘイブン決裂宣言することからスタートする。前述のタックス・ヘイブンの問題は，英連邦，英国領，英王室属領，さらにはニュージーランド自由連合など，英国関連の国や地域が圧倒的であることから明らかなように，英連邦はタックス・ヘイブン込みで繁栄しているという側面が強かった。そうした中，2008年のリーマン・ショックを受けて英国首相が決意を表明する。これには，ブラウン内閣が労働者や生活者を重視する労働党であったことが影響している。タックス・ヘイブンを利用できるのは，企業や富裕層に限定されるからである。

　これを受けて2009年4月にロンドン G20 金融サミットが開催され，タックス・ヘイブン規制が決議される。その結果，租税回避に加担していた会計事務所である KPMG や，金融機関 UBS への罰金が科せられた。ここで会計事務所について見てみると，通常グループ内にはメインとなる監査法人に加えて，コンサルティング会社及び税理士法人を擁している。IFRS から統合報告への発展に関しては，会計事務所はグローバル・グループとして全面的に支援している。ところが税務については，グループ内の税理士法人が租税回避を過度に

指導すると罰せられる点に注意が必要である。

　続く 2012 年 6 月のメキシコ G20 サミットでは，BEPS 対応の必要性が各国首脳に確認されるとともに，OECD 租税委員会において BEPS プロジェクトが本格稼働する。実は，この時期 Starbucks, Google, Amazon, Apple といったグローバル IT 企業の納税額が少なすぎるとして英国会で政治問題化する。そして 2013 年 6 月の G8 英国サミットで BEPS プロジェクトが支持され，OECD 租税委員会で承認される。

　なおメキシコ G20 サミットでは，金融取引に関する法人認識制度（LEI）が承認されている。これは，近年 ICT の発展によって注目されるビッグデータ管理を応用し，すべての金融取引について法人認識できるようにする制度である。国際金融が実需をはるかに超えた投機に支配される中，投機資金への課税を考案したのが，トービンの Q で有名なノーベル経済学者のジェームス・トービンで，彼の名を冠してトービン税と呼ばれている。トービン税は公正で有用ではあるものの，技術的に実現困難だとされてきた。それがビッグデータ管理技術の発展によって可能性が見えてきたのである。近い将来国境を超える金融取引は，すべて把握され，必要に応じて課税される。

　2014 年 1 月には，米国で外国口座税務コンプライアンス法（Foreign Account Tax Compliance Act, FATCA）が制定される。これは，すべての外国金融機関に対し米国納税者が有する 5 万ドル以上の資産についてすべて内国歳入庁に報告するよう義務付けた法律である。FATCA はトービン税実現への大きな一歩である。トービン税が実現されれば，タックス・ヘイブンへの租税回避も捕捉される。同年 OECD は，国際金融取引に対する共通報告基準（Common Reporting Standard, CRS）の作成に取り組み始める。

　OECD は，2014 年 9 月に「BEPS 行動計画第一次報告書」を発表する。加盟各国に対し，BEPS 行動計画の内容について強制力を持たせるために，国内法や条約等の改正についての検討を開始させるのが目的である。その後 2015 年 10 月に「BEPS 行動計画最終報告書」を発表する。そして BEPS 行動計画を具体的に実施するために，BEPS プロジェクトは，2016 年以降 BEPS 包括的フレームワークへと発展していく。

　BEPS 以前から，米国，カナダ，日本，オーストラリアの 4 カ国による環太

平洋税務官会議（the Pacific Association of Tax Administration, PATA）や，アジア税務長官会議（the Study Group on Asian Tax Administration and Research, SGATAR）など，それぞれの地域ごとに積極的な情報交換が実施されている。また，国際的に税務調査を行う際には，源泉地国政府と居住地国政府が協力し，同時調査を行うことも増えている。このような政府間協力の重要性は，今後ますます高まるであろう。租税の世界標準化が実現されれば，国境を超えた活動に対し，税が完全に中立的になる。

BEPS 行動計画の概要

　BEPS 行動計画は，公正な競争条件を確保し，多国籍企業が国際的な税制の隙間や抜け穴を利用して課税逃れを行うことがないよう，国際課税ルールを世界経済及び企業行動の実態に即したものにするとともに，各国政府・多国籍企業の透明性を高めるために国際課税ルール全体を見直すことをその目的としている。OECD 模範租税条約の頃には，二重課税の回避が重要問題であったが，今日ではいかに二重非課税を回避させるかが論点となっている。ESG 投資の観点からしても，適切な納税は企業の社会的責任（CSR）として当然の行為である。

　BEPS1 「電子経済の課税上の課題への対処」
　BEPS2 「ハイブリッド・ミスマッチの効果の無効化」
　BEPS3 「タックス・ヘイブン対策税制の強化」
　BEPS4 「利子等の損金算入を通じた税源浸食の制限」
　BEPS5 「有害税制への対抗」
　BEPS6 「租税条約濫用の防止」
　BEPS7 「恒久的施設（PE）認定の人為的回避の防止」
　BEPS8 「移転価格税制（①無形資産）」
　BEPS9 「移転価格税制（②リスクと資本）」
　BEPS10「移転価格税制（③他の租税回避の可能性が高い取引）」
　BEPS11「BEPS の規模・経済的効果の分析方法の策定」
　BEPS12「タックス・プランニングの義務的開示制度」

BEPS13「移転価格関連の文書化の再検討」

BEPS14「相互協議の効果的実施」

BEPS15「多国間協定の開発」

　BEPS 行動計画には，一貫性，実体性，透明性・確実性という 3 本柱が掲げられている。一貫性は，首尾一貫しない不必要なスキームを挟むことによる租税回避を矯正するもので，以下で取り上げるハイブリッド・ミスマッチの効果の無効化（BEPS2）や，タックス・ヘイブン対策税制の強化（BEPS3）などがあげられる。ちなみに BEPS1 の重要テーマが，トービン税の実現である。

　実体性では，租税条約乱用の防止（BEPS6）や，BEPS7 で取り上げられる外国税額控除などが問題になる。透明性・確実性には，タックス・プランニングの義務的開示制度（BEPS12）や移転価格関連の文書化の再検討（BEPS13）が該当する。そこでは，より透明な税務報告が求められている。

　BEPS2 のハイブリッド・ミスマッチの例として，一般的に知られてきたのが，ダブル・ディップ・ローン（double dip loan, DDL）である。これは，高税率国の本社が国内の銀行からローンを借り入れることによって，支払金利が損金算入（非課税）される。その資金を直接国内で使用するのではなく，低税率国に金融子会社を設立し，資本出資する。そして金融子会社は高税率国である本国に所在する孫会社へ再度ローンで貸し付けるのである。そうするとこちらの支払金利も本国で損金算入されるため，2 度の節税が得られることから，ダブル・ディップ・ローンの名称が付されている。本来ならば，一貫性の観点から中間の国外金融子会社は不要で，本社が孫会社の借入を保証すれば済む典型的なハイブリッド・ミスマッチであり，BEPS4 にも抵触する行為である。

　さらにハイブリッド・ミスマッチの例として，前述の英国会で問題になったのが，ダブル・アイリッシュ・ダッチ・サンドイッチ（double Irish Dutch sandwich, DIDS）と称される手法である。Google, Apple, Facebook, Amazon などの米国企業が採用しており，全体としてはほぼ同一のスキームが採用されている。まずアイルランドに持株会社を設立し，本社とアイルランド持株会社とで開発の費用分担契約を締結する。そこでは，無形資産に関する移転価格税制に則った費用負担がなされる。このアイルランド持株会社を管理

するために，タックス・ヘイブンであるバミューダに管理会社が設立される。アイルランドでは実体のない持株会社には課税されないため，バミューダの管理会社にタックス・ヘイブン対策税制が発動されず，管理費収入が非課税となる。

　さらにアイルランドには別の法人を設立し，その会社にライセンスを供与する。このアイルランド法人は，実体を有するものの，ライセンス料はアイルランド持株会社ではなく，オランダに設立された別の持株会社に支払うことになる。そしてオランダ持株会社は先のアイルランド持株会社にライセンス料支払うのである。オランダはロイヤリティへの源泉課税がなく非課税となるため，2度のライセンス料収入（オランダ持株会社の受取とアイルランド持株会社への支払）が非課税となるのである。ちなみに，オランダは外国からの配当も非課税である。アイルランドに別々の法人を設立しつつオランダを経由することから，ダブル・アイリッシュ・ダッチ・サンドイッチと称されるスキームである。ただし，アイルランド政府は，BEPS行動計画に基づき，そうした穴を法律によって塞ぎ始めており，今後は実現不可能なスキームになった。DDLやDIDSは，明らかにarm's lengthではないシステムであり，BEPS行動計画に基づく矯正が必要である。

日本のタックス・ヘイブン対策税制

　日本では，1978年に，租税特別措置法第7節の4「内国法人の特定外国子会社等に係る所得の課税の特例」として，第66条の6から9において，タックス・ヘイブン対策税制が導入されている。その後数度の改正を経て，現在に至っている。この制度は，日本の居住者及び内国法人によって発行済株式の50％を超える株式を直接・間接に保有されている外国法人のうち，「特定外国子会社」に該当する場合には，その所得を日本の居住者または内国法人の所得に合算して課税するものである。ここで，特定外国子会社とは，法人の所得に対して課される税が存在しないか25％以下である国に本店または主たる事務所を有する外国関係会社のことである。なお，25％という数字が採用されているのは，日本の法人実効税率がながらく50％であったため，その半分を基準値としたものである。個人の所得税については，租税特別措置法第40条の4

から6において規定されている。

　日本の船会社は，パナマやリベリアなどのタックス・ヘイブンに船舶子会社を登録していることが多く，その場合には日本政府のタックス・ヘイブン対策税制に沿って所得合算が行われている。それでも，船舶に乗船する職員の資格が緩やかであること，船員費が安く押さえられることなどのメリットがある。すでにほとんどの先進国ではタックス・ヘイブン対策税制が整備されており，日本の多くの事業会社がタックス・ヘイブンの利用価値を考えるときには，税務目的ではなく，その地域に拠点を置くことによって得られる非税務的なメリットを評価することになる。

第8講　移転価格税制

グローバル企業に不可欠な振替価格

　グローバル企業は，世界中に子会社や支店網をもっている。それらは，財務会計上連結対象となり，企業はグループ全体を一体として管理・運営していかなければならない。グローバル・グループ内部では，国際的なグループ内取引が盛んに行われている。例えば，本社から部品を輸出し，現地の工場で組み立てるケースなどである。そのような国際グループ内取引には，国際的な取引市場が成立していないことも多く，取引価格をどのように設定するかが問題になる。このグループ内部における取引価格を，transfer price といい，管理会計では振替価格，国際税務では移転価格という訳語が当てられている。

　振替価格の問題は，管理会計においては，業績評価と関連して議論されてきた。工程間，工場間，事業部間，グループ本社と関連会社間などにおいて，取引される財貨やサービスをどのように価格付けするかという問題である。本社が提供するサービスや研究開発部門で発生する費用など，いわゆる本社費や共通費をそれぞれの部門にどのように配賦するかも，振替価格設定における重要な要素である。そしてこの振替価格をどう設定するかによって，それぞれの部門における業績が変化する。それゆえ振替価格の設定にあたっては，各会計責任単位の業績を公平に測定出来るようにしなければならない。

　国内における振替価格は，業績評価目的で設定され，公平性が重要となるが，国境を越えたグループ内取引においては，税制の差異による裁定の可能性が現れる。いまＡ社とＢ社が国内の，Ｃ社が国外の連結グループ企業であるとしよう。為替の影響はないものとする。Ａ社からＢ社への製品取引に対し，振替価格を高く設定すると，Ａ社の利益が高くなり，Ｂ社の利益は低くなる。ただしどのように振替価格を設定しても，連結利益は同じ結果になるし，両社にかかる税率も同じであるから，税引後の連結営業キャッシュ・フローにも変化はない。ところが，Ａ社から国外のＣ社に同様の取引を行う場合には，両国で税率が異なれば，どちらの国で利益を多く計上するかによって，税引前の連結利益は同じであっても税引後の連結営業キャッシュ・フローが変化する。企業は，出来るだけ税率の低い国において利益を多く計上するように，振替価格の操作を行うというインセンティブが働くであろう。いま，Ａ社所在国よりもＣ社所在国が法人税率が低いとすると，この企業グループは，Ａ社からＣ社への振替価格を低めに設定して，Ｃ社でより多くの利益を計上することによって，グループ全体の税支出を減少させることが出来る。この方法を突き詰めていけば，振替価格を国際的に操作することによって，税率の高い国では税金を支払わないようにすることも，あながち不可能ではない。

　グローバル連結経営を実践していくためには，振替価格は不可欠な情報である。この振替価格を設定するにあたって，グローバル企業はジレンマに直面する。経営管理目的として業績評価の基礎となる振替価格は，すべての会計責任単位間で公平なものでなければならず，それは国内・国外を問わない（これを中立的振替価格という）。そうでなければ，報酬に歪みが生じ，経営者や従業員の動機付けを阻害してしまう。これに対し，企業価値最大化の観点からは，合法的な範囲で，国際的に振替価格を調整するというインセンティブがつねに作用する（これが最適振替価格である）。国際的な振替価格である移転価格は，国際的な所得配分を大きく左右するものであるだけに，企業にとっても，政府にとっても，移転価格税制は，極めて重要な国際課税制度となるのである。

米国主導の移転価格税制

　移転価格税制は，第二次世界大戦後，多くの多国籍企業の本社を抱える米国を中心に展開されてきた。米国では，多国籍企業に関する規制は，第一次世界大戦中における税制の強化にその端を発している。1917年に戦時歳入法（War Revenue Act）が制定され，課税当局に関連企業間の所得や経費の再配分権限を認めたのが，多国籍企業に対する規制の始まりである。その目的は，戦時下の歳入強化であった。そして1921年の内国歳入法においては，関連会社間の会計を連結して課税を行うようになった。移転価格を操作しても，両者を連結してしまえば連結利益は変化しないからである。その後連結課税ではなく，現在のような総所得の再配分による課税方式が採用され，1943年には，移転価格税制の基礎となるarm's length基準が導入されている。

　現在の移転価格税制は，1962年及び1968年の法改正によって確立されている。なかでも内国歳入法第482条は，移転価格について詳細に規定しており，独立企業間における取引価格と極端に異なる場合には，強制的に利益を再配分した上で課税する権利を，課税当局に与えている。当時米国では，多くの企業が海外事業展開を行っており，それに伴う租税の国外流出に対し，米国政府は対策をとる必要に迫られていたのである。

　1979年には，OECDが「移転価格税制に関する報告書」を公表し，各国政府が移転価格税制を制定する際のガイドラインを提示している。移転価格税制の対象となる移転価格は，独立企業間価格に基づいて決定されなければならないとされ，それには，独立価格比準（comparable uncontrolled price, CUP）法，再販価格基準（resale price, RP）法，原価加算（cost plus, CP）法に加えて，第4の方法を認めている。上記の3方法については，世界的に定着している方法であり，次項の日本の移転価格税制において説明する。第4の方法とは，これらの3方法以外の方法として，いくつかの方法を一括して認めているものである。

　1980年代に入ると，米国経済の構造に変化が現れる。それまで米国の移転価格税制は米国に本社を置く企業の海外への資本流出に対して規定していたものであったが，この時期になると，米国への企業進出がさかんになり，資本移動の方向が転換する。当時最も積極的に米国進出を行ったのが，日本企業であ

る。このような経済構造の変化に対応して，米国の移転価格税制も，米国内で
活動する外資系企業の現地法人に対する規制を重視するようになる。

　そのような経済構造の変化に対応して，1990 年代には，独立企業利益比準
（comparable profits）法をはじめとする新しい計算方法を米国政府は導入して
いる。独立企業利益比準法は，比較対象となる数社を選び，その財務数値か
ら，あるべき独立企業利益ないし独立企業利益率を算出し，課税するというも
のである。それまでの移転価格税制が独立企業間取引を基礎としていたのに対
し，この方法は，取引ではなく，比較対象となる独立企業の利益そのものを基
礎とする。このような方法が導入されるのは，米国内で活動する外資系企業の
現地法人が増大したからで，そのような現地法人に対する課税を，米国の地
元企業と比較することによって行おうとするものである。こうした課税方法に
は，批判があることも事実である。

　また移転価格税制は，伝統的に棚卸資産のような有形資産を対象としてきた
が，近年の米国では，ロイヤリティなど無形資産への課税も同時に強化されて
いる。独立企業利益比準法にしても，測定困難な無形資産の移転価格に対処す
るために考え出されたものである。

移転価格文書化による税務報告

　OECD 租税委員会は，1995 年には「移転価格ガイドライン」を公表する。
最新版は，2010 年となっており，その後，BEPS8〜13 として統合・更新され
ている。移転価格税制は，グローバル企業がグループ内の国際取引の価格（移
転価格）を恣意的に操作することによって，タックス・ヘイブン等の低税率
国に利益移転するような行為に対し強制的に修正課税を行うもので，各国移転
価格税制のモデルとなってきたのが，OECD 移転価格ガイドラインである。
移転価格ガイドラインは，その第 5 章において「文書化」について規定してお
り，それが BEPS13 として引き継がれている。

　移転価格の文書化は，納税者側によって移転価格設定において十分な検討が
なされた証拠を確保させるとともに，税務当局の要請に応じて迅速に情報提供
出来るようにしておくことが目的である。課税当局は，何時でも調査に入るこ
とが可能であるから，必ずしも定期的な報告や開示を前提としているものでは

ない。

　BEPS13 は，移転価格文書化に際し，マスター・ファイルとローカル・ファイル，国別報告書を作成しておくよう要請している。マスター・ファイルは，多国籍企業全体の概要を表すもので，グローバル・グループに 1 つ作成される。そこには，組織，事業，無形資産，グループ内金融，財務状態，納税状況等が記載される。ローカル・ファイルは，各国の税制に即した関連者間取引に関わる詳細な情報が記載されるべきもので，国ごとに作成される。そして国別報告書は，マスター・ファイルとローカル・ファイルを総合して国別の所得配分，納税状況，経済活動の所在を示す情報，事業内容ごとの企業リストを記載したものである。国別納税報告書ともいうべきもので，グローバル・グループに 1 つ作成される。国別納税額は，各国現地法人の活動実態と強い相関を示すはずである。

　国別報告書は，原則として 2016 年 1 月 1 日以降開始事業年度，前年度連結売上高が 7 億 5,000 万ユーロ以上の多国籍企業に求められる。日本では，2017 年 4 月以降に前年度連結総収入 1,000 億円以上の多国籍企業グループに文書作成・提出が求められている。移転価格に関する国別報告書の提出は，当面本社所在国の税務当局のみということになっている。ただし，各国租税税務当局の国際連携が進む中，密接な情報交換が行われている。マスター・ファイルとローカル・ファイルは国ごとに保管されるが，OECD は，税に関する国際的な情報交換の場をさまざまな形で提供し，共通報告基準に基づく自動化も進んでいる。BEPS が国際税務基準とよばれる所以である。

日本の移転価格税制

　現在では，いずれの先進国においても，移転価格税制が制定されている。その制度は，米国内国歳入法第 482 条を模範とし，OECD のガイドラインに沿ったものとなっている。日本の移転価格税制は，1986 年に制定されている。現在では，租税特別措置法の第 7 節の 2「国外関連者との取引に係る課税の特例」として，第 66 条の 4 において規定されている。租税特別措置法は，推定による課税を行えること，企業の側には，情報提供義務があることを規定している。移転価格税制の中心となるものは，国際的移転価格の設定にあたって，

どのような計算方法を認めるかである。租税特別措置法は，独立価格比準法，再販価格基準法，原価加算法，第4の方法を認めている。なお条文は棚卸資産の取引を前提に記述されているが，それ以外の取引についても同様となっている。

(a) 独立価格比準法

独立価格比準法は，「特殊の関係にない売り手と買い手が，国外関連取引に係る棚卸資産と同種の棚卸資産を当該国外関連取引と取引段階，取引数量その他が同様の状況の下で売買した取引の対価の額をもって当該国外関連取引の対価の額とする方法をいう」と租税特別措置法に規定されている。特別な利害関係のない国外の相手と同種の取引が行われている場合に，その取引価額を移転価格とするものである。グループ本社が在外子会社と同じ取引をグループ外の在外企業とも行っている場合などに，その取引価格を移転価格として使用する方法である。この方法は，国内から国外へ（ないしはその逆）の蔵出価格を客観的に証明出来るときに使用出来る。

(b) 再販価格基準法

再販価格基準法は，「国外関連取引に係る棚卸資産の買手が特殊の関係にない者に対して当該棚卸資産を販売した対価の額から通常の利潤の額を控除して計算した金額をもって当該国外関連取引の対価の額とする方法をいう」とされている。この方法は，国外の取引相手が自社から仕入れた財を特別な利害関係にない第三者に販売するときの価格が客観的に証明出来るときに，そこから利益を差し引いて，もとの蔵出価格を決めようとするものである。輸出を行うメーカーなどで，国外での最終販売価格が市場価格などにより客観的に決定されるときには，国外の販売子会社への価格をこの方法によって決定することが出来る。

(c) 原価加算法

原価加算法は，「国外関連取引に係る棚卸資産の売手の購入，製造その他の行為による取得の原価の額に通常の利潤の額を加算して計算した金額をもって

当該国外関連取引の対価の額とする方法をいう」とされている。これは，整備された原価計算システムに基づいて算出される原価に対して，一定のマークアップ（利益率をかけること）を行って算出する方法である。製品原価が客観的に測定可能な場合に利用出来る計算方法である。

(d)　第4の方法

上記の3方法は，いずれか最も適した方法を選択することが出来る。租税特別措置法は，さらに上記の3方法に準ずる方法やその他政令で定める方法を認めているが，上記の3方法を用いることが出来ない場合に限定している。こうした日本の移転価格税制は，OECD のガイドラインに沿ったものである。

戦後日本企業は，工業製品を盛んに米国に輸出し業績を上げてきた。そのため，日米間ではさまざまな領域において経済摩擦が生じた。移転価格税制についても，家電や自動車などの企業が米国での申告所得が少ないため，米国で利益が出ないよう移転価格を高く操作しているのではないかと課税当局から疑われている。ただし，だからといって移転価格を低くすると，今度は，反ダンピング法に引っかかってしまう可能性がある。その意味で移転価格をどのように設定するかは，まさに企業の存亡に関わるものであるといえる。米国進出には，注意が必要である。

移転価格税制は，戦後米国主導で世界に広まったものであるが，実は日本の制度は大きく遅れをとっている。まず日本の租税特別措置法の移転価格税制に関する条文は，すべてモノが主語になっている。これは安くて良いモノを輸出してきた日本企業に対応するためだったのであるが，今日国際的により重要になってきているのは，特許やブランド，コンサルティング料などいわゆる無形資産の取引である。モノのように有形の資産は，その原価が比較的容易に計算され，競合品との比較も可能であるから価格操作を摘発しやすいが，無形資産には価格の標準化が困難である。現行の租税特別措置法は，そのような裁量性の高い国際取引に対する課税の条文規定が整備されていない。

このように，不正な価格付けに対し強制的に課税を行う制度が移転価格税制である。国際的な取引における価格付けを問題にする制度であるため，グロー

バル企業は本国と進出先国の両方の移転価格制度をよく理解する必要がある。

タックス・プランニング

　移転価格税制は，工程間，工場間，事業部間，グループ本社と関係会社間などで取引される財貨やサービスをどのように価格付けするかという管理会計における振替価格問題と密接不可分である。けれども伝統的な管理会計システムでは，例えば投資利益率において税引前利益が使用されるなど，税の影響が考慮されないことが多かった。企業の目標は，企業価値の最大化，すなわち将来キャッシュ・フローの割引現在価値の最大化にある。そのような観点からすれば，企業にとっては，税支出はネット・キャッシュ・フローを減少させるキャッシュ・アウトフローにすぎない。企業は，税支出を管理し，税引後の企業価値を高めるように努力しなければならない。他の条件が同じであるならば，税支出が少なくなれば税引後のキャッシュ・フローが多くなり，企業価値が増大する。

　ただし，それには，重要な条件があることを忘れてはならない。租税は法律によって厳密に規定されており，その違反者には厳しい罰則が課せられる。それゆえ税支出の管理は，法の許す範囲において合法的に行わなければならないということである。さらに，税支出の最小化と企業価値の最大化は，同じではないということにも注意が必要である。企業課税は所得に対してなされるのが一般的であるから，もしも税支出を最小化したいのであれば，課税対象となる所得を最小化すればよいということになるので，企業はなにも活動すべきではないという結論になってしまう。

　日本の課税制度は国税中心なので，日本企業にとっては，国内のどこでどのように活動するかは，税務上は大きな影響はなかった。けれどもグローバル企業にとっては，活動する国が異なれば税制が異なる。そこには，合法的な裁定の可能性がある。税務管理を有効に行うことによって，企業価値を変化させることが出来るのである。そのようなアプローチは，タックス・プランニングまたはタックス・マネジメントとよばれる。グローバル経営にとって重要なことは，明確な戦略に基づいてグローバルに税務管理を実践することである。

　タックス・プランニングは，グローバル連結経営を実践していくために不可

欠である。企業にとって重要なことは，どの国の課税当局であれ納得させられるだけの明確な国際税務戦略を確立し，実践することである。その際に必要となるのが，(1)各国の最新の税制に対する十分な理解と事前の対策，(2)演繹的かつ論理的な税務計画の作成，(3)税引後管理会計の徹底である。

そこで，最新の税制の十分な理解であるが，各国の国際課税制度はその国の経済政策に沿って変更されることがある。独立企業間基準や課税中立性基準も，唯一絶対のものが存在する訳ではない。課税は強制を伴うものであるから，きちんとした理解をしておかないと，予想外の追徴課税によって企業価値を大幅に減少させ，企業存続に関わるリスクを増大させてしまうことになる。事後に対応的調整を迫られると，その手続は極めて煩雑となり，コストが嵩む。そのため，出来る限り事前の対策をとっておくことが大事である。米国政府が採用している事前確認制度などは，税引後企業価値を安定させるのに有効であろう。さらに，企業のスタッフが世界中の税制に精通するのは非常に困難であるから，外部の国際税務のスペシャリストを有効に活用することも，この場合の重要なポイントとなる。

事業会社のグローバル戦略遂行上，タックス・ヘイブン利用の価値が大きいのは，地域統括本部の設置であろう。さらに第7章で取り上げたネッティングなどを行いグローバル・キャッシュ・マネジメントを実践する場合は，金融子会社に対する優遇税制も重要である。企業がグローバル化を行うときには，世界的な組織構造や立地選択について，あらかじめ具体的な青写真を描く必要がある。そして，どこに地域統括本部や金融子会社を設置するかを決定するにあたっては，税制の影響もしっかりと分析する必要がある。

タックス・プランニング・プロセス

次に，場当たり的な節税政策をとるのではなく，合理的なアプローチによってしっかりとした国際税務戦略を構築することがタックス・プランニングにとって重要である。欧米の企業では，予算や中長期計画の策定において税務計画が重要な役割を占めており，日本でもきちんとした税の計画を事前に作成することが不可欠になるであろう。その際に論理整合性の高いアプローチを採用していれば，内外の関係者に対する事後的な説得力（アカウンタビリティ）も

高くなる。それが，BEPS12への対応策にもなるのである。

　そこで各企業におけるタックス・プランニングのプロセスであるが，まず本国の親会社は，世界のグループ企業について，どのような取引にどれだけ税金がかかっているか，繰越欠損金がいくらあるかなどについて詳細なデータベースを作成することから開始される。そして税金の多寡によって国ごとに優先順位を付け，それらの内容を吟味していく。税支出の大きな国では，裁量性も大きくなる。企業はすでにグローバルな企業戦略を策定しているから，その内容を分析するとともに，税の観点から戦略修正の可能性を検討する。その後グローバルな税務計画を作成し，節税額と節税方法を見積もっていくことになる。

　タックス・プランニングのポイントは，損益通算や連結納税など既存の課税制度をフルに活用することである。例えば外国税額控除制度を活用するためには，本国の親会社における課税所得が外国税額控除の対象額を上回っていない限り，控除は不可能になる。またたとえ課税がなされるとしても，期限を繰り延べることも重要である。すでに整備されているタックス・ヘイブン対策税制においても，課税は翌年となるため，その間の繰延効果が得られる。1年間課税を繰り延べることが出来れば，その間に生じる利子相当分だけ企業価値は上昇するからである。

　税の意識を徹底させるために，企業内部の管理会計システムを全世界的に税引後基準に再構築することも必要である。第6章で取り上げた割引キャッシュ・フロー技法では，税引後のキャッシュ・フローを税引後の加重平均資本コストで割り引くのである。また社内部門を独立した企業とみなすカンパニー制や個々の会計責任単位に管理会計上の資本金を与える社内資本金制度などでも，税引後基準が徹底されてはじめて外部の連結子会社と同じ基準での評価が可能になる。それゆえ，国内外を問わず日常業務においてつねに税引後の数値で意思決定を行うことを徹底する必要がある。タックス・プランニングとは，こうした作業の積み重ねによって達成されるものである。

第9講　過少資本税制と外国税額控除制度

過少資本税制

　本国のグループ本社が，外国に子会社を現地法人として設立するとき，在外子会社に長期資金をどのように提供するかによって，現地法人に対する課税額が変化する。在外子会社から見れば，グループ本社から資本調達を行う場合に，本社からの借入（ローン）による負債金融と，本社から出資を募る株式金融の2種類の方法が存在する。それぞれの調達方法に対する現地での所得課税のあり方を見てみると，借入金の場合には，在外子会社はグループ本社へ利子支払として送金するので，その金額は子会社の税務会計において損金算入され，非課税となる。これに対し株式の場合には，グループ本社に対する配当は，現地で法人税を支払ったあとの純利益からしか行えない。そこで在外子会社は，グループ本社から長期資金を調達する際に，出資を減らして借入を大きくすることによって，租税負担を人為的に軽減しようとするインセンティブが働くことになる（BEPS4）。

　負債に対する利子すなわち負債の資本コストは，一般に株主資本の資本コストよりも低い。第6章の（6.5）式からも明らかなように，負債には節税効果があること，株主資本にはリスク・プレミアムが付加されることがその理由である。ただし，資本構成において負債の比率を高めると，当初は加重平均資本コストは減少するが，負債が増加することにより，倒産確率が高まってしまう。そのため財務安全性の観点から，企業は負債を極端に多くしようとはしない。ところが，親子会社間の資本調達においては，どれだけ子会社の負債比率が高まったとしても，その倒産確率は高まらない。すべて親会社が責任をとるからである。そのような資本調達の方法は，たとえ負債であったとしても親会社がリスクを引き受けているという意味で，実質的には株式出資と同じものである。

　そこで，外国に親会社を有する企業で極端に負債比率が高い場合に，それを株主資本とみなして課税する制度が，過少資本税制である。各国における過少

資本税制のあり方を見ると，まず米国は，1980年に内国歳入法第385条において過少資本税制について規定しようとした。同条の規定によれば，米国の課税当局は，法人の支払う利子が借入金の利子か株式への配当であるかを定める権限を有するとされ，借入金が出資金であるとみなされると，その利子支払は損金不算入となり，配当して扱われることになっていた。通常，借入金と出資金の比率が，3：1以下であれば，問題がないとされた。この規定は，内国法人，外国法人の両方に適用されたが，結局1983年に取り下げられた。その後1985年プラザ合意後のドル安を受けて対米進出が増加した外国企業の在米子会社に対し，1989年に内国歳入法第163条j項において，新たな過少資本税制が制定されている。そこでは，外国法人の関係会社及び内国非課税法人の関係会社に過少資本税制が適用され，当該会社の純支払利子額が所得額の50％を超え，なおかつ有利子負債と株主資本の比率が1.5：1を超えている場合には，その超過額は損金不算入となるとしている。

　英国では，すでに1970年に過少資本に対する規制が行われている。その内容は，発行済株式の75％以上を外国法人に所有される内国法人が，その外国親会社に支払う利子は配当であるとみなされ，損金算入が認められないというものである。その主旨は，arm's length にない関連会社間貸付を否認するということである。実務上は，有利子負債と株主資本の比率が2：1以下であるべきだとされている。

　ドイツでは，1987年に過少資本税制が導入されている。過少資本の問題はそれ以前から，ドイツでは長らく「隠れた資本」の否認問題として論じられてきた。すなわち，親会社が国内か国外かを問わず，そうした株主からの借入金を隠れた資本とみなし，その支払利子を隠れた利益処分として税務上損金算入を否認するというものである。そして有利子負債と株主資本の比率が9：1以上であるときには，株主からの借入は法形式の濫用であるとして否認される。

　その後2008年にドイツでは過少資本税制が廃止され，新たに基準額を超える利子費用の控除制限規則が導入される。そこでは，損金算入可能な利子費用は，純利子額・税金・償却費前利益の30％を超えない額に制限された。従来の負債比率から課税所得に対する利子費用の比率への転換である。

日本の過少資本税制

　日本では，1992年4月から租税特別措置法第7節の3「国外支配株主等に係る負債の利子の課税の特例」として，第66条の5において過少資本税制が規定されている。その対象となるのは，内国法人（外国法人の子会社を含む）及び外国法人の日本国内恒久的施設から国外支配株主等への負債利子支払である。なお，国外支配株主等とは，発行済株式の50％以上を直接・間接に保有する外国株主のことである。すなわち，海外の本社である。日本の過少資本税制では，国外支配株主に対する利付負債の期中平均残高と国外支配株主の資本持分の比率，及び総利付負債の期中平均残高と株主資本の額の比率のそれぞれが，3：1を超える場合において，利子支払が損金不算入とされている。

　過少資本税制の根拠は，独立企業間取引の考え方にある。外国の現地法人が，本国の親会社が存在しない場合に負債比率をそれ以上は増やさないであろうと考えられるレベルを超えて行う負債金融を，株式による資本調達と同じものであるとみなして，その利子支払を損金不算入とするのである。独立の企業間であればどのような行動をとったであろうかということが，考えの基礎となっている。現地法人が100％子会社であれば，貸借対照表上の有利子負債・株主資本比率がそのまま適用されることになる。有利子負債が株主資本の3倍を超えるということは，負債比率が75％を超える（同じことだが株主資本比率が25％を切る）ということである。そのような資本構成は，やはり不自然であり，arm's length な資本調達では起こりえないものである。その意味では，過少資本税制の意図は，妥当なものであるといえる。

　グローバル企業にとってみると，タックス・ヘイブン対策税制や外国税額控除制度が外国での所得を本国においてみなし課税するものであり，親会社所在国の制度が重要になるのに対し，過少資本税制は，在外子会社の資本調達が問題にされるため，進出先国の制度が重要になるという違いが存在する。それゆえ日本の過少資本税制が対象とするのは，外国企業の日本子会社（いわゆる外資系企業）であることがわかる。

　その後2012年4月には，過大支払利子税制が導入される。これは前述のドイツの新制度と同じ考え方に基づくもので，関連者純支払利子等の額が調整所得金額の50％を超える場合に，その部分を損金不算入とする制度である（租税

特別措置法66条の5の2)。

外国税額控除か外国所得免除か

　税務会計の目的は課税所得の計算であるが，当該企業が国際取引を行っている場合には，算出される所得の一部がすでに国外で課税されていることがある。その場合には，課税所得の計算において二重課税にならないように調整する必要がある。二重課税の排除は，OECD模範租税条約及び国連模範租税条約において明確に主張されている。国際的な二重課税を排除する方法には，外国税額控除（税額計算）と外国所得免除（所得計算）がある。

　外国税額控除とは，源泉地国で支払った租税を居住地国で支払うべき租税の額から控除することである。外国税額控除による二重課税の排除を，credit methodとよぶ。この外国税額控除制度は，英国や米国，カナダ，日本などで採用されている。外国税額控除は，全世界所得主義（world-wide principle）に立つもので，世界中で得られた所得を居住地国すなわち本社所在地にすべて合算し，そこで全世界での所得に対する課税額を算出するとともに，源泉地国ですでに支払った税額についてはそこから控除しようとする考え方である。それゆえ，居住地国課税を原則としている。

　これに対し外国所得免除では，源泉地国で課税された所得を居住地国の所得課税から免除する。この方法は，exemption methodとよばれ，フランス，オランダ，ドイツ，スイス，ノルウェー，ベルギーなどで採用されている。外国所得免除は，現地主義（territorial principle）に立っている。すなわち源泉地で発生した所得については，適正な源泉地国課税がなされていれば，居住地国での課税所得とはしないとする考え方である。ただし，利子や配当，ロイヤリティなどの所得については，これらの国においても外国税額控除方式がとられている。

　外国税額控除制度は，主としてアングロ・サクソン諸国で採用され，外国所得免除制度は，主としてヨーロッパの大陸諸国で採用されている。日本は，会計制度は大陸型であるが，二重課税の排除方法はやや変則的に英米式となっている。

日本の外国税額控除制度

日本の外国税額控除制度は，1953 年に導入されている。当初は，控除限度額の計算が国ごとに行われていた。その後，国別限度額方式から一括限度額方式へと改められている。そして 1988 年に，大幅な税制改正が行われている。これによって，外国税額控除制度の対象となる国外所得が，全世界所得に対して占める割合の上限が 90％に定められた。外国税額控除制度には，直接控除，間接控除，みなし控除の 3 種類が存在する。

直接控除であれ，間接控除であれ，控除限度額が定められている。それは，当該期間の全世界所得に課される法人税額に対して，当該期間の国外源泉所得が全世界所得に占める比率を乗じて算出される金額である。この計算方法は，国外源泉所得に国内法人税率を掛けたものと同じである。控除されるべき税額が控除限度額を超過した場合には，控除限度額超過額は翌期以降 3 年にわたって繰り越して税額控除することが出来る。また控除限度額に余裕が生じた場合にも，その控除余裕額を 3 年間繰り越すことが認められている。

以下の日本の外国税額控除制度は，一括限度額方式，控除限度超過額・控除余裕額の繰越し，間接税額控除など，その大枠において米国の制度とほぼ同じものである。

(a)　直接外国税額控除制度

日本の外国税額控除制度は，直接外国税額控除制度，間接外国税額控除制度，みなし外国税額控除制度（tax sparing credit system）から成り立っている（法人税法第 69 条）。まず外国税額直接控除制度であるが，これは，日本の居住者及び内国法人が外国において課された所得税，法人税の額を日本において支払うべき所得税，法人税，住民税から控除する制度である。法人企業については，外国法人税をまず日本の法人税から税額控除する。そして控除しきれない場合には，地方税である法人住民税から控除する。ただし，50％を超える率で課される外国法人税については，50％を超える率に対応する部分は，控除外とする。海外の恒久的施設が現地で課税された場合などに，この直接控除が必要となる。

(b)　間接外国税額控除制度

　間接外国税額控除制度は，内国法人がその発行済株式総数の25％以上を保有する外国子会社から配当を受け取った場合に，その配当に対応する部分の外国法人税額を控除する制度である。これは，海外進出の形態が支店か現地法人かによって税負担に極端な不公平が生じないようにするためで，現地法人の親会社である内国法人が自ら納税したとみなして，税額控除を認める制度である。ただし，外国税額間接控除制度は，外国子会社と外国孫会社についてのみ認められており，外国曾孫会社以下は，その対象となっていない。地域統括本部を設立し，域内のグループ企業に対する持株会社とする場合などは，この規定に抵触する可能性があるので，注意が必要である。

　上述の伝統的な制度に加え，2009年税制改正以降は外国子会社配当益金不算入制度を活用出来るようになった。この制度は，従来の差額課税方式を廃止し，海外子会社からの配当の95％を非課税にするという画期的なものである。実質的な外国所得免除制度といえるものである。この外国子会社配当益金不算入制度は，従来の間接外国税額控除制度では，現地の法人税率よりも日本の法人税率の方が高い場合には（実質的にほとんどのケースで該当），日本に送金された配当は日本の法人税率がかけられてしまい，法人税率の差額分が控除されないために，多くの日本企業の在外子会社は本国に配当送金せず，現地に資金滞留が発生していたからである。外国子会社配当益金不算入制度によって，本国への配当送金が税中立的に行われるようになった。

(c)　みなし外国税額控除制度

　みなし外国税額控除制度は，開発途上国などにおいて実際には支払っていない所得税，法人税を支払ったものとして日本において控除する制度である。開発途上国は，外資導入によって経済開発を行うために，外資優遇税制を採用する。これに対し全世界所得主義に基づいて本国で通常の居住地課税が行われると，企業にとっては開発途上国進出のメリットがなくなってしまう。それゆえ，経済開発援助のために，現地で優遇税制となっている部分に対しては，すでに課税がなされたとみなすものである。

　みなし外国税額控除は，租税条約によって認められる。日本政府は，パキス

タン，スリ・ランカ，ザンビア，アイルランド，スペイン，ブラジル，フィリ
ピン，インドネシア，中国，インド，タイ，バングラデシュ，ブルガリア，
トルコ，シンガポール，ヴェトナム，メキシコ，韓国，マレーシアの国々と，
みなし外国税額控除を認める租税条約を締結してきた。外資優遇税制とは，企
業にとってタックス・ヘイブンそのものであるから，みなし外国税額控除制度
は，政府のタックス・ヘイブン対策と密接に関連する。それゆえ，みなし外国
税額控除制度は，タックス・ヘイブン対策税制に対する例外規定であるともい
える。

　日本政府は，2002年11月に税制調査会が「平成15年度における税制改革
についての答申―あるべき税制の構築に向けて―」として出した答申を踏ま
え，課税の公平性や中立性の観点から，みなし外国税額控除については見直
し・縮減を図るとしている。そしてサンセット条項によりアイルランド，スペ
イン，インドネシア，ブルガリア，トルコ，シンガポール，ヴェトナム，メキ
シコ，韓国，マレーシア，フィリピンはみなし税額控除の期限が切れている。
2019年現在，日本との間の租税条約において有効なみなし外国税額控除の規
定がある国は，ザンビア，スリ・ランカ，タイ，中国，バングラデシュ，ブラ
ジルの6カ国となっている。

資本輸出の中立性と資本輸入の中立性

　ここで，国際的な資本移動とそれに対する税の影響を考えてみよう。課税に
はいくつかの原則があり，その中に，課税は経済活動に対し中立であるべきだ
とする中立性の原則がある。国際課税に対する中立性原則には，資本輸出の中
立性（capital export neutrality, CEN）と資本輸入の中立性（capital import
neutrality, CIN）の2種類の中立性概念が存在する。

　資本輸出の中立性とは，内国中立性ともよばれるもので，投資を行う際に，
その対象が国内であっても国外であっても，企業の税負担上相違がないように
すべきだとする考え方である。資本輸出の中立性を維持するためには，所得源
泉が国内であろうが国外であろうが，居住地国において同じように課税すれば
よい。その際に，国外源泉所得に対して現地で課税がなされていれば，外国税
額控除を行うことになる。

　これに対し，資本輸入の中立性は，自国内で生じた所得に対しては，自国資本によるものであれ外国資本によるものであれ，同じように課税しようとするものである。それゆえ，外国中立性ともよばれている。資本輸入の中立性は，ある国の政府にとって，課税対象の出自を問題としないものであるから，所得の源泉地国課税が原則となる。それゆえ，資本輸入の中立性を実現させるためには，外国所得免除制度が適している。

　国際課税の制度は，先進国主導で構築されてきた。先進国の政府は，自らの国内に本社を置く企業が，国外へ進出していくケースが圧倒的であったため，税制として資本輸出の中立性に重点を置いてきた。そこには，企業は国民国家の真部分集合であるべきだという考え方が濃厚にうかがわれる。それゆえ課税当局の関心事は，あくまでも本国におけるないしは本国において合算される所得である。国外で獲得された所得は当該国すなわち源泉地国の問題だという発想は希薄なようである。

　資本輸入の中立性は，長らく開発途上国によって唱えられてきた。どこの国の企業であれ，積極的に受け入れようとするからである。国連先進国‐開発途上国間模範租税条約は，源泉地国に課税優先権を与えている。またグローバル企業も，資本輸入の中立性の信奉者であるといえる。進出先国で現地企業と公平な課税がなされるからである。

　経済のグローバル化が進展している今日，先進国においても，自国の企業が国外へ進出していくだけとは限らなくなってきている。1980年代以降，それまでは先進国から開発途上国への一方的な投資であったものが，先進国間における相互投資へと国際経済構造が変化している。北米やヨーロッパの諸国は，多くの日本企業を受け入れているし，バブル経済崩壊後はM&Aなどによって日本へ進出してくる欧米企業も増大している。その意味では，先進国だから資本輸出の中立性を確保すべきだという議論は，説得力が弱まりつつある。資本輸出の中立性から資本輸入の中立性へと議論の重心が変化している。

ユニタリー・タックスとキャッシュ・フロー法人税

　ユニタリー・タックス（unitary tax）は，多国籍企業は全世界所得を算出し，所定の配賦基準に基づいて各国に所得を配分するという課税制度である。

配分された所得に対しては，各国の課税当局が税率や課税方法を独自に決めて課税するという制度である。この税制は，米国の州法人税や日本の法人住民税（法人税割）などで採用されているが，各国間の合意が成立しなければ，二重課税を引き起こす危険性が高い。さらに，世界所得の算出やその配賦基準についても，世界的な合意を形成することは必ずしも容易ではない。全世界所得に対する配賦基準さえ決まれば，あとは各国の課税当局にフリー・ハンドが残されるため，経済学者の間では，支持者の多い課税制度でもある。

　国内の税務会計と同様に，国際課税も所得に対する課税であるということを大前提としている。けれども，財務会計においても，その中心が利益からキャッシュ・フローへと変化しつつある今日，課税の世界標準化として考えられるもう1つの可能性が，所得ではなくキャッシュ・フローに対して課税を行うキャッシュ・フロー法人税である。キャッシュ・フロー法人税は，経済学者や財政学者によって，かなり以前から主張されている。企業活動をマクロ経済学的に見れば，その所得は消費されるか投資されるかということになる。そこでキャッシュ・フロー法人税は，投資に回された部分を全額控除する。その結果，法人税が企業の投資活動に対し悪影響を及ぼさず，中立的となる。これまで英国で実施された全額即時償却制度や，米国で実施された加速度償却制度は，キャッシュ・フロー法人税の考え方に近いもので，投資を出来るだけ速く減価償却することによって，投資全額控除と同じ効果をもたせようとするものである。

　このキャッシュ・フロー法人税の計算には，近年のキャッシュ・フロー計算書が利用可能になる。純営業キャッシュ・フローから設備投資額を控除して算出されるフリー・キャッシュ・フローを使用するのである。これまでの課税所得計算では，赤字企業が多かったが，このフリー・キャッシュ・フローが課税ベースとなれば，より多くの企業が課税対象になるとともに，本来の目的である投資に対する中立性も維持される。キャッシュ・フロー法人税は，課税ベースを根本的に変更するという意味で，ユニタリー・タックスよりも，より劇的な変化をもたらす制度である。ユニタリー・タックスをキャッシュ・フロー・ベースで行うことは，全く可能である。

　利益からキャッシュ・フローへと視点を転換することの重要性が，税の取り

扱いに際しても見ることが出来る。法人税のような税は，利益の分配という性格が強いため，利益中心経営では税引前の利益を重視しがちであるのに対し，税務理論では，税は流出する支出すなわちキャッシュ・アウトフローにすぎないからである。

第8章の参考文献

荒木知『国際課税の規範実現に係るグローバル枠組み』法令出版，2017年。

居波邦泰『国際的な課税権の確保と税源浸食への対応—国際的二重非課税に係る国際課税原則の再考—』中央経済社，2014年。

EY税理士法人『詳解新しい国際課税の枠組み BEPS の導入と各国の税制対応—企業への影響と留意点—』第一法規，2017年。

OECD『BEPS プロジェクト 2015 年最終報告書—行動 3, 4, 8-10, 14—』日本租税研究協会，2016年。

OECD『OECD 移転価格ガイドライン—多国籍企業と税務当局のための移転価格算定に関する指針（2017年版）—』日本租税研究協会，2018年。

加本亘『国際タックス・プランニングの実務』中央経済社，2014年。

川田剛・徳永匡子『2017OECD モデル租税条約コメンタリー逐条解説（第4版）』税務研究会出版局，2018年。

角田伸広『BEPS で変わる移転価格文書の作成実務』中央経済社，2016年。

中里実，太田洋，伊藤剛志編『BEPS とグローバル経済活動』有斐閣，2017年。

藤江昌嗣『移転価格税制と地方税還付』中央経済社，1993年。

M・マイルズ，M・ウォルフソン，M・エリクソン，E・メイデゥ，T・シェブリン『MBA 税務工学』坂林孝郎訳，中央経済社，2001年。

望月一央『BEPS—動き出した国際税務基準—』中央経済社，2017年。

森信夫編『移転価格の経済学—BEPS 問題への対応と無形資産評価—』中央経済社，2014年。

矢内一好『租税条約はこう変わる！BEPS 条約と企業の国際取引』第一法規，2018年。

第9章

国際資本予算

第9章のテーマ

　第9章では，国際資本投資の意思決定を論じる。それは，企業が実際に海外進出を行うときの財務意思決定であり，国際経営財務の典型問題である。まず第10講において，海外進出の方法に海外直接投資と国際的 M&A があることを説明する。国際資本投資の計算方法は，為替や国際課税の影響を受けて複雑化するものの，その原理は第6章第1講において説明したものの応用である。そして第11講において，企業が海外投資プロジェクトを実行する際のマネジメント・プロセスを説明する。国際資本予算の形態とプロセスについてさまざまなバリエーションのメリット・デメリットをよく理解することが本章のテーマである。

第10講　海外進出の財務意思決定

顕示戦略としての資本投資

　企業にとって，極めて重要でなおかつ長期的な影響を及ぼすような意思決定は，戦略的意思決定（strategic decision）とよぶことが出来る。そのような意思決定は，不確実性の高いものであり，あらかじめ策定された企業の戦略に沿って，出来るかぎり合理的になされなければならない。戦略的意思決定を行き当たりばったりに続けていると，企業は大きく右往左往し不安定になってしまうからである。戦略的意思決定とは，企業戦略を直接実現させるような意思決定のことだといえる。

　ところで，企業活動においては，すべての戦略的な意思決定は，遅かれ早かれなんらかの資本の投入を必要とする。そのような長期にわたって成果をもたらすための資本投入の典型が，企業成長の原動力となる事業資産への投資であり，資本投資（capital investment）とよばれている。この資本投資は，戦略を目に見える形に具現化したものである。抽象的かつ概念的に構築されている戦略が，投資プロジェクトによって具現化されるのである。投資家など企業外部の者にとっては，企業の戦略そのものを知ることは出来ないが，その企業がどのような資本投資を実行しているかを観察することによって，その企業の戦略を推測することが可能である。消費者の実際の消費行動が，競合商品間の顕示選好を示すと経済学でみなされるのと同じ意味で，資本投資は企業の顕示戦略なのである。

　この戦略と投資の関係は，投資プロジェクトが大規模化し，その影響が企業組織全体にわたってより長期的に及ぶようになると，そのプロジェクトの成否は，企業にとって極めて重要なものになる。そのような投資プロジェクトが具現しているのは，まさに企業の存続に関わる全社戦略であり，そうした投資に関する意思決定は，戦略的投資決定（strategic investment decision, SID）とよばれる。

　資本投資が企業の戦略を具体化するものであるならば，具体化されるべき戦

略，とりわけ全社戦略として最も重要なのが，企業のグローバル戦略であろう。このグローバル戦略は，国際資本投資によって具体化される。本章では，グローバル戦略を展開するにあたって不可欠な国際資本投資について，その意思決定の技法とマネジメント・プロセスを取り上げ，どのようにすれば合理的に投資決定を行うことが出来るかを説明する。

支配目的で行う国際資本投資

　投資とは，資金の運用のことである。国際的な資金運用としてこれを見た場合に，投資対象に対する支配を目的としているかどうかという点が，経営戦略上重要なポイントになる。ちなみに，支配を目的としない投資とは，純粋にリターンを目的として行う投資のことである。世界中の金融・資本市場で提供される金融商品には，極めて豊富な種類がある。それらのリスクとリターンを考慮して，リスクをうまく分散させながら，リターンを最大化させるように投資を行うのである。そのような分散投資は，国際ポートフォリオ投資とよばれる。この投資を合理的に行うための財務理論を，現代ポートフォリオ理論といい，今日では，デリバティブをはじめさまざまな精緻な意思決定技法が開発されている。

　これに対し，本章で取り扱う国際資本投資は，自らのグローバル戦略を実現すべく海外へ資金を投入したのち，その投資対象をグローバル連結経営の一環として支配し，経営していくことを目的としたものである。そのような投資には，海外直接投資（foreign direct investment, FDI）と国際的M&A（cross-border merger and acquisition）がある。海外直接投資は，国境を越えて行う新規事業資産への投資である。国内の実務で設備投資と通常よんでいるものの国際版である。設備投資の意思決定は，資本予算（capital budgeting）とよばれ，機械など有形固定資産購入の意思決定から，新工場の設立や，さらには財務会計上資産化すべき新規研究開発への取り組みなどが該当する。海外直接投資は，複数の国にまたがって行われる資本投資であるから，通貨や税制など制度的な相違によるさまざまなリスクを考慮しなければならないが，その意思決定は，事業資産への投資という点で理論的には国内における設備投資と同じであり，意思決定会計の典型となるものである。

　国際資本投資のもう1つの方法として，すでに存在している外国の企業を買収する，いわゆる国際的M&Aがある。外国企業の買収で最も一般的な手法は，対象企業の発行済株式の過半数を取得して支配権を獲得することである。M&Aが株式への投資に基づくという意味では，前述の国際ポートフォリオ投資とも類似しているが，株式所有によってゲインを獲得することではなく，M&Aでは，企業そのものを支配して自らの事業を拡張することをその目的とする点が異なっている。ただし以下で説明するように，その評価方法は，ポートフォリオ投資も含め，原則として国内における設備投資の評価と同じものである。その意味では，設備投資の評価方法すなわち資本予算をよく理解することが，極めて重要である。

　このように，企業のグローバル戦略を具体化する戦略的投資決定としての海外投資決定には，海外直接投資と国際的M&Aが代替策として浮上する。それらの方法によって，企業は具体的なグローバル事業展開へと踏み出すのである。ちなみに小規模な設備投資の場合には，さらにリースという選択肢が浮上することも忘れてはならない。

M&A

　海外進出の方法で直接投資の代替策としてあげられるのが，海外の企業を買収するM&Aである。すでに第2章第4講で触れたように，M&Aの種類としてあげられるのが合併（merger）と買収（acquisition）で，両者の最大の相違は，合併では被買収会社は消滅するのに対し，買収では被買収企業は連結子会社として存続することである。国際的M&Aでは，合併ではなく買収が一般的である。

　M&Aには，資本提携や少数株主持分としての資本参加など，支配権を獲得しないケースもある。さらに広義には，業務提携（alliance）を含むこともある。業務提携は，資本や資産の取引をともなわない関係であるから，会計上はオフ・バランスである。近年では，この業務提携も重要なグローバル戦略となっている。また，資産譲渡（divestment）による方法も，M&Aを行う場合の選択肢である。株式取得ではなく，資産の買い受けによる買収方法である。資産譲渡はさらに，会社の資産の大部分を譲渡する営業譲渡と，一部分を譲渡

する部分売却に区分される。資産譲渡による場合は，個々の資産をそれぞれキャッシュ・フローをもとに割引現在価値を評価して引き継ぐことになる。

　M&A の区分は，合併，買収，提携，資産譲渡など，その形態に基づくものが一般的であるが，それらの M&A を行うことによって付加される事業が，企業の戦略展開上どのように位置付けられるかによっても分類することが出来る。1 つは，同一事業が一緒になる水平的 M&A である。近年では巨大なグローバル企業同士の M&A が増えている。そのような国境を超えた水平的M&A は，自動車，化学，医薬品，航空，金融，コンピューターなど世界的に競争の激しい産業で加速している。次に，上流ないし下流へと事業を延長するタイプの M&A を，垂直的 M&A という。さらには，必ずしも直接的な事業の関連がなくても高い収益率を求めて広範な領域でコングロマリットのように行う，複合的 M&A がある。

　事業会社が海外で行う国際的 M&A では，水平的 M&A が中心となる。本業を中心にしてグループ内で世界的に水平分業を行うのである。バブル経済の最盛期である 1980 年代には，日本企業は米国などで複合的 M&A を積極的に展開したが，厳密な財務計算を行わなかったことなどもあって，それらの多くは失敗している。

　次に M&A を，それを実施する側とされる側の関係に注目して分類すると，国内企業同士の M&A であるイン・イン型，日本企業による外国企業への M&A であるイン・アウト型，外国企業による日本企業への M&A であるアウト・イン型，日本企業が買収した外国企業が現地で行う M&A であるアウト・アウト型に区分出来るであろう。このうち，海外進出の手段として行う M&A は，イン・アウト型 M ＆ A である。近年では，外資系企業による日本企業のM&A，すなわちアウト・イン型 M&A も医薬品産業や金融業などで増加している。

　今後グローバル化と世界標準化がさらに進展すれば，M&A が加速するものと推測される。投資というと，設備投資ないし直接投資のイメージが強いが，M&A による方法も重要な選択肢となることを忘れてはならない。

敵対的 M&A

　M&A はさらに，友好的 M&A と敵対的ないし非友好的 M&A とに区分出来
る。友好的 M&A とは，両者の合意の上で成立する M&A のことである。こ
れに対し敵対的 M&A とは，ある企業が相手の意向にかかわらず一方的に仕
掛ける M&A のことである。上場企業の株式は誰でも購入することが可能で
あるから，資本市場で過半数の株式を取得すれば，当該企業の意向にかかわら
ずその企業を支配することが出来る。それゆえ，敵対的 M&A では，市場で
株価が低迷して純資産の現在価値よりも株式時価総額が低くなっている企業が
狙われることになる。

　敵対的 M&A は，株式公開買付（take-over bids, TOB）によって行われ
る。これは，資本市場における公開の株式取得であり，大量の株式を取得しよ
うとする場合，その当事者は買付価格などを公表しなければならない。株式公
開買付によって敵対的 M&A を仕掛けられた企業が，買収されることを望ま
ない場合は，カウンター・アタックを行わなければならない。多数株主工作を
行って，乗っ取りを仕掛ける企業に株式を売らせないようにするのである。あ
るいは別の第三者に，多数株式を引き取ってもらうこともある。これまで，日
本国内で M&A が少なかった理由は，株式相互持ち合いなどによる安定株主
政策が効いていたからである。けれども 21 世紀に入り資本市場の規制緩和が
進むとともに，日本企業による他の上場日本企業に対する敵対的 M&A が増
加している。

　さらに敵対的 M&A における資金調達の手法として，レバレッジド・バイ
アウト（leveraged buyout, LBO）がある。これは，M&A を行う企業が自
らリスクをとって資金調達するのではなく，被買収企業の資産ないし資産が
生み出すキャッシュ・フローを担保にして投資家や金融機関から資金を調達
するものである。そして M&A が成功すれば，被買収企業のキャッシュ・フ
ローから資金の返済が行われる。それゆえ，成熟事業をもちフリー・キャッ
シュ・フローが潤沢なキャッシュ・リッチ企業が狙われることになる。米国に
は，LBO 専門の仲介企業も存在する。この LBO による資金調達は，友好的な
M&A においても，有効な手法である。

　これまで日本企業は，海外では積極的に M&A を行いながら，国内ではア

ンチ M&A という矛盾した立場をとってきた。しかしながら，そのような国内と国外で異なる経営を行うことは，ダブル・スタンダードであり，世界標準経営とは矛盾する。1980 年代はイン・アウト型 M&A が圧倒的であったが，近年では日本版ビッグバンにより規制緩和が進む中で，外資系企業も巻き込んで日本国内での M&A（イン・イン型やアウト・イン型）が増加している。それゆえ，たとえ日本企業が自ら敵対的 M&A を行わないとしても，そのメカニズムを理解し，対策を立てておくことが重要である。

日本の M&A 市場

　世界の M&A 市場は対象企業の規模によって大中小の３つに区分される。日本において大企業約１万社を対象とした M&A では，証券会社，メガバンク，投資ファンド等の大手金融機関が大規模なディールを手掛けている。対象企業は年商 10 億円超であり，M&A 手数料として 3,000 万円超が想定されている。この規模の M&A は，グローバルなレベルで活発に展開されている。

　次に，日本の中規模企業約 56 万社を対象とした，中規模のディールである。特徴は，年商３億円以上 20 億円以下の企業が対象であり，手数料が 1,000万円超となる。プレーヤーは，上場 M&A 仲介業者や，地域金融機関等となる。この規模では，外資系企業によるアウト・イン型の M&A も増加している。

　そして，小規模企業約 325 万社を対象にした小規模ディールが存在する。対象は，年商３億円以下で，手数料にして 1,000 万円未満の企業である。近年，後継者のいない事業承継案件の増加により，年商１億円から３億円企業のM&A 案件を取り扱う民間業者が現れつつある。中小の M&A ブティックやM&A 特化の会計事務所（とりわけ税理士法人）などで，年商にして１億円から 10 億円程度の規模の企業が対象となっている。さらにこの規模では，税理士や公認会計士などの顧問先による相対での M&A マッチングがなされることもある。

　それより小規模な会社や個人事業の M&A については，手数料ベースでは採算がとれなくなってしまう。放っておくと廃業となるケースが少なくないので，国は中小企業庁の事業として各都道府県に事業引継ぎ支援センターを設

立し，商業ベースに乗らないような案件についても無料でM&A支援に乗り出している。日本国内では，M&Aの市場が近年急速に整備されており，今後M&Aは急増すると予測される。

第11講　海外投資決定のプロセス

投資プロジェクトの発案

　海外投資の意思決定は，巨額の支出をともなうものであり，さまざまな調査や検討を必要とする。その成否は，その後の企業のグローバル戦略の展開だけではなく，場合によれば企業の存続そのものをも左右する。それゆえ，そのような意思決定を合理的に行うためには，トップ・マネジメントだけではなく，ラインやスタッフを含めて多くの人々の協力が不可欠になる。海外投資の実際の意思決定は，極めて複雑で時間のかかるものであり，その意思決定が行われるプロセスをうまくマネジメントする必要がある。

　そこで，企業において海外投資プロジェクトを実現させるためには，具体的にどのようなプロセスを経なければならないかを見てみよう。投資評価の技法を理解し，それを活用するためには，意思決定プロセス全体がどのように構成されているかを理解しなければならない。どのような精緻な技法であれ，摩擦のない真空のような世界で利用されることはなく，つねに組織という具体的な場において利用されるからである。それゆえ，どのような局面でどの部署が関わることになるかをよく見極め，必要な人に必要な情報を提供出来る管理会計システムを構築しなければならない。

　個々の投資プロジェクトは，あらかじめ評価可能な形で存在しているものではなく，どこかで誰かが，その必要性を認識しなければならない。この局面を，認識局面とよぶことが出来る。組織における投資決定のプロセスは，認識局面からスタートするのである。それでは，海外投資プロジェクトは，誰によって認識され，発案されているのであろうか。著者が実施したアンケート調査結果の一部であるが，それによれば海外投資プロジェクトが最も高い頻度で発案されるのは，ラインである事業部ないしは事業本部からである。これに較

べると，国際部門からや，戦略・企画立案部門からの提案の頻度は低くなっている。日本企業のライン指向がうかがわれる。海外投資プロジェクトの必要性を認識するのは，あくまでもその事業に現場で携わっている人ということになる。

　認識局面で重要なことは，企業のグローバル戦略に沿って投資プロジェクトを発案するということである。プロジェクト認識のガイドラインとなるような企業の戦略は，中長期の経営計画においてまとめられている。多くの日本企業は，期間５年ないしそれ以上の長期経営計画と，３年の中期経営計画の両方を編成している。長期経営計画において企業のグローバル戦略などの長期戦略を策定し，中期経営計画ではそれを年次予算などの実行計画に具体化するための方向性を与えるのである。これらの経営計画は戦略計画ともよばれ，経営企画部によってまとめられるが，国際部によって提出される海外事業計画なども，海外投資プロジェクトの推進には重要である。企業のグローバル戦略は，このような戦略計画によって提示されるのであり，首尾一貫したグローバル戦略を展開するためには，個々の海外投資プロジェクトは，その戦略に従うものでなければならない。投資決定とりわけ戦略的な投資決定を企業戦略に沿った形で合理的に行うためには，企業の戦略計画がきちんとキャッシュ・フロー・ベースで策定され，個々の投資プロジェクトに対するガイドラインとならなければならない。

　ところで，情報の性質を外部情報と内部情報，事前情報と事後情報，財務情報と非財務情報に分類すると，投資プロジェクトを認識するために必要となるのは，外部の事前・非財務情報であろう。例えば，海外の市場動向などに関する将来予測である。また，営業キャッシュ・フローや売上高などの中長期の予測，すなわち内外の事前・財務情報も重要である。企業によっては，遂行すべき個々の投資プロジェクトの内容に関しても，極めて具体的な規定を経営計画において行っているケースがある。企業の長期的キャッシュ・フローは，個別の投資プロジェクトを成功させていくことによって，もたらされるものだからである。その意味では戦略計画は，うまく策定されていれば，投資決定において最も重要な情報になる。

　組織においてなんらかの形で投資プロジェクトが発案されると，その実現に

むけてプロジェクトを具体化していかなければならない。海外投資のような巨大プロジェクトの場合，本格的な調査を開始するかどうかについて，あらかじめ事前調査がなされることもある。そして実行にむけて具体化すべきだということになると，企業内にプロジェクト・チームが結成される。プロジェクト・チームのリーダーは，発案者当人がなるケースが多いが，組織階層上より上位の管理者がその任にあたることもある。

　なお欧米の企業では，ある投資プロジェクトについて複数のチームを結成し，それぞれに独自の計画書を提出させ，そこから最善のものを選択するというプロセスをとることもある。日本企業では，複数のプロジェクト・チームが結成されることは珍しく，1つのチームが複数の代替案を検討する程度のようである。

投資プロジェクトの具体化

　いったん認識された投資機会は，それを実現するために，具体的な肉付けが行われていく。この局面を，展開局面とよぶことが出来るだろう。展開局面において重要なことは，投資プロジェクトを一定の基準によって評価可能な形にまとめ上げるということである。通常この局面で，前節で論じたような厳密な財務計算を行い，企業においてあらかじめ決められている財務手続に沿って投資プロジェクトを公式化するのである。

　この局面で重要になる情報システムが，マネジメント・コントロール・システムとしての予算である。それゆえ，スタッフとして経理部が重要な働きをすることになる。たいていの企業は，戦略計画を受けて，設備投資のための設備予算やM&Aのための投融資予算などを，あらかじめ適用範囲や金額を決めて設定している。それらの予算規模が，投資プロジェクトを評価する際の制約条件として作用することになる。これによって初期支出の額が制限されるからである。既存の資金枠を超える場合には，新たなる資金調達の可能性も検討しなければならない。それには，財務部の協力も必要になる。

　展開局面では，投資プロジェクトの将来キャッシュ・フロー，資本コスト，インフレ率，需要予測，初期支出といった諸情報が重要になってくる。それゆえ認識局面で必要とされた外部・事前・非財務情報とともに，内部の事前・財

務情報が重視される。投資プロジェクトについて，通常は複数の可能性がここ
で探索される。選択肢としてM&Aがありうる場合には，それについても検
討する。そしてそれぞれの代替案について，キャッシュ・フローを厳密に計算
するとともに，会計利益法を併用する場合には，純利益に及ぼす影響なども測
定する。そうした情報によって，誰かの頭の中で認識された投資プロジェクト
が具体化・公式化され，誰にも理解されるものになるのである。

　ちなみに，海外投資のようにリスクの高い投資プロジェクトを評価するとき
には，割引率となる資本コストに対して個別にリスク・プレミアムを加算する
必要がある。ところが，多くの日本企業では，リスクに対して全く逆のアプ
ローチが見られるようである。それは，リスクの高い投資プロジェクトに対し
てより低い必要収益率やより長い回収期間を許容することである。そのような
意思決定が行われるのは，戦略的に重要な投資は基準を緩和しても実現した
いということがその理由のようである。戦略的なプロジェクトほど，リスクが
大きいから，ハードルを下げるべきだというものである。ただし，最悪のケー
ス，通常のケース，最良のケースなど，いくつかの前提条件のもとでシミュ
レーションを行って，起こりうる事態を正しく予測すれば，リスクに対して
誤ったアプローチをとる必要はないはずである。

　海外投資の意思決定プロセスは，国内における投資決定プロセスと同じもの
であるが，異なる点もある。海外投資において行わなければならないことに
は，進出先国の決定がある。もちろん国内の投資でも立地選択は重要である
が，国が異なれば，カントリー・リスクも異なる。そして進出先国の決定にお
いて考慮すべきなのが，外資優遇税制の有無である。第8章で説明したよう
に，税制のあり方によって，税引後のキャッシュ・フローが大きく変わるので
ある。

　さらに，第7章で論じた為替リスクも国内にはない問題である。海外投資で
は，将来キャッシュ・フローを予測することが困難であることに加えて，その
計算を自国通貨で行うか進出先の現地通貨で行うかという問題が発生する。実
際の投資支出は，現地通貨でなされるのであるが，本社における会計単位は日
本円である。それゆえ，キャッシュ・フローをすべて円換算して円建の資本コ
ストで割り引くか，現地通貨建のキャッシュ・フローを現地の資本コストで割

り引くかしなければならない。後者の場合には，負債の資本コストに対する税効果（法人税率）が日本国内とは異なることに注意が必要である。

　なお，投資決定をプロセスとして見た場合，次の第3局面で投資プロジェクトが選択されることになるが，予算制約などの理由で却下されそうな投資プロジェクトは，第2の展開局面であらかじめ除外されることになる。また分権化された事業部制組織では，この段階で事業部内において多段階のスクリーニングを行うことも多い。そして大規模な組織では，稟議書を回したり，さまざまな部署に根回しを行ったりする必要があるかもしれない。展開局面は，割引キャッシュ・フローによる合理的な計算が重視される局面であるが，同時に極めて政治的な局面であることも知られている。政治的な理由で却下されてしまう投資プロジェクトも少なくない。それゆえ客観的な財務計算とともに，プロジェクト・リーダーの個人的な熱意が重要になることも，付け加えておきたい。

実現すべきプロジェクトの選択

　第3の局面では，財務手続に沿って具体化された投資プロジェクトから，実行すべきプロジェクトが選択される。選択局面とよばれるものである。この選択局面で行われることが，最も狭義に解した意思決定である。その意思決定の主体は，トップ・マネジメントである。

　選択局面では，展開局面で処理された内部・事前・財務情報に基づいて代替案が評価・検討されることになる。通常はプロジェクト・チームのリーダーによって，個々の提案に関する計画書と裏付資料が配布され，トップ・マネジメントに対してプロジェクト内容の説明がなされるのである。そして，具体的な投資の決定が下される。その決定内容には，受理，却下，修正，再提出などがある。

　理論的にいえば，複数の代替案の中から実行すべきプロジェクトを選択するのがベストの意思決定であるが，1つの案件に対して yes か no かの選択を行うこともある。その際トップにとって重要な仕事は，自らが関わって策定した企業戦略と提案されたプロジェクトの擦り合わせを，大局的な視点から行うことである。そのような判断は，トップ・マネジメントのみが出来るものであ

る。トップ・マネジメントには，戦略や財務に関する幅広い知識と柔軟な理解力が要求される。また，海外投資プロジェクトの場合には，現地法人のトップの任命もここで行われることになる。

グローバル戦略との整合性

　日本企業が，世界で活躍するグローバル企業へと飛躍するためには，どのようなグローバル企業になりたいのか，目指すべきゴールの青写真を明確に描き出すことが必要である。どのようなグローバル展開を行うべきかについては，出来れば具体的に文書化することが好ましい。欧米企業などでは，自らが目指すべきゴールをミッション・ステイトメントとして文書化していることが多い。それによって，漠然としていたイメージが具象化され，企業に関わる多くの人々によく理解されるようになるからである。

　企業の最終目的は，キャッシュ・フローによって測定される企業価値を最大化することである。グローバル化した企業の優位性は，企業価値の最大化を1国単位で行う必要がなく，世界全体での連結業績を高めることによって実現出来ることにある。グローバル企業は，最適な製品を最適な場所で生産し，最適な市場で販売することが出来る。それゆえグローバルな企業価値の最大化には，さまざまな方法や選択肢がありうる。だからこそ企業には，目指すべきグローバル展開の青写真が必要となり，それを着実に実現するための具体的な戦略が重要になってくるのである。

　企業は，ヒト，モノ，カネ，情報という4種類の経営資源から成り立っている。グローバル展開を行うにあたっては，それぞれの経営資源を世界的にどのように配分するかについての明確な戦略が不可欠である。まずヒトについては，どのようなグローバル組織を構築するかが重要な鍵になる。グローバル組織戦略である。モノとカネは，狭い意味での資源であり，キャッシュ・フローによる測定が容易なものである。これらの資源を世界的にどのように展開するかは，事業戦略の問題として研究されてきた。どのような製品をどこで生産するかに関する戦略である。そして近年，第4の経営資源として，情報の重要性が注目されている。情報は，それ自体では保存や移転が不可能であるという性質をもっており，情報をのせる器すなわち情報システムを世界的にどのように

設計するかが重要になる。もちろんこれら4つの資源展開に関する戦略は，相互に密接に関連しており，全体として企業のグローバル戦略となるのである。

　これまで日本企業は，事前に明確なシナリオを作成しそれを着実に実行していくというような戦略指向の経営スタイルを，必ずしも得意とはしてこなかった。経営戦略の理論や手法は，多くのビジネス・スクールをもつ欧米で発展してきたものである。ところが資本市場がグローバル化し，日本企業にも世界標準に則した経営が要求されるようになってくると，そんなことをいってはいられなくなる。とりわけグローバル展開については，勢いよく海外に飛び出してはみたものの，結局は撤退せざるを得なくなった日本企業も少なくない。企業がグローバル展開を行うということは，言語や習慣，文化，価値観が全く異なる世界へと飛び込んでいくことであるから，まさにそのようなときにこそ，誰にでも理解可能な明確な戦略が不可欠になるのである。

　投資決定におけるトップ・マネジメントの役割は，個々の投資プロジェクトに深くコミットすることではなく，企業全体のグローバル戦略をしっかりと策定し，それに沿った投資プロジェクトが提案されるように，間接的にプロセスをコントロールすることである。なお，具体的なグローバル戦略については，第10章で取り上げる。

実現されたプロジェクトのコントロール

　選択された投資プロジェクトは，あらかじめ設定されたスケジュールに沿って実行に移される。そして実行されたプロジェクトは，スケジュールどおり進行するようにコントロールするとともに，その成果が当初の予測と同じであるかどうかを事後的に評価しなければならない。投資プロジェクトの進行具合とその結果の統制を行うことが，投資決定プロセスの最終局面である。

　この統制局面では，内部・事後・財務情報が集められ，展開局面でまとめられた内部・事前・財務情報との比較を行う。その作業は，投資事後監査（post-completion audit, PCA）とよばれている。投資の事後監査における問題は，事前・財務情報と事後・財務情報の整合性である。事前情報として利用されるのは，純現在価値方や内部収益率法などのキャッシュ・フロー情報であるが，事後的に測定されるのは，一般的な業績評価会計による損益情報であることが

多い。そこで，この2つの基準の不一致を避けるためには，すでに第6章で論じたように，投資決定を利益で行うか，業績評価をキャッシュ・フローで行うかしなければならないことになる。これまで日本企業が，投資決定において会計利益法を使用してきた理由もここにある。ただしそれは，合理的な選択であるとはいいがたい。したがって，投資決定を割引キャッシュ・フローで行うだけではなく，事後監査を含めた業績評価も同時にキャッシュ・フローで行うべきであろう。それが，第6章で取り上げたEVAやCFROIである。

　ちなみに欧米企業では，プロジェクトの成否によってプロジェクト・リーダーをはじめとする関係者の報酬が変動するようなシステムをとっているが，日本企業ではそのようなタイトな関係は設定されていないようである。

　海外直接投資では，現地において会社の設立を行わなければならない。そして工場の場合には生産設備を立ち上げ，稼動させていく。時間のかかる作業である。実際に事業を開始するには，それを管理するための会計システムを設計することも不可欠である。そのシステムは，グローバル連結会計が容易に行えるように，本社の会計システムと整合的なものでなければならない。なお投資事後監査は，財務会計における減損テストとしても有効である。

　こうして，統制局面において投資プロジェクトの事後評価が行われると，その成果は他の投資プロジェクトの決定に利用されることになる。また別の投資決定プロセスが，認識局面からスタートするのである。このように投資事後監査は，学習効果をもたらし投資決定プロセスの有効性を向上させるものである。投資決定は，決して選択局面で終了するものではないことに注意しなければならない。資本予算は，意思決定会計の典型として論じられ，認識局面や選択局面ではトップ・マネジメントの役割が重視されるが，同時に展開局面や統制局面では業績評価会計の支援が不可欠であることも理解される。ともあれ，企業にとって重要なことは，この投資決定のプロセスを全体として有効に管理出来るように，情報システムを整備すべきだということである。

グローバル情報システムの構築

　グローバルな企業グループを有効に管理運営していくためには，第4の経営資源である情報を処理するためのグローバル情報システムの設計が極めて重要

である。組織を運営し事業を展開していくためには，情報が欠かせない。いうまでもなくそれには，会計情報が含まれる。情報は，他の経営資源が有効に機能するように結び付ける働きをする。その情報を取り扱う情報システムは，今日では企業においてほとんどすべてコンピューター化されている。グローバル企業には，グローバル展開に有用なグローバル情報システムが必要になる。それゆえグローバル情報戦略としては，世界的にどのようにコンピューターを接続しネットワーク化するかということが重要な問題となる。

　グローバル企業が処理する情報は，その頻度によって区分することが出来る。毎日処理する日次情報，1カ月単位の月次情報，さらに決算ごとの期末情報である。これら以外にも，1週間ごとの週次情報や10日ごとの旬次情報，3カ月ごとの四半期情報など，企業によって必要に応じた頻度で情報を処理することになる。

　本国のグループ本社との間で日次情報のやりとりが必要なのは，グループ本社の主要業務の一部を担っている在外子会社や，グローバル戦略上極めて重要な在外子会社などである。グループ本社が在外子会社の日常業務を細部にわたって詳細に把握しておく必要のあるケースである。具体的に処理されるべき日次情報は，生産活動や販売活動などの日常業務に関わる事前及び事後の情報である。

　グローバル連結経営において月次情報を必要とするのは，日次（または週次，旬次）で処理を行う上述の子会社を除いたすべての在外子会社と，経営管理上重要な在外関連会社である。月次情報として大事なものは，月単位で事業や職能部門の業績評価を行うための管理会計情報である。通常は，月末に仮決算を行い，翌月の出来るだけ早い時期にグローバル連結経営全体に関連させながら，それぞれの会計責任単位ごとに計画と実績の比較を行い，その後の経営に分析結果を反映させる。

　期末情報は，企業の決算期間に対応した情報で，四半期，半期ないしは年度末に財務諸表を作成するために必要な情報がやりとりされる。対象となるのは，決算上連結対象（持分法を含む）となる世界中のすべての関係会社である。連結対象会社は，それぞれの個別決算情報とともに，本社の連結決算に必要な修正事項を報告しなければならない。また日次や月次で情報のやりとりが

なされていない場合には，管理会計情報などの非財務会計情報も同時に処理すべきである。その際に，報告書式をグループ全体で統一しておかないと，連結財務諸表の作成に苦労することになる。国際領域においても，財務会計，管理会計，経営財務は相互に密接に関連しているのである。

海外直接投資と国際的 M&A

　海外直接投資と国際的 M&A には，共通点と相違点が存在する。まず共通点であるが，どちらも国境を超えて行われるプロジェクトであるから，海外では，現地法人として同一の形態で設立される。国内の場合，設備投資では本社組織の一部として本社工場などが設立され，M&A では，合併でない場合すなわち買収では，連結対象になってもそのまま別法人として存続するという相違がある。ところが海外進出する場合には，資本投下の形態が直接投資であれM&A であれ，国が異なれば法体系も異なり，それぞれの国ごとにその国の法体系に沿って独立した法人として設立される。それゆえ海外支店を除くと，どちらの方法を採用しても，在外子会社に対する本国の親会社のコントロールが制度上は株式所有に基づく点で全く同じである。ここに，海外投資においては，直接投資と M&A が代替案として浮上する理由が存在する。

　また，財務意思決定を行う際の計算構造も，将来の予想キャッシュ・フローを現在に割り引くという点が共通している。その目的は，株主の価値を最大化することである。しかも両者は，多額の外貨による支出すなわち資本支出を必要とするリスクの高い戦略的な投資であり，ポートフォリオ投資とは区別される。

　次に，両者の相違点である。最大の相違は，海外直接投資がゼロからの出発であるのに対し，国際的 M&A はすでに出来上がった企業の取得であることである。他の相違点は，すべてこの点に関わっている。例えば，海外直接投資は，プロジェクト完成までに時間がかかるのに対し，国際的 M&A では，すぐに操業可能であるというメリットがある。前者では新しく雇用が必要だが，後者では，新規雇用の必要はない。さらに直接投資では，独自の企業政策や企業風土を形成することが出来るのに対し，M&A ではすでに企業文化が出来上がっており，本社との擦り合わせが必要となる。会計システムについても，海

外直接投資では新しく独自のシステムを設計することが出来るが，M&A では本社との会計システムの整合性が問題になる。

　海外直接投資か国際的 M&A かの選択において，企業の核となる技術すなわちコア・コンピタンスのあり方も，重要な要因になっている。ハイテク部品や医薬品原液のように，特殊な技術を必要としそのために多額の投資を要する場合には，直接投資が選好される。自社内にしかそのノウハウが蓄積されていないからである。これに対し，コンピューター組立や医薬品パッケージ生産のように汎用性の高い製品を生産する場合や，販売会社のようにネットワーク作りに長い時間を要する場合には，既存の資源を有効活用すべく M&A が選好される。それゆえ，製品開発や上流の生産工程など独自技術の重要性が高い場合は，海外直接投資が適しており，下流の生産工程や販売などネットワークの重要性が高い場合は，国際的 M&A が適しているといえる。

　海外投資の方法には，海外直接投資と国際的 M&A があるが，それぞれにメリットとデメリットが存在する。しかも両者は相互補完的な関係にあり，海外直接投資のデメリット―例えば立ち上げまでに時間がかかること―は，国際的 M&A のメリット―買収後すぐに操業可能なこと―によって補完され，逆に国際的 M&A のデメリット―例えば被買収企業にはすでに独自の企業文化が成立していてこれを変革するのは困難であること―は，海外直接投資を行う際にはメリット―フレッシュ・スタートによって自社の企業文化を育てられること―として活用しうるのである。重要なことは，両者の有効性をよく認識した上で，海外進出の目的に応じてうまく使い分けることである。そしてグローバルな情報システムは，この問題を有効に解決出来るように設計されていなければならない。

第 9 章の参考文献
加藤有治『日本買い―外資系 M&A の真実―』日本経済新聞出版社，2016 年。
香取徹『資本予算の管理会計―DCF 法の生成と発展―』中央経済社，2011 年。
久野康成監『クロスボーダー M&A―新興国における投資動向・法律・外資規制―』TCG 出版，2015 年。
久保田政純『設備投資計画の立て方（第 4 版）』日本経済新聞社，2005 年。
高中公男『海外直接投資論』勁草書房，2001 年。
デリル・ノースコット『戦略的投資決定と管理会計』上總康行監訳，中央経済社，2010 年。
服部暢達『ゴールドマン・サックス M&A 戦記―伝説のアドバイザーが見た企業再編の舞台裏―』

日経 BP 社，2018 年。

ゴードン・ビング『デュー・ディリジェンス成功戦略―M&A・ベンチャー投資のための企業価値精
　　査―』佐藤寿・田中眞彌・山本御稔訳，東洋経済新報社，2000 年。

洞口治夫『グローバリズムと日本企業』東京大学出版会，2002 年。

山本昌弘『戦略的投資決定の経営学』文眞堂，1998 年。

山本昌弘『事業承継ガイドラインを読む―国の中小企業政策とその活用に向けて―』経済法令研究会，
　　2018 年。

渡辺章博『M&A のグローバル実務』中央経済社，1998 年。

第10章

グローバル戦略とその統制

第10章のテーマ

　第10章では，企業がグローバル展開を行うにあたって，どのようにグローバル戦略を策定し，そしてその成果を測定すべき評価システムをどう構築するかという問題を取り上げる。前者は意思決定会計の問題であり，後者は業績評価会計の問題である。それらは，国際管理会計とよぶべきものである。本章では，第12講において企業のグローバル化には，明確な戦略が必要であることをまず説明し，グローバル事業戦略とグローバル組織戦略を取り上げる。続いてどのようなプロセスで企業のグローバル化を進めていくべきかを論じる。それを受けて第13講において，国際管理会計のシステムを取り上げる。最後の第14講では，グローバルなレベルで経営管理を行うための問題を取り扱う。

第12講　グローバル戦略と意思決定

グローバル事業戦略

　今日企業は，多くの製品を生産したり，販売したりしている。そうすることによって，事業リスクを分散出来るからである。多角化によってリスク分散するとともに，それらをうまく組み合わせることによって，企業は，全体の業績が個別事業の総和より高まるシナジー効果（synergy effect）を得ることが出来る。また新規事業を開始する場合でも，既存の他の事業とのバランスを図らなければならない。これらの意思決定は，すべて事業戦略に関わるものである。すなわち，経営資源としてのモノをどのように展開するか，そしてその裏付けとなるカネをどのように賄うかについての戦略である。図表10-1は，複数の製品ないし事業をもっている企業がそれらをどのようにバランスさせて管理すべきかを類型化したもので，事業ポートフォリオとよばれている。表の縦軸には個々の製品ないし事業が展開される市場全体の成長率，横軸にはその市場において当該製品や事業が占めるマーケット・シェアをとっている。

図表10-1　事業ポートフォリオ

市場シェア

	高い	低い
市場成長率 高い	2 花形 （Stars）	1 問題児 （Question Marks）
低い	3 金のなる木 （Cash Cows）	4 負け犬 （Dogs）

（a）　導入期

　そこで，各セルの特徴を見てみよう。企業が新しい事業を開始するのは，高い市場成長率が期待出来る分野である。ただし開始当初は，製品のマーケッ

ト・シェアは当然低いから，通常は「問題児（question marks）」のセルからスタートすることになる。新規事業導入期におけるこの問題児事業の特徴は，損益計算書上純利益がほとんど出ず，多額の初期投資も必要となることである。そのためキャッシュ・フロー・ベースで事業を見ると，純営業キャッシュ・フローも純利益同様マイナスからスタートすることが多い。しかも純投資キャッシュ・フローも大幅なマイナス，すなわち流出超過である。そのため，それらのキャッシュ・アウトフローを補うために追加資金によるサポートが必要となり，純財務キャッシュ・インフローが大きな額になる。まさに問題児である。

(b)　成長期

新規事業が軌道に乗ると，製品のマーケット・シェアが高くなり，純営業キャッシュ・フローも順調に成長するようになる。問題児から，「花形（stars）」への発展である。会計上は，売上高や純利益も大きく成長する。ここでは，プラスに転換したあとの純営業キャッシュ・フローが，より急速に成長する。そのため営業キャッシュ・フローによる自己金融が可能になり，財務キャッシュ・フローが徐々に減少する。ただし，ハイテク産業や競争の激しい市場などでは継続的に高水準の投資が必要なこともあり，その場合には投資キャッシュ・フローがマイナスのまま推移する。いずれにせよ，事業として最も活気のある段階である。

(c)　成熟期

製品や事業が成長期を過ぎ，成熟期を迎えるようになってくると，毎期安定した純営業キャッシュ・フローが獲得されることとなる。しかも市場が成熟すると，多額の追加投資も不要になり，純投資キャッシュ・フローがプラスに転じることもある。その結果，純財務キャッシュ・フローはゼロに近づく。このような状況を，「金のなる木（cash cows）」とよぶ。成熟期では，売上高も純利益もピークを迎えることになる。金のなる木とは，まさにキャッシュ・フローの源泉なのである。

（d）　衰退期

　成熟期において新たな投資を行わず，事業からのキャッシュ・フローの刈り
取りを行っていると，市場自体が縮小したり，純営業キャッシュ・フローの伸
びが止まったりする。そのような衰退期にある状態が，「負け犬（dogs）」で
ある。製品や事業が負け犬のセルに分類されるようになると，企業はその事業
を他社に譲渡（divestment）するか，設備を廃棄して撤退するかのどちらか
の選択を迫られる。どちらにしても，ここに分類される事業の継続を正当化す
ることは難しい。

　このように，たいていの事業ないし製品には，導入期・成長期・成熟期・衰
退期という一定のライフサイクルが見られる。企業の事業戦略として必要なこ
とは，負け犬を除いた問題児，花形製品，金のなる木をそれぞれの事業のライ
フサイクルをもとにバランスよく展開し，企業全体としてキャッシュ・フロー
が安定して成長するよう管理を行っていくことである。ただ日本企業は，前向
きの投資に比べ，後ろ向きの撤退を不得手としており，業績の悪い事業をいつ
までも抱え込む傾向が見られる。それは，他の事業があげたキャッシュ・フ
ローを食いつぶすことであり，企業価値を低めてしまうことを忘れてはならな
い。

　事業戦略は，さらにグローバル事業戦略として応用することが可能である。
企業は，初期投資の大きな新規事業をまず本国で開始する。一方成熟期を迎え
た事業は，国外に移転しても多額の追加投資を必要としない。それゆえ，国内
の本社工場（マザー工場という）から生産コストの低い国外の工場へ事業を移
転することで，さらなる利益を上げることも可能である。そして本社では，新
しい事業に取り組むことになる。ただし，コンピューターや半導体のように巨
額の初期投資を必要とする事業では，製品のライフサイクルが短く，その早い
時期から一斉にグローバル事業展開を行うことも増えている。また急速にグ
ローバル化が進む自動車産業でも，同一車種は4〜6年に1度世界的にフル・
モデルチェンジを行い，各国の工場で新型の生産を同時に立ち上げるように
なっている。

　事業ポートフォリオに基づくグローバル事業戦略として重要なことは，個々

の事業の特徴を市場特性やキャッシュ・フローなどによってきちんと指標化
し，複数の事業を世界中で最も効率よく展開していくということである。

グローバル組織戦略

　製品・事業戦略をグローバルに展開するためには，それを支えるためのグ
ローバルな組織構造が不可欠となる。とりわけ世界のどこで立地展開するかに
よって，組織構造は異なってくる。企業の組織構造にはさまざまなパターンが
あり，グローバル戦略を最も有効に実現するための組織構造を採用することが
重要である。

(a)　職能別組織

　組織構造として最もシンプルなのは，職能別組織である。これは，遂行する
職能ごとに企業組織を各部署に区分して運営・管理するものである。それゆえ
組織構造は，製造部，販売部など直接事業に携わるライン部門と，経理部，企
画部，人事部などラインを支えるためのスタッフ部門から構成されることにな
る。それぞれの職能単位は，特定の任務に専念し，会計上はコスト・センター
（原価責任単位）として原価ないし費用にのみ責任を負うケースが一般的であ
る。

　職能別組織としてグローバル化を行うときは，国外での活動をその任務とす
る国際部を新たに設置することが多い。在外支店や駐在員事務所などが，国際
部門によって管理される。また輸出だけを行う場合は，販売部の中に国際部門
ないし輸出部門を設置することもある。こうしたケースでは，特定の部署だけ
が国際的な活動に関わり，他の部署は依然として国内活動だけを続けることに
なる。

　職能別組織によるグローバル化には，別の選択肢として，国際部門を置かず
それぞれの職能部門がすべてグローバル化するという職能別グローバル組織を
採用することも可能である。その場合には，国内と国外を区別することがなく
なる。例えば，単一事業を各国で展開する場合には，グループ本社ですべて管
理する方が効率的なことがある。

　職能別組織は，組織の規模が比較的小さく，多品種にわたる製品を取り扱っ

ていないような単一事業企業に適した組織形態であるといえる。それゆえこの組織構造でグローバル化を遂行することには，限界があるかもしれない。

(b)　事業部制組織

　事業部制組織は，展開する事業ないし製品によって企業組織を区分して管理・運営するものである。同じような製品や事業の系列をまとめて1つの組織単位とするので，企業はいくつかの事業部によって構成されることになる。事業部制組織とは，より厳密にいえば多事業部制組織（multidivisional organization）のことである。個々の事業部は，事業を行うのに必要なスタッフ部門を，それぞれの事業部内に抱え込む。戦略的自由度を高めるために，1つの事業部を製品や事業ごとにさらに細かく分割し，戦略的事業単位（strategic business unit, SBU）とすることもある。また多様な事業を展開する場合などはたくさんの事業部が出来ることになり，複数の事業部をまとめるために，事業本部を設置する企業もある。図表10-1の事業ポートフォリオは，SBU単位で展開されることが多いが，事業部単位で考えることも可能である。

　事業部制組織は，事業ポートフォリオ戦略を遂行するために事業部（またはSBU）ごとに独立採算制をとり，いわゆる事業部制会計を採用することになる。その場合には，事業部ごとに経理部門が必要になる。個々の事業部は，プロフィット・センター（利益責任単位）となり，損益計算上は費用だけではなく，収益についても責任を負う訳である。

　事業部制組織としてグローバル化を行う場合には，国際事業部を設置することが多い。国際事業部が国外の事業をすべて管理し，他の事業部は引き続き国内の事業に専念するのである。国際事業部設置のメリットは，国外事業の規模が比較的小さい場合には，グローバル経営のための人的資源を国際事業部のみに傾斜配分出来ることである。デメリットは，国内の事業部はそれぞれの製品系列に関する国内活動に特化出来るのと引き換えに，国際事業部は製品系列を問わず国外で行うすべての事業に責任を負わなければならないことである。

　そこで，国際事業部を設置するのではなく，個々の事業部がその事業内容について全世界で責任を負うように組織を構築することも可能である。世界事業

部制である。この世界事業部制は，グローバル事業戦略を遂行するには，最も適した組織形態であるといえる。

　ちなみに，会計の観点から組織構造を見ると，それぞれの組織単位がどこまでの会計責任（アカウンタビリティ）を負っているかが問題になる。世界事業部制では，個々の事業部にかなりの裁量権が与えられ，自ら投資の意思決定を行うことが出来るケースも多い。そのような場合を，インベストメント・センター（投資責任単位）という。インベストメント・センターでは，管理会計上資本金が配賦される社内資本金制度などもあり，その場合には独立会社と同じようにインベストメント・センターごとの貸借対照表が作成される。国外の事業部門は現地法人として設立されることが多いから，それと業績比較するためには，国内の事業部にも社内資本金（及び社内借入金）制度に基づく分権管理が必要である。社内の事業部門に権限を移譲し，あたかも独立した会社と同じような機能を付与することを，カンパニー制ともいう。

(c)　地域統括本部制

　企業組織のグローバル戦略として注目すべき考え方には，大前研一によって展開された世界4極体制論がある。世界経済は，北米，ヨーロッパ，日本の3極間の競争である。それぞれの地域に本社をもつ企業は，残りの2極にも本社と同様の機能をもつ地域統括本部を設立し，3つの地域に対して等距離経営を展開しながら，グローバルなレベルでの競争に臨むべきである。さらに，本社所在地の近接地域に第4の地域統括本部を設立することによって，グローバル競争上の優位性を得ることが出来る。それは北米企業なら中南米，ヨーロッパ企業ならアフリカ中近東，日本企業ならアジア太平洋となる。こうした地域では，他の極に本社をもつ企業よりも，ビジネス慣習や物理的距離など，さまざまな点で優位に立つことが出来るからである。先進3極で対等に競争しながら，近接地域では圧倒的優位に競争を進めることが，世界分権管理論としての世界4極体制の目的である。

　さらに大前は，本国のグループ本社が世界中の子会社ないし事業をすべて中央集権的に管理しようとするような経営を，国際連合症候群とよんで批判している。世界中で展開する子会社は，本国のグループ本社ではなく，地域統括本

部から指示を受け，そこへ報告を行う。地域統括本部は，グループ本社と同等の機能を担うものであり，本社企業は地域ごとに統括本部を設置して，その機能を整備する必要がある。地域統括本部は，新規事業の立ち上げ支援，現地法人間や本国本社との総合調整，現地法人への経営指導，地域経営戦略策定や人事などのスタッフ・サービスといった機能を，それぞれの地域において提供することになる。共通の機能を各地域内でシェアしながら地域間でも調整を行うことから生まれる相乗効果によって，競合企業より品質やコストの面で優位に立つことが出来る訳である。

　この世界4極体制論は，円高により日本企業の海外進出が加速した1980年代に，重要なグローバル戦略として注目されるようになった。東芝，松下電器，オムロン，日産自動車，本田技研，キヤノンなど数多くの日本企業がグローバル企業となり，各地に統括本部を設置していった。地域統括本部の設置場所としては，北米ではニューヨークまたは米国西海岸，ヨーロッパではロンドンまたはアムステルダム，アジア太平洋ではシンガポールが多いようである。その後，グローバル化がさらに進展すると，中国市場を独立させたりしてさらなる多極化を進めていく企業も現れた。

　地域統括本部制に基づく世界分権管理論は，それぞれの地域ごとに事実上の本社を設立し，地域企業の連合体としてグローバル企業を経営していこうとするものである。北米なら北米，ヨーロッパならヨーロッパを一体化された市場とみなした上で，他の極との相互バランスを世界的に維持していくことが，最も好ましいグローバル戦略となるからである。それぞれの地域には，市場や消費嗜好の共通性が存在するため，そうした地域全体を地域統括本部が本国の本社から独立して管理していくのである。

　地域ごとの分権管理は，重要なグローバル組織戦略であり，グローバル企業の1つの究極の姿を提示してはいるが，企業にとって最も必要なことは，自らのグローバル事業戦略にフィットした組織を構築することである。企業としてはグローバルに連結業績の最大化を行う必要があるから，地域統括本部を通じて地域間の調整を行い，全体のバランスをとっていくことになる。その場合に，最大の問題点は，グローバル事業戦略との整合性をとることである。例えば，完全な地域分権管理のもとでは，異なる地域で同じ製品を生産している工

場は，それぞれの地域の統括本部によってのみ管理されることになるから，工場間の世界的な横の連携がとれなくなってしまう。また，事業ポートフォリオ戦略に沿って複数の事業を同じ地域で展開していく場合，それを管理する地域統括本部がすべての事業について詳細な知識をもつことは，極めて困難である。しかも，そのような本部を複数設置することによる人的・物的な資源のロスも小さくない。これでは，グローバル連結経営による競争優位が確保出来なくなってしまう。

(d)　マトリックス組織

マトリックスとは，数学でいう行列のことで，行と列，すなわち複数の命令・報告軸によって組織を管理・運営するものである。マトリックス組織として最も一般的なのは，ラインやスタッフなど職能別の軸と製品・事業系列の軸によって組織を構造化するものである。つまりは，職能別組織と事業部制組織のハイブリッド組織である。さらに米国の IBM 社のように，職能軸と製品・事業軸に地域別の軸を加えて，3 次元マトリックス構造をもつ企業も存在する。

完全なマトリックス組織では，すべての部署が複数の命令・報告軸をもつことになるため，会計上システムが複雑になる。職能別組織にせよ，事業部制組織にせよ，コスト・センター，プロフィット・センター，インベストメント・センターなどの集計計算は一元的になされ，それらをすべてまとめると企業全体の期間業績が計算出来る。ところが，マトリックス組織は職能別や事業別など複数の集計単位をもっており，企業全体の成果計算には重複が起きないように注意する必要がある。

ちなみに，完全なマトリックス組織ではなくても，事業部制組織におけるスタッフ部門は，なんらかの形でマトリックス構造になっていることが多い。ある事業部の経理部が，その事業部のトップに対して意思決定に必要な情報を提供するとともに，本社にある経理本部にも当該事業部の業績報告を行うというようなケースである。

また，国内において事業部制組織を採用している企業が国外に地域統括本部を設立する場合にも，事業の軸と地域の軸によるマトリックス組織とするのが一般的なようである。その場合，国外の子会社は，本国の事業部（ないし事業

本部）と地域の統括本部の両方に報告を行うことになる。なお，日本企業は現場重視の姿勢が強く，地域統括本部を設置しても地域軸よりも事業軸の方が強い企業が多いようである。マトリックス組織がうまくいくかどうかの最大のポイントは，複数の管理軸のバランスをどのようにとるかにかかっている。

企業のグローバル化プロセス

　企業活動のグローバル展開は，一定の段階を踏まえながら推進していくことが好ましい。それが，グローバル化の発展段階説とよばれているものである。このアプローチによれば，企業活動のグローバル化は，川下すなわち最終製品に近いところから順に上流に向かって進展していくし，進展させていくべきだとされる。

　(a)　販売活動のグローバル化

　グローバル化へのファースト・ステップは，それまで国内のみで完結していた企業活動のうち，製品の販売活動を国外で行うことである。国内で生産した製品の国外への輸出，すなわち販売のグローバル化である。そのうち最もシンプルな形態は，国外での販売を自社では行わず，商社など他の組織やサービスを利用することである。ただしその場合でも，本社内に国外販売を管轄するための部署として国際部を設置し，現地には商社などと折衝を行うために駐在員事務所を設立することが，必要になる。

　そして，自社で自ら国外販売を行う場合には，在外支店を設置することになる。法制度上及び会計制度上，在外支店は，日本の本社の一部分である。国外での販売量が増えてくると，在外支店を独立した在外販売子会社とし，現地の法律に則った現地法人の設立となる。ただし支店か現地法人かの意思決定は，税制や会計制度を含め総合的に行う必要がある。この段階では，製品の種類が多くなければ，職能別組織でも対応が可能である。

　(b)　生産活動のグローバル化

　グローバル化の第2段階は，販売よりも上流にあたる部分，すなわち生産活動を国外で行うことである。現地生産による生産のグローバル化である。国外

には，生産子会社すなわち工場を，現地法人として設立する。問題は，これをどこが統括するかである。職能別組織における国際部が管理することも可能ではあるが，国際事業部を設置し，そこが管理することが一般的であろう。輸出から現地生産への変化は，モノとカネだけが国境を超え，ヒトと情報は国内に留まっている状態から，モノとカネはむしろ現地で還流し，それを管理するためにヒトや情報が国境を超えて移動する状態への変化でもある。

(c)　研究開発活動のグローバル化

　生産のグローバル化がさらに進展すると，企業は，国外の工場で生産する製品の研究や開発も現地で行うようになる。研究開発のグローバル化である。これがグローバル化の第3段階である。この段階では，製販開の現地化すなわち製造・販売・開発といった主要な企業活動プロセスが現地化され，バリュー・チェーンがつながることになる。このように国外事業が多様化してくると，単一の国際事業部がすべての国外事業を管理することは困難である。その場合には，世界事業部制組織としてそれぞれの事業部が国内・国外を問わず同じ製品・事業系列に責任をもつことになる。

(d)　マネジメントのグローバル化

　そしてグローバル化の最終段階とされるのが，マネジメントのグローバル化である。地域統括本部を設置し，地域ごとに自律した経営を目指すのである。国外に販売会社や工場，研究所などさまざまな組織を設立していくと，それらを有効に管理することが必要になる。さらに，第9章で具体的に論じたような，地域ごとに資金管理や為替管理を効率的に行うための金融子会社を設立することも必要となる。

　このように，企業活動のグローバル化は，販売から生産，研究開発と進んでいき，それらすべてをグローバルに管理する体制を構築することで完成する。グローバルに活動する外国企業は，製品や事業の系列に沿って世界中の工場や事業所を管理するという世界事業部制構造をもっている。この場合，世界本社が1カ所だとしてもすべての世界事業本部を1カ所に集める必要はないこと

が，事業部制グローバル企業の1つのメリットである。ただし，ある地域に複数の事業所があってそれぞれが異なる世界事業本部の管理下にある場合，縦の報告はうまくいっても，地域内の事業所間の横の連絡が疎遠になってしまう可能性がある。それゆえ，地域内の相互連絡を促進するリエゾン機能をもった統括本部が設立されることになる。今日では，製品ないしは事業の系列を縦軸とし，国ないしは地域の極を横軸として，マトリックス組織構造で世界に分散する事業を管理していくという戦略が，グローバル企業にとってより一般的になっている。

　企業のグローバル化にあたって重要なことは，グローバル事業戦略とグローバル組織戦略をうまく調和させることである。グローバル事業戦略だけでいけば，純粋な世界事業部制となり，事業ポートフォリオ戦略をそのまま世界で展開することになる。その場合には，横の連絡が欠けてしまう。一方純粋の世界4極体制は，各地域で完結するもので，同一事業の地域間調整が困難になる。最も現実的なグローバル化の青写真は，両者をハイブリッド化したグローバル・マトリックス組織ということになる。ただしその場合には，会計上の問題などがあり，グローバル情報システムをうまく設計することが不可欠である。

　企業では，以上のようなグローバル事業戦略やグローバル組織戦略は，グローバル戦略の一環として展開される。経営の現場では，5年から10年程度を見越した長期経営計画において全体像がスケッチされ，それをもとに3年の中期経営計画において戦略実現のための方向付けが行われる。そしてグローバル展開のための具体的な財務意思決定は，国際資本予算として実践される。国際的管理会計は，これらの総体として成立するものである。

第13講　国際管理会計のシステム

組織を超える国際管理会計

　会計は，財務会計と管理会計に区分出来る。財務会計は外部報告会計ともよばれ，組織外部の投資家への財務報告を目的としているのに対し，管理会計は内部管理会計ともよばれ，組織内部の経営管理のための会計であるとされてい

る。管理会計は，企業の経営者に有用な会計情報を提供することを目的としており，通常は1組織の内部事象のみを問題にする。管理会計が内部会計といわれる所以である。

　管理会計は，企業の経営管理について，事前に計画（plan）を設定し，それに基づいて行動（do）し，その成果を当初の計画が達成されるように事後に統制（see）を行うという一連の組織プロセスから成り立っている。それゆえ初期の管理会計では事前の計画に焦点を当てた計画会計と事後の統制に焦点を当てた統制会計に区分されていたが，今日では個別性の強い個々のプロジェクトについて意思決定を行うための意思決定会計と，一定の手順に従って期間ごとに反復される業績評価会計に区分されるのが一般的になっている。

　ところで，今日連結経営の重要性が認識され，財務報告も連結ベースで実施されるようになると，すべての経営実務を，財務会計上の連結グループ全体で統一して行う必要が出てくる。それには，当然管理会計も含まれる。そもそも財務会計と管理会計は不可分なものであるから，財務会計は連結ベースで，管理会計は組織単位でという訳にはいかないのである。日本でも，連結経営を実践している企業では，計画設定や業績評価などの管理会計実務を連結ベースで行うようになっている。そうすると，管理会計は1組織内部の会計であるという伝統的な定義が成立しなくなることに注意が必要である。こうして，単体管理会計から連結管理会計へと管理会計が拡張される。

　連結管理会計の必要性は，グローバル経営においてこそ高くなる。グローバル企業は，在外支店を除くと，工場や販売部門などを進出先国の法律に則って現地法人として設立することが圧倒的に多いからである。それらの在外子会社は，本国の親会社とは別法人ではあるが，グループ本社の事業の一環として管理・運営されるべきものである。それゆえ，国際財務会計においてグローバルな連結決算が必要なのと全く同様に，管理会計においても世界中のグループ企業を対象にグローバル連結管理会計を実践しなければならない。グローバル企業の管理会計とは，グローバル連結管理会計のことである。

　なお，外国の子会社は，それぞれが独立した現地法人となるから，会社ごとに自らの組織を管理・運営していくための内部会計システムが必要となる。これは，従来の管理会計と同じであり，1組織の内部管理を目的としたものであ

る。ただし，通常の管理会計と異なる点も存在する。親会社が存在することである。そのため外国の子会社は，すべて独自に管理会計を実践することは出来ない。親会社（さらには他の連結対象子会社）との間に会計システムの整合性を維持しながら，重要な事項の決定や変更については，密接なコミュニケーションをとらなければならない。在外子会社の管理会計は，グローバル連結管理会計の一環として行われるものだからである。さらに国が異なれば，会計上の測定単位となる通貨が異なることも，通常の管理会計とは異なる点である。

　しかも，在外子会社は財務会計上連結対象であるため，本国の親会社が連結財務報告を行うために必要な財務情報を，支配株主である親会社に報告をしなければならない。これは，在外子会社から見れば，外部報告会計であるともいえる。現地において上場しない限り，在外子会社は広く財務開示を行う必要性は低く，本国の親会社のみが株主であるから，そこへ報告すればよい。けれども，そのようにして在外子会社から報告される財務情報は，グループ本社から見れば，グローバル連結管理会計を行っていくために不可欠なものでもある。在外子会社から見れば親会社への財務報告であるが，親会社からすればグローバル連結経営を行うための管理会計となるのである。このように，グローバル連結管理会計は，従来の単体管理会計よりもはるかに広範囲に及ぶものであることがわかる。

グループ本社が果たすべき役割

　グローバル連結経営においてグループ本社が果たすべき役割には，上述のグローバル戦略の策定及び実行以外に，さまざまなグループ財務機能があげられる。資金や為替などの管理である。それらは，グループ本社によって一元管理を行った方が効率的なものである。なお地域統括本部が設立されている場合には，本国のグループ本社ではなく，地域ごとに統括本部が同様の機能を果たしてもかまわない。

　グループ本社は，通貨別に資金需要を把握するとともに，資本コストを計算してグループ内貸付制度を実施する。通常は，社内レートが適用される。さらに必要に応じて，資金管理子会社を国内外に設立する。また，国際財務担当者の設置及び育成もグループ本社の重要な役割である。外国為替についても，社

内レートの設定や見直しがグループ本社によって定期的に行われなければならない。グループ本社は，海外の各子会社に外貨建取引高を定期的に報告させ，その残高を把握する。さらに，第7章で論じた為替リスクの管理も，資金管理と合わせてグループ本社（ないしは地域統括本部）で一元的に行った方が，効率的である。

第8章で論じた税務の管理も，グループ本社の大事な仕事である。これは，世界レベルでの税支出の管理である。企業にとって重要なことは，税引後の取分すなわち税引後キャッシュ・フローを最大化することである。さらに，関税の管理などもグループ本社の仕事に含まれるであろう。

グローバル企業において，親会社によるグループ企業の監査も重要である。外部へ財務報告を行うために公認会計士によって行われる外部監査と組織内部の管理のために行われる内部監査に分類される会計監査であるが，グローバル連結経営において重要なのは，本社組織を超えて行われるグループ内部監査である。第9章で取り上げた海外直接投資や国際的 M&A などの投資事後監査も，これに含まれる。

グループ本社の監査室は，各子会社における財務諸表の信頼性や債権の保全状態をチェックするだけではなく，自社の内部監査の場合と同様に，営業業績や投融資の効果など経営全体としての採算性をチェックし，製品の品質管理など業務の改善指導も行う。国際管理会計におけるグループ内部監査の問題点は，海外の各子会社がグループ本社から物理的に大きく離れているため，監査に時間と手間がかかることである。そのように離れた子会社の経営実態を普段から詳細に把握することは困難であるから，グローバル・グループ内部監査は極めて重要なものとなる。

このように，本国の親会社すなわちグループ本社は，世界中のグループ企業に対してさまざまなサービスを提供している。そのようなサービスに対しては，グループ本社はそのためのコストを各グループ企業に要求することになる。グループ本社費・共通費の配賦である。その方法には，直接法と間接法がある。直接法は，グループ本社が行う個別のサービスについて，サービスごとに必要額を直接賦課する方法である。これに対して間接法は，1期間に要するグループ本社の費用を，各グループ企業に一定の配賦基準を決めて割り当てる

方法である。

　ここで重要なのは，グループ本社と国内外の事業部ないし事業子会社との関係は決して自明ではないということである。グループ本社の管理部門と現場の事業部門との関係は，1つの取引関係にしかすぎず，決して上下関係でもなければ，永遠の関係でもない。要するに，両者間でなされる財やサービスの有用性とそのコストによって決まるのである。個々の事業部門にとって，ライバルのグループ本社よりも優れた支援をもたらしてくれないグループ本社は，本社失格なのである。そして多事業部制企業の戦略がうまく機能してこなかった最大の理由が，このグループ本社の機能不全にあることに注意しなければならない。

意思決定会計

　管理会計のフレームワークとして最も一般的なものは，ロバート・アンソニー（Robert N. Anthony）によるものである。彼は，企業の計画・統制プロセスを企業組織の階層構造に関連付け，階層の上位から，ストラテジック・プランニング（strategic planning），マネジメント・コントロール（management control），オペレーショナル・コントロール（operational control）の3層からなる重層的なプロセスに区分する。それぞれ階層が異なれば，必要とされる情報もまた異なるからである。

　ストラテジック・プランニングは，組織の目標とその目標を達成するための戦略の設定に関する意思決定のプロセスであると定義される。企業の長期的な目標や戦略を明示化するのが，ストラテジック・プランニングである。それゆえ対象とする期間は，1年を超える長期となり，その情報利用者はトップ・マネジメントが中心となる。そこで必要とされる情報は，定型性の低い非定量的なものが多い。事前の計画と事後の統制に分けると，将来を対象とする事前の計画局面に大きく重点が置かれるプロセスである。戦略計画と訳されることもあるストラテジック・プランニングは，企業における戦略策定の問題を，より公式の計画・統制プロセスに関連付けたものである。企業組織においては，ほとんどの戦略は，ストラテジック・プランニングとして公式に策定される。そこでは，中長期の経営計画が重要な情報システムとなり，経営企画部がそのプ

ロセスをとりまとめる重要なスタッフ部門となる。

　伝統的にこの領域は，事後統制の問題を取り扱わず，将来に向けての戦略的意思決定を取り扱ってきたため，意思決定会計の典型例とされてきた。意思決定会計として，業績評価会計とは区別され，ストラテジック・プランニングに位置付けられるものには，第 9 章で取り上げた投資決定に関する資本予算があげられる。

　企業がグローバルに連結経営を行っていくためには，それを支える管理会計すなわち国際管理会計のシステムが不可欠である。グローバルに連結管理会計を実践するためには，まずは，グローバルな戦略を策定し，企業の理念や方針を明確にすることが必要である。グローバルなストラテジック・プランニングである。そこにおいて重要なのは，世界的な長期製品・事業戦略を策定することである。それが決まれば，その戦略に沿って投資計画（海外直接投資や国際的 M&A）を立てることになる。またグローバルな組織戦略も重要である。これらが，国際意思決定会計である。

業績評価会計

　管理会計は，業績評価会計に代表されるように，事業ないしその事業の責任者の業績を評価する際の有用な情報を提供するものである。経営者は，自らの業績に対してアカウンタビリティ（報告責任）を負っている。企業内部では，管理会計情報を活用したさまざまな指標を利用して，業績評価が行われてきた。それゆえどのような業績評価指標を採用するかということが，管理会計システムの設計において極めて重要な位置を占めてきたのである。

　次に，組織階層の中間に展開される計画・統制のプロセスが，経営統制とも訳されるマネジメント・コントロールである。マネジメント・コントロールは，企業の戦略を遂行するために，経営者が他の組織構成員に影響力を行使しながら管理していくプロセスである。マネジメント・コントロール・プロセスの目的は，ストラテジック・プランニングからもたらされる戦略を実行し，それによって組織の目標を具体的に達成することである。そしてその成果に応じて，経営者や他の組織構成員に報奨を行うことも，重要な目的の 1 つである。このマネジメント・コントロールは，年度予算や短期の利益計画，事業計画な

どに代表される管理会計の主要な技法が最も有効に活用されるプロセスである。企業のような公式の組織において具体的な行動をおこすためには，必ず予算の裏付けが必要となるからである。通常は1年を周期とし，制度化された財務会計とも連動するプロセスである。

　マネジメント・コントロールは，ミドル・マネジメントを中心に組織としての管理業務に関わるプロセスであるから，計画と統制の両方をバランスよく行っていかなければならない。予算などにおいて，実行すべき行動計画（アクション・プラン）が事前に定量情報によって具体化されるとともに，事後的には，実際の業績が測定されて事前の計画値と比較される。そして両者の差異の分析がなされ，それに基づいて報奨が行われる。この繰り返しによって，企業組織は動いていくのである。そのような計画・統制プロセスは，フォーマット（書式）の決まった会計情報を活用することによって，有効かつ効率的に行われる。部門間の比較や多期間の比較が，容易に出来るからである。それゆえに，このマネジメント・コントロールに最も有用な情報システムとして，管理会計システムが活用されるのである。

　このように，管理会計の中心領域はまさにこのマネジメント・コントロールであり，そのプロセスにおいて事前の計画と事後の統制の両方を重視し，かつ一定期間の期間業績を問題とするものであるため，このマネジメント・コントロールこそが，業績評価会計の典型とされている。

　グローバル企業のマネジメント・コントロールとしては，グローバルな年度事業計画の策定があげられる。世界的な事業ポートフォリオ戦略に沿ってグローバルなレベルでの事業の最適化を行うために，予算や利益計画などを通じて最適な資源配分を決定しなければならない。事業計画として重要なものに，購買計画，生産計画，販売計画があげられる。予算は，世界中の連結対象グループ企業との間で密接なコミュニケーションを図りながら，グループ全体の予算にグループ本社の経理部がまとめ上げる。その際に各グループ企業の予算の承認も，本国のグループ本社が行う。ここで重要なことは，資源配分に無駄や重複がないように注意すべきだということである。さらに第6章で取り上げたEVAのような統一業績指標は，グローバル・グループ全体で導入されなければ，その効果が十分に発揮されない。そのため，新しいマネジメント・コ

ントロール・システムの普及も，グループ本社の重要な任務である。また予算については，期末における決算数値との差異分析がグループ本社によって行われ，事後統制に役立てられる。

　そして，オペレーショナル・コントロール（業務統制）は，特定の業務が効果的かつ効率的に遂行されることを保証するための，定型的かつ反復的な日常活動のコントロールである。組織の経営管理全般ではなく，特定された課業に関するものであるから，タスク・コントロール（task control）ともよばれている。そこでは，生産管理のような技術的な情報が利用される。ストラテジック・プランニングやマネジメント・コントロールとは異なり，オペレーショナル・コントロールの計画局面は，事前の予測を行うというよりは，統制のための基準となる標準値を決めるものである。それゆえ，より統制指向の強いプロセスである。オペレーショナル・コントロールでは，現場に直接関わるロワー・マネジメントを主要な情報利用者として，技術的情報中心に計数管理が行われる。通常は，1カ月を管理の基本プロセスとし，オペレーションズ・リサーチ（OR）や経営科学，情報管理といった工学分野の定量情報が活用される。さらに，内部監査も事後統制の1種であるから，オペレーショナル・コントロールに含まれる。オペレーショナル・コントロールもまた，業績評価会計の1領域となるものであるが，より定型的で統制指向の強いものとなっている。

　マネジメント・コントロールを主目的として構築される業績評価会計は，狭義の管理会計であり，それは，組織のための会計である。またマネジメント・コントロールが成立するためには，原価管理や原価計算などのオペレーショナル・コントロールに関する月次会計情報の分析を積み重ねることも必要である。そして，計画・統制プロセスの中核となるマネジメント・コントロールにおいて重要なことは，組織の業績を評価するための基礎となる指標を決定することである。

　ただし，これまで日本企業では，厳密な意味での業績評価は行われてはこなかったようである。米国の企業では，経営者の業績は管理会計システムによって厳密に測定され，その結果に基づいて報奨が行われる。報酬を決定するための情報として，管理会計が極めて重要な役割を果たしているのである。文字

どおり業績評価会計である。ところが日本企業では，業績は事業単位として測定されるだけであって，それが個々の経営者の報酬にまで及ぶことは少なかった。管理会計システムが報酬システムとリンクしていなかったのである。報酬は（全社的業績など）全く別の基準で決定されるという特殊日本的な現象である。管理会計が世界標準化すれば，そのような状況も変化すると考えられる。

第14講　グローバル・グループの経営管理

現地経営の手段として重要な管理会計

　グローバル企業が外国に工場や販売部門を設立するとき，原則として現地の法律に則った現地法人となる。それゆえ本国の親会社とは別会社となり，個々の在外子会社は，独自に管理会計を実践することになる。世界中には，さまざまな文化や価値観が存在するため，そうした要因によって経営管理のあり方が影響されることを避ける必要がある。それゆえグローバル・グループとして追求すべき目標や戦略を各グループ企業に敷衍するとともに，主観の入り込む余地のない客観的な数値に基づいた計数管理を行うことが重要になる。計数管理を実践する際の最も有効な情報が，会計情報である。日本企業はこれまで，和を重視し，「あうんの呼吸」に基づくコミュニケーションを多用してきた。そのため会計情報は，経営管理において必ずしも重視されてこなかった。あえて数字に表さなくても，価値観を共有出来たからである。ところが，一歩日本を出ると，そのような経営スタイルは成立しなくなる。海外では，会計情報が極めて重要になる。

　国際経営の現場では，海外に設立された現地法人を一括して海外子会社とよぶことが多い。ちなみに，海外事業体を制度的に分類すると，海外子会社，海外関連会社，海外合弁会社，海外資本参加会社，海外支店等に区分出来る。海外子会社は，外国籍の会社で日本の親会社にとって連結対象になっているものである。海外関連会社は，外国籍の会社であって，日本の親会社にとって持分法の適用対象となるものである。そして，日本の親会社による持分法の適用対象とならない外国籍会社を，海外資本参加会社という。さらに海外子会社や海

外関連会社のうち，他の会社または他国の政府機関などと共同して設立したものを，特に海外合弁会社ということがある。以上の海外会社を総称して，海外関係会社という。

　また，海外支店等として，海外営業所，海外出張所，海外駐在員事務所などがある。これらは，日本の親会社の一部であり，現地において独立の法人格をもたないものである。海外進出の際，当初は支店として設立されても，規模が大きくなると現地法人化されることが多い。

　そこで，現地法人として海外子会社を設立する場合には，計数管理を実践するためにも，社長に次ぐナンバー 2 の位置にアカウンタントがくることが多くなる。その場合に，社長とアカウンタントの組み合わせをどうするかが課題となる。1 つは，社長を日本人として本社から派遣するとともに，現地人のアカウンタントをナンバー 2 の財務担当役員として採用するケースである。英米諸国ではアカウンタントの能力が高く，これをジェネラリストとして活用しようという訳である。その場合には，文化的なコミュニケーション・ギャップが発生しないように，注意しなければならない。

　もう 1 つの組み合わせは，トップを現地人社長とし，日本人のアカウンタントを本社から派遣するケースである。これは，関西系の電機メーカーなどで採用されている戦略である。海外事業会社に，日本人のコントローラーを社長に次ぐナンバー 2 として置くのである。日本人コントローラーには，2 種類の任務が与えられる。まずはグループ本社からの派遣者として，現地人社長が行う経営について監視を行い，その内容や成果を本社へ報告するという役割である。日本人コントローラーはまた，現地法人における経営陣の一員として，現地人社長へアドバイスするなどさまざまなサポートを行う。日本人コントローラーは本社経理部直属であり，同時に現地法人の経営陣でもあるという，まさにマトリックス組織構造となっている。このシステムは，海外において一定の成果を上げてきた。

　ただし，そのような日本人コントローラー制度も日本的な管理会計として理解されるべきものであろう。何故なら名実ともにグローバル化した企業では，ナンバー 1 であれナンバー 2 であれ，そもそも国籍にこだわる必要すらないからである。その意味で日本人コントローラー制度は，日本企業がグローバル化

する際の過渡的なシステムであるといえる。重要なことは，国籍や文化などに左右されないような統一したシステムを構築することである。

現地法人の管理会計システム

　それでは，現地法人において経営管理を行っていくために，どのような管理会計システムを構築すべきであろうか。海外子会社の管理会計システムを形式的に，ストラテジック・プランニング，マネジメント・コントロール，オペレーショナル・コントロールに区分して見ていくと，ストラテジック・プランニングでは，各現地法人企業の長期的な目的や方向性を明示化することになる。中長期経営計画や設備投資計画などを策定するのである。ここで注意すべきは，グループ本社の戦略との間にしっかりと整合性をもたせることである。また海外子会社で組織の規模が小さい場合には，企画と経理を1つの部署が兼ねるケースも少なくなく，その場合には，ストラテジック・プランニングとマネジメント・コントロールの整合性は，容易に維持される。

　ストラテジック・プランニングに関する事項については，日系企業では原則としてグループ本社へ事前に稟議を行いグループ本社の決裁を仰ぐケースが多い。同じような手続でグループ本社の稟議・決裁が必要な項目には，海外子会社が孫会社を設立したり解散する場合や，自らの合併や増資減資を行う場合の意思決定があげられる。戦略的な財務意思決定である。本社からの出向や現地でのトップ・マネジメントの採用など，重要な人件費の項目についても同様である。現地法人では，基本的には戦略は本国のグループ本社から与えられることになる。

　次に，マネジメント・コントロールである。利益計画や予算などを編成する。現地企業での管理会計では，グループ本社との会計方針の整合性が重要である。グループ本社でEVAが導入されていれば，海外子会社においても同じシステムを採用することである。海外子会社では，戦略に関する部分は事実上グループ本社によってコントロールされるため，マネジメント・コントロールがより重要になる。しかも計数管理が重視されるため，アカウンタントの果たす役割が極めて大きくなる。

　マネジメント・コントロールに関する領域では，海外子会社はグループ本社

へ事前報告を行い，両者で合議を行って決定することが多い。利益計画諸表や資金計画諸表などの予算財務諸表を本社に提出するとともに，利益処分の方法についても両者で合議を行う。海外子会社が多額の借入金をするときや，孫会社などに対して多額の債務保証するときなども，グループ本社と合議が必要となるだろう。もちろん，経営管理上の問題点に対処するときも，合議がなされる。財務会計方針の変更や重要な管理会計上の決定を行う際にも，グループ本社への事前報告・合議が必要であろう。

　オペレーショナル・コントロールのレベルになると，現地法人での裁量性が高くなる。英米諸国をはじめ海外では，原価管理においては直接原価計算が中心である。さらにオペレーションズ・リサーチなどによる生産管理や原価管理，情報管理でもアカウンタントが活躍することが多い。

　オペレーショナル・コントロールについては，グループ本社へ事後報告を行い事後承認されるケースが多い。同様の手続でよいものには，財務会計に関わる事項が含まれる。決算財務諸表や営業報告書，その他納税や官庁への報告のための基礎資料などである。通常の人件費（原価計算上の労務費）も事後報告でよい。さらに管理会計上，月ごとに予算と実績の対比を行ってその差異を分析するが，そのような月次予決算対比情報も事後報告として行われる。

　以上のように，現地の海外子会社で行う管理会計は，グループ本社への財務報告と不可分なものであることが理解される。海外子会社の場合，親会社が株主であるから，企業価値を意識した株主重視経営がより徹底されるはずである。本国の本社から見れば，これらの実務はすべて国際的な業績評価会計に属するものである。

ファイナンシャル・コントロール・スタイル

　グローバル企業のグループ本社がグローバル・グループ内の連結対象子会社を経営管理していく際には，グループ本社が世界の連結対象子会社は事業部門に対する連結経営のスタイルを，マイケル・グールド（Michael Goold）の連結経営理論に基づき3種類に分類し，類型化することが出来る。それらは，ファイナンシャル・コントロール（financial control），ストラテジック・プランニング（strategic planning），ストラテジック・コントロール（strategic control）である。そこでまずファイナンシャル・コントロール・スタイルであるが，このスタイルを採っている企業におけるグループ本会社の役割は，事業単位における戦略の策定に関わることを望まず，それゆえ戦略計画を公式に吟味することはない。そのかわり，短期の予算統制に集中する。親会社の役割は，各事業部門の財務業績を厳しく監視することに注がれるのである。典型的なファイナンシャル・コントロール・スタイルの連結経営スタイルでは，財務指標によってのみ事業部門が統制されるので，投資決定においては，全社的な戦略に照らした必要性ではなく，個々の投資プロジェクトごとの収益性が厳密にチェックされることになる。

　ファイナンシャル・コントロール・スタイルでは，グループ本会社と各事業部門との関係は，主に資本財の取引として成立する。それは，子会社であれ，社内資本金制度などによる事業部であれ，同じである。事業部門は，親会社から資本の提供を受け，それをもとに事業を行い親会社に利益を配当する。そこでは，親会社は個別の影響力を駆使し，日常業務の改善による収益率の向上に関心を集中する。

　事業部門にはかなりの程度の裁量が与えられ，親会社の介入は少ない。そのため事業部門は，あたかも独立した組織であるかのように，他の事業部門との結合を取り結ぶことになる。それゆえ，親会社によるグローバル・グループ発展のための活動においても，新規事業開発ではなく，M&A が（LBO を含め）選好されることになる。また収益性の悪い事業は，容赦なく外部市場にスピンオフされる。要するに，親会社のオーナーシップが重視される連結経営スタイルである。

　ファイナンシャル・コントロールは，進出先ごとに自主性や自律性を重視した経営を行う連結経営管理スタイルである。そこでは，各在外子会社の柔軟性や現地適応力が重視される。本国のグループ本社は，それぞれの在外子会社が一定の業績を上げている限り細かな介入を行うことはしない。こ連結経営スタイルでは，国ごとに柔軟な対応が可能であり，子会社ごとの企業家精神の発揮も期待されるが，世界レベルでの標準化が困難となる。それゆえ情報の共有化が進まず，各国企業の寄せ集めにすぎなくなってしまうというデメリットが存在する。

ストラテジック・プランニング・スタイル

　次にストラテジック・プランニング・スタイルであるが，これは戦略的な分析をつねに重視するもので，グループ本社は事業部門における計画策定や意思決定にも出来るだけコミットすることになる。ストラテジック・プランニング・スタイルの企業グループでは，グループ本社は大規模な戦略計画と資本予算をグループ全体で編成し，そのシステムを事業部門の管理者に影響を及ぼすために積極的に活用するのである。

　ストラテジック・プランニング・スタイルを採るグループ本社の役割としては，複数事業の結合による影響力行使と企業発展のための長期的支援活動が重要になる。どちらも，戦略的な視点が重視されるものである。複数事業の結合による影響力では，複数事業の相互作用によってシナジーが発揮されるように，親会社は事業部門に関与する。また企業発展のための長期的支援活動では，親会社は社内ベンチャーや研究開発などに積極的に取り組むことになる。親会社が積極的なリーダーシップを発揮するのが，この連結経営スタイルである。

　ストラテジック・プランニング・スタイルでは，技術革新を重視し，技術や戦略に基づく世界的な競争優位を確立することを目標とする。ただし，製品ライフサイクルの観点から新技術は本国の研究所やマザー工場などで開発され，市場が拡大するとともに海外生産に切り替えられていく。コア・コンピタンスを本社に集中させるとともに，製品のライフサイクルや競争戦略に応じてアウトソーシングを行うような形で海外展開が実施されるのである。ストラテジック・プランニング・スタイルでは，核になる機能を本国の親会社に集中させるとともに企業グループ全体の職能を戦略的に世界に分配することになる。そこで重要なのは，グループ本会社における戦略立案である。

ストラテジック・コントロール・スタイル

　ストラテジック・コントロールは，組織の経営管理において戦略とコントロールを統合的に理解し，実践することを目指した連結経営スタイルである。ストラテジック・コントロールの強みは，戦略展開として新規事業に取り組むことと，既存事業の財務業績を最大化することの両目的のバランスをとるシス

テムであることである。これは，意思決定会計と業績評価会計の統合であると
いえる。

　新規の投資は，採算ベースに乗るまでに時間を要するため，発生主義に基づ
く業績評価会計では，そのような投資を回避して既存事業のみを継続しようと
するインセンティブが働いてしまう。その方が，期間財務業績が上がるから
である（とりわけ四半期開示が義務付けられている場合）。その結果，長期的
には企業の競争力が失われてしまう。企業におけるさまざまな事業単位の業績
は，長期の戦略と短期の業績目標の両方に整合的な指標によって評価されなけ
ればならない。マネジメント・コントロールを対象とした発生主義による管理
会計システムは，日常業務の評価には適しているかもしれないが，往々にして
短期業績至上主義（shorttermism）に陥る危険が存在するのである。

　投資決定では割引キャッシュ・フロー情報が重視されるのに対し，事後の業
績評価では伝統的な損益計算情報が利用される。その結果，戦略的な意思決定
と日常業務の意思決定では，依拠する基準が異なってしまう。しかも，マネジ
メント・コントロールが制度化された財務報告とリンクされているため，企業
の経営者はどうしても日常業務の意思決定を優先してしまうことになる。これ
が，「意思決定におけるグレシャムの法則」とよばれるものである。本来は，
戦略的な意思決定が最も重要でありかつそれが質的に異なるものであるからこ
そ，ストラテジック・プランニングとしてマネジメント・コントロールと区分
されているにもかかわらず，その基準が日常業務の基準とかい離していると，
かえって軽視されてしまうのである。

　意思決定におけるグレシャムの法則問題は，米国でキャッシュ・フロー計
算書が制度化される以前に，頻繁に発生した。そこでは，理論的に勝る割引
キャッシュ・フローに基づくべき意思決定が，制度化された報告利益によって
歪められてきた。それゆえ，戦略的な意思決定と日常業務の意思決定は，同一
の基準に基づいて行わなければならない。そうすることによってはじめて，両
者を合わせた全体最適化が達成されるのである。

　そこで，組織におけるストラテジック・コントロールのプロセスを概観する
と，以下の局面から成立する。ストラテジック・コントロールは，既存の戦略
が存在する場合にはそれを見直すことから始まり，その後に具体的な目標が選

択され，遂行すべき戦略（例えば，グローバル事業戦略）が策定される。この部分は，3層の管理会計システムにおけるストラテジック・プランニングに関わるものである。そして戦略を達成するための実行計画は，予算において具体化されるが，戦略指標との整合性がつねに重視される。ちなみに組織における戦略の見直しは，予算編成と並行して年度ごとに行われることが多い。予算に代表される財務指標は，組織の管理において有効なものであるが，それらは，長期の戦略と有機的に関係付けられていなければならない。そして実際に動き出した戦略は，つねに本社スタッフによって監視され，事業単位の業績が測定されるとともに，戦略達成度と既存事業業績を合わせた総合的な業績結果に基づいて，担当者の報償や制裁が行われるのである。そして次の戦略見直しへむけて，フィードバックが行われる。ストラテジック・コントロールとは，この一連のプロセスの繰り返しである。

　ストラテジック・コントロールの重要な点は，戦略の有効性もストラテジック・コントロール・プロセスの中で評価されなければならないということであり，そのためには期間ごとの財務業績指標を戦略的な観点からうまく活用することが重要であるということである。戦略とコントロールは，組織において互いに不可欠な要素なのである。それらの総体が，ストラテジック・コントロールなのである。

　ストラテジック・コントロールを実践していく上で，重要な指標となるのが，キャッシュ・フローである。ストラテジック・プランニングに関わる投資決定では，割引キャッシュ・フロー法を使用することが，すでに世界的に標準化している。そして戦略的な意思決定をキャッシュ・フロー・ベースで行うのと同様に，日常業務の評価基準もこれに統一することが，世界のグローバル企業において普及しつつある。そうすることによって，投資決定と投資事後監査との非整合性の問題も解決される。前節で見てきたように，キャッシュ・フローは戦略的な意思決定だけではなく，日常業務の管理や業績評価においても有用なのである。したがって，ストラテジック・コントロールとは，キャッシュ・フロー経営を広く実践することであるともいえる。

第 10 章の参考文献

R・N・アンソニー『経営管理の基礎』高橋吉之助訳，ダイヤモンド社，1968 年。

伊藤和憲『グローバル管理会計』同文舘出版，2004 年。

大前研一『新・資本論』東洋経済新報社，2001 年。

M・カッソン『国際ビジネス・エコノミクス』江夏健一・桑名義晴・大東和武司監訳，文眞堂，2005 年。

スマントラ・ゴシャール，D・エレナ・ウエストニー編『組織理論と多国籍企業』江夏健一監訳，文眞堂，1998 年。

ロバート・サイモンズ『戦略評価の経営学―戦略の実行を支える業績評価と会計システム―』伊藤邦雄監訳，ダイヤモンド社，2003 年。

ロバート・サイモンズ『戦略実現の組織デザイン』谷武幸・窪田祐一・松尾貴巳・近藤隆史訳，中央経済社，2008 年。

ジェフリー・ジョーンズ『国際経営講義』安室憲一・梅野巨利訳，有斐閣，2007 年。

クリストファー・チャップマン編『戦略をコントロールする―管理会計の可能性―』澤邉紀生・堀井悟志監訳，中央経済社，2008 年。

クリストファー・A・バートレット，スマントラ・ゴシャール『MBA のグローバル経営』梅津祐良訳，日本能率協会マネジメントセンター，1998 年。

M・E・ポーター『グローバル企業の競争戦略』土岐坤他訳，ダイヤモンド社，1989 年。

宮本寛爾『グローバル企業の管理会計』中央経済社，2003 年。

宮本寛爾編『実態調査からみた国際管理会計』税務経理協会，2012 年。

山本昌弘『戦略的投資決定の経営学』文眞堂，1998 年。

山本昌弘『多元的評価と国際会計の理論』文眞堂，2002 年。

あとがき

　本書『国際会計・財務論—IFRSの展開と国際経営財務の実践—』は，明治大学商学部において著者が担当する国際会計論 AB の教科書として，2008年に出版した『国際会計論—国際財務会計と国際管理会計—』という題名の著書を大幅に改訂し，かつ改題したものである。当初『国際会計論』の改訂に取り組んだものの，加筆修正を行うと全体の体系を含めて改訂箇所はかなりの範囲と分量に及んだため，改題して出版した次第である。

　本書『国際会計・財務論』のテーマは，その副題から明確なように，IFRS（国際財務報告基準）の解明と，グローバル企業の財務問題である国際経営財務の考察である。第Ⅰ部のIFRSの展開については，今日では世界の上場企業においてIFRSによる上場開示が事実上必須となっている。各国の会計基準は認められているものの，個別財務諸表に限定されたり，IFRSと国際統合されたりしている。その意味では，財務会計論を学ぶことは，IFRSを学ぶことと同義である。第Ⅰ部は，より会計政策的な観点から執筆されている。

　本書第Ⅱ部の国際経営財務の実践に関する諸章は，グローバル企業に固有の財務問題を網羅したものである。そこでは，グローバルなレベルでの企業価値最大化が追求されている。著者は，2011年に講談社から『株とは何か—市場・投資・企業を読み解く—』を出版した。内容は，まさに財務理論であるが，本書第Ⅱ部はそこでの問題意識がそのまま国際経営財務として引き継がれている。その意味では，第Ⅱ部が本書のオリジナルであると考えている。こちらは，企業経営の観点から執筆されている。

　そもそもIFRSは，投資家指向であり，財務理論との整合性の高い会計基準であることは，本書を通読して頂ければ明快であろう。第1章における公正価値の議論と第6章における企業価値の議論は，実は同じロジックによるものである。IFRSを極めれば，必然的に財務理論に行き着くのである。

　前著となる『国際会計論』は，有難いことに何度か増刷にこぎつけることが

出来た。ただしこのことは，その間に改訂が進まなかったということでもある。実は前著出版後，大学において 2012 年に副学長（研究担当）及び明治大学出版会長に着任した。多忙を極めることになったが，大学運営に携わるとともに，理事会の委員会において学校法人会計に関わる機会にも恵まれた。それ自体が参加型の事例研究であった。その後学部に戻ると，2017 年以降商学科長になって今日に至っている。そうした状況に直面しているうちに，改訂作業が当初予定よりも大幅に遅れてしまった。

　その結果，IFRS の整備が進み，企業結合，収益認識，リース，金融商品など，米国基準との国際統合も急激に加速した。さらに 2018 年には，IFRS の概念フレームワークが全面改訂されている。そうした最近の展開を取り込むことが出来たのは，結果論ではあるが，幸いであった。近年 IFRS の延長線上に展開されている統合報告や BEPS についても，同様である。それが，本書が前著から独立した最大の理由である。詳細については，本文に譲りたい。

　本書『国際会計・財務論』出版にあたっては，明治大学商学部及び大学院商学研究科の学生諸君に感謝したい。2007 年に明治大学国家試験指導センター経理研究所副所長に，2012 年には同所長に就任し，学部のゼミには公認会計士志望者が集まるようになった。年間 2 桁の合格者が出るようになり，監査法人で IFRS 担当者を輩出したりしている。また大学院では，留学生を中心に，毎年の修士論文が IFRS と米国基準さらには日本基準の比較分析として定着している。彼らの動向は，まさに IFRS の重要性を認識させてくれるものである。学生諸君，本当に有難う。

　ただし IFRS の展開は，それが強制適用されるか否かにかかわらず，日本においては上場企業に限定されるものであろうことにも言及しておかなければならない。著者は，2014 年以降中小企業庁において，「事業引継ぎガイドライン」や「事業承継ガイドライン」を座長として作成したり，改訂したりしてきた。そこで気付いたことは，日本には中小会計指針や中小会計要領が存在し，特に後者には IFRS の影響は全くなく，古き良き日本の企業会計原則の姿がそのまま残っていることであった。本書では，折に触れてそれらの「会計基準」も取り上げている。同じく本書で取り上げた IFRS for SMEs とは全く異なる

が，それらもまた国際会計だと考えている。なお中小企業のM&Aは，ガイドラインや会計制度の整備によって，今後急速に増加すると予想される。

　本書執筆においては，2017年度に著者を研究代表者として採択された日本学術振興会科学研究費助成事業の基盤研究（C）（一般）研究課題番号17K04074「企業の組織的財務意思決定プロセスとしての資本投資とM&Aの統合研究」から，研究上の支援を受けたことを記しておきたい。研究分担者である明治大学商学部教授前田陽先生と，研究に協力してもらった明治大学財務戦略研究所客員研究員の青木孝士さんには，この場を借りてお礼を述べさせて頂きたい。彼らと出掛けた大連，ハルビン，成都での日系及び中国系企業の調査は，国際会計や国際経営財務の研究においてとても貴重な経験であった。

　これまでと同様，本書においても，起こりうるミステイクはすべて著者のみに起因するものであることはいうまでもない。そして最後に，文眞堂の前野隆氏に，『戦略的投資決定の経営学』から始まり，『国際戦略会計』，『多元的評価と国際会計の理論』，『国際会計論』と続いて，今回も企画から出版に至るまで強力かつ柔軟にアシスト頂いたことを感謝するとともに，本書の脱稿が当初予定よりも大幅に遅れてしまったことをお詫びしたい。国際ビジネスの領域において豊富な出版物を誇る同社から出版を続けられることに，研究者として大いに誇りに思う次第である。

2020年1月
整備が進む駿河台キャンパスにて
山本　昌弘

索　引

【ラ行】

リース　13, 66
リスク　9, 261

ロンドン証券取引所　6

【ワ】

割引現在価値　23, 26

著者紹介

山本 昌弘（やまもと・まさひろ）

1960年	奈良県生まれ
1984年	同志社大学商学部卒業
1986年	京都大学大学院経済学研究科修士課程修了
同 年	London School of Economics に留学
1989年	京都大学大学院経済学研究科博士後期課程中退
同 年	英国暁星国際大学国際学部助教授
1991年	London Business School, Institute of Finance and Accounting 専任研究員
1993年	東北大学経済学部助教授
1996年	明治大学商学部助教授
2000年	同教授
2012年	副学長（研究担当）
2017年	商学部商学科長

国際会計論，国際ファイナンスを専攻

出版業績：

Strategic Decisions, Kluwer Academic Publishers, 1997（共著）
『戦略的投資決定の経営学』文眞堂，1998 年
『国際戦略会計』文眞堂，1999 年
『多元的評価と国際会計の理論』文眞堂，2002 年
『会計制度の経済学』日本評論社，2006 年
『国際会計論』文眞堂，2008 年
『会計とは何か』講談社，2008 年
『実証会計学で考える企業価値と株価』東洋経済新報社，2009 年（共著）
『行動経済学の理論と実証』勁草書房，2010 年（共著）
『株とは何か』講談社，2011 年
『事業承継ガイドラインを読む』経済法令研究会，2018 年

国際会計・財務論
——IFRS の展開と国際経営財務の実践——

2020 年 3 月 31 日　第 1 版第 1 刷発行	検印省略

著　者　　山　本　昌　弘

発行者　　前　野　　　隆

発行所　　株式会社　文　眞　堂
東京都新宿区早稲田鶴巻町 533
電　話 03（3202）8480
F A X 03（3203）2638
http://www.bunshin-do.co.jp/
〒162-0041 振替00120-2-96437

製作・モリモト印刷
©2020
定価はカバー裏に表示してあります
ISBN978-4-8309-5067-4　C3034